KB112622

논술 필수문장·핵심용어 2

논술 필수문장 · 핵심용어 2

발행일 2016년 10월 26일

지은이 전 왕
펴낸이 손 형 국
펴낸곳 (주)북랩
편집인 선일영 편집 이종무, 권유선, 안은찬, 김송이
디자인 이현수, 이정아, 김민하, 한수희 제작 박기성, 황동현, 구성우, 정희석
마케팅 김회란, 박진관
출판등록 2004. 12. 1(제2012-000051호)
주소 서울시 금천구 가산디지털 1로 168, 우림라이온스밸리 B동 B113, 114호
홈페이지 www.book.co.kr
전화번호 (02)2026-5777 팩스 (02)2026-5747

ISBN 979-11-5987-205-1 04370 (종이책) 979-11-5987-206-8 05370 (전자책)
979-11-5987-202-0 04370 (세트)

이 도서의 국립중앙도서관 출판예정도서목록(CIP)은 서지정보유통지원시스템 홈페이지(http://seoji.nl.go.kr)와 국가자료공동목록시스템(http://www.nl.go.kr/kolisnet)에서 이용하실 수 있습니다.
(CIP제어번호 : CIP2016025239)

현직 변호사가 엄선하고 해설한 인류 최고 사상가들의 명문장

논술 필수문장 핵심용어 2

전 왕 지음

북랩 book Lab

I·N·T·R·O

학생들의 사고력과 창의력을 평가한다는 취지에서 도입된 논술평가는 바람직한 것이지만, 평소에 에세이 작성, 토론 등으로 자기 생각을 가다듬을 기회가 없었고 논술에 대한 교육 매뉴얼이나 커리큘럼, 준비된 교사가 없었기에 많은 혼란을 겪어 왔습니다. 저자 역시 학부형으로서 아이에게 논술을 어떻게 가르칠 것인가를 고민하고 쓸만한 논술교재를 찾아보았으나 분야별로 골고루 잘 정리된, 동서양 사상의 흐름을 관통하는 명쾌한 논리를 갖춘 교재를 찾을 수 없었습니다. 수능, 내신 준비에도 바쁜 수험생들이 그 많은 논술 필독서를 언제 읽고 언제 정리하여 소화할 시간이 있겠는가 생각하여 내 아이가 대학에 가기 전에 뭔가 정리를 해두어야 한다는 생각이 들었습니다.

변호사가 매일같이 해야 하는 일은 사안의 쟁점을 파악하고 설득력 있는 논리와 이를 뒷받침하는 증거를 제시하여 승소판결을 받아내는 것인데 이것은 제시문의 쟁점을 파악하여 논리와 증거를 제시하고 채점관을 설득하여 고득점을 받아내는 과정과 거의 같습니다. 이 때문에 변호사가 논술교재를 집필하게 되면 교사들과 다른 시각을 제공함으로써 수험생들에게 도움이 될 수도 있을 것으로 생각하게 되었습니다.

이후 논술 필독서로 알려진 수많은 책을 탐독하였고 논술 기출문제를 분석하였습니다. 그 과정에서 논술의 전체적인 흐름과 통로가 보였습니다. 과거 및 현재 모든 분야의 선지자, 석학들의 사상의 핵심을 정리하여 해설과 의견을 덧붙이면 그 많은 논술 필독서들을 다 읽고 정리하여 자기 생각을 가다듬을 시간을 대폭 줄여줄 수 있다는 생각이 들었습니다. 오랫동안의 고된 과정을 거친 후 정리된 교재로 출간한 것은 『카툰 인문학』 시리즈입니다. 그러나 그림이 많은 지면을 차지하는 카툰의 특성상 기본적인 내용 이외에 수많은 분야의 다양한 내용을 다 담을 수가 없었기에 거기에서 다루지 못한 것을 논술 필수문장·핵심용어로 명명하여 논술교재로 발간하게 되었습니다.

논술과 토론에서 어떤 논리를 전개하여 타인을 설득할 것인가, 강의나 연설에서 어떤 인용문을 활용하여 대중의 마음을 움직일 것인가 하는 것은 고민이 아닐 수 없습니다. 우리는 이 같은 문제에 직면하여 인간과 자연에 대한 근본적인 통찰이 담겨 있는 명언들을 자주 이용하곤 합니다.

예컨대 "너 자신을 알라"(소크라테스), "날아가는 화살은 멈춰있다"(제논), "인간은 만물의 척도"(프로타고라스), "시간은 계량할 수 없다. 영원한 현재만이 있을 뿐"(아우구스티누스), "실천이성은 우리에게 도덕법칙을 부과한다"(칸트), "인간에게는 낯선 것에 대한 본능적 두려움과 공격성이 있다"(프로이트), "실존은 본질에 앞선다"(사르트르), "인간의 욕망은 타자에 대한 욕망이다"(라캉), "사유는 인간의 능력이 아니라 의무다"(한나 아렌트), "아이디어도 예술이다"(뒤샹), "지도가 세계를 덮고 있다"(장 보드리야르), "빈곤은 위계적이지만 스모그는 민주적이다"(울리히 벡), "자본 수익률의 증가는 세습자본주의를 초래하여 불평등을 심화시킨다"(토마 피케티) 등 고대부터 현재까지 다방면의 선지자들이 남긴 명언에는 우리 삶의 모든 영역에서 인간의 통찰력과 지혜가 담겨 있기 때문에 지금까지 논술시험에 단골로 출제되고 있으며 토론의 주제로 빠짐없이 다루어지고 있습니다.

또 강의나 연설에서 인용문으로도 자주 활용되고 있습니다. 위와 같은 말들이 어떤 깨달음을 주고자 한 것인가를 살펴보는 것은 세계에 대한 다양한 시각을 제공하고 우리의 시각을 바꾸거나 넓힐 수 있게 해주며 경솔한 어리석음을 범하지 않도록 가르침을 줍니다. 인류사상의 핵심을 담고 있는 말들은 논술 준비에 꼭 필요한 필수문장으로서 위와 같은 말들을 이해하고 사유능력을 기르는 것은 논술과 토론준비에서 많은 시간을 절약해주는 좋은 방법이 될 수 있을 것입니다.

고대부터 지금에 이르기까지에는 수많은 사상가의 다양한 주장과 이론이 있습니다. 이 책에서는 그 주장과 이론이 진실성이 있는지, 잘못되었거나 시대에 뒤처진 면이 있는지, 올바른 시각을 제공하고 있는지를 고심하여 논술과 토론에 필수불가결한 문장을 엄선하였습니다. 그리고 필자 스스로의 판단에 한계가 있고 해석이 완벽하지 않다는 점을 감안하여 다른 의견들을 검토하고 반대 견해를 소개함으로써 비판적으로 검토하고 다르게 생각하거나 새로운 측면을 볼 기회를 제공하고자 노력하였습니다.

또 논술을 전개함에 있어 꼭 알아야 할 핵심용어를 정리하였습니다. 독자 여러분은 이 책에 소개된 인류 최고 사상가들의 사상과 가르침을 무작정 따를 것이 아니라 그 시대적 배경과 의미를 이해하고 현재의 시점에서 다시 생각해 보고 스스로의 생각의 방향을 잡아 자신의 정신으로 생각하여 자신의 것으로 만들 필요가 있습니다. 이 책을 통하여 에세이 작성능력을 기르고 논술·구술시험에 도움이 될 수 있기를 바랍니다.

재판 준비업무로 바쁜 와중에도 헌신적으로 원고 정리작업을 도와준 비서 탁수정 님께 감사드립니다.

2016. 10.
서초동 사무실에서
변호사 전왕

C·O·N·T·E·N·T·S

제2장 논술 핵심용어

제1장

논술 필수문장

제1절 문화

1. 인간에게 있어 문화는 거미의 거미줄과 같은 것이다

막스 베버는 "인간은 자신이 뿜어낸 의미의 그물 가운데 있는 거미와 같다"고 하였다. 거미의 모든 것은 거미줄과 연관되어 있다. 인간 역시 자신이 만들어 낸 문화에서 태어나 문화 속에서 살아가며 인간의 모든 생활은 문화와 불가분의 관계에 있다.

문화는 인간의 모든 생활양식, 개인이 집단으로부터 물려받은 유산, 생각하고 느끼고 믿는 방식, 행위로부터 얻은 추상물, 문제에 대한 표준화된 대응방향, 행위에 대한 규범적 규제, 외부 환경에 대한 적응기술이며 하나의 지도, 모체, 그릇으로서 인간의 모든 것을 담고 있다.

2. 제스처는 단순한 동작이 아니라 문화의 일부가 된다
- 클리퍼드 기어츠

예컨대 윙크는 단순한 눈의 깜박임이 아니라 의사를 전달하는 특별한 수단이다. 그것은 다른 사람들이 알아채지 못하도록 의사를 전달하는 것이다.

클리퍼드 기어츠의 『문화의 해석』에 의하면 그것은 공모의 신호이며 공적인 코드이다. 따라서 하나의 행위는 단순한 동작이 아니라 하나의 제스처로서 문화의 일부가 된다.

3. 문화는 행위로 기록된 문서이며 공적인 것이다
- 클리퍼드 기어츠

문화는 누군가의 머릿속에 존재하는 것이 아니다. 또 보이지 않는다고 하여 불가사의한 것도 아니다. 문화는 공동체 속에서 관찰할 수 있는 패턴화된 행동 또는 정신적 틀로서 공동체 구성원들의 행위로 나타난다.

이슬람 세계에서 코란을 암송하면서 양의 목을 자르는 것, 인도에서 갠지스 강에서 목욕을 하는 것은 다른 세계의 사람들에게는 하찮은 일이지만 그 문화권의 사람들에게는 공적인 의미가 있다.

문화는 사회적으로 설정된 일련의 의미구조로 이루어져 있으며 사람들은 그 의미에 참여한다. 어떤 문화권의 사람들의 행위 하나하나에는 그들만이 공유하는 신호의 의미가 담겨 있다. 따라서 문화는 행위로 기록된 문서이며 공적인 것이다.

- 문화는 상징이 연결된 의미 체계로서 하나의 맥락이며 행위, 사건, 제도, 과정 등을 중층적으로 이해할 수 있게 해준다.
- 문화를 이해하면 그 문화권 사람들의 행동에 있는 불투명함을 일상적으로 받아들이고 이해할 수 있게 된다.
- 인간이 사는 곳은 마당, 시장, 도심의 광장이다. 따라서 문화는 공적인 것이며 인간에게 제어 기제 control mechanism의 역할을 한다. 즉, 문화는 우리의 생활에 형식, 질서, 지향성을 부여하며 행동을 통제하기 위한 하나의 상징적 장치가 된다.

4. 인간은 문화를 통해 다시 한 번 인간이 된다 - 클리퍼드 기어츠

동물의 행동패턴은 육체의 구조와 본능에 의해 결정된다. 동물들은 행동의 범위가 협소하고 규칙성이 철저하다. 인간의 육체적 능력은 동물에 비해 훨씬 열등하다. 그러나 인간은 문화를 생산, 전승함으로써 환경에 적응하여 나간다. 예컨대 추운 기후에서는 모피를 입고 더운 지방에서는 간편한 옷을 입으며, 무기를 만들고, 음식물을 잘 소화시킬 수 있도록 조리를 한다.

인간은 지식, 신념, 법제, 도덕, 관습 등을 교육을 통해 전파하고 학습을 통해 획득함으로써 다시 한 번 인간이 된 것이다. 인간의 발전은 신체의 유기체적 변화가 아니라 문화적 축적과 관습적 행위들의 성장에 의존하고 있다.

- 인공적인 힘을 가하여 더 나은 성과를 거두려고 하는 데서 문화가 시작되었다. 자연을 떠돌며 채집과 사냥을 하다가 정착해서 농사를 짓게 되면서 인간의 생활에는 근본적 변화가 일어났다. culture는 밭을 간다는 뜻으로 문화의 대표는 농사이다. 농사 - 농기구 제작 - 토기 제작 - 관개 치수의 필요성, 농경지 정비를 위한 조직 동원의 필요성으로 문명이 발전하게 되었다.

5. 문화가 없으면 인간도 있을 수 없다 - 클리퍼드 기어츠

비버는 제방을 쌓고 새는 둥지를 만들고 꿀벌은 양식을 찾아낸다. 그러나 인간은 경험과 지식을 코드화하여 개념을 만들고 교과서를 만들어 댐을 쌓고 집을 짓고 당분을 만든다.

인간은 육체적 능력이 특화되어 있지 않고 인지적 감성도 부족하며 쓸모 있는 본능도 거의 없다. 문화가 없다면 인간은 자연에서 살아갈 수 없는 열등한 동물에 지나지 않는다. 인간은 불완전하고 미완성인 동물로서 문화를 통해 스스로를 개선하고 완성해 나간다.

6. 문화적 패턴이 인간의 삶을 지배한다 - 클리퍼드 기어츠

인간은 유전적으로 프로그램된 과정이 동물에 비하여 전문화되어 있지 않기 때문에 살아나가기 위해서는 문화적 프로그램이 만들어져야 한다. 비버와 새는 유전자가 제방 쌓는 일과 둥지 만드는 일을 알려 주지만 인간의 유전자는 건축법에 대하여 아무것도 알려 주지 않는다.

인간은 댐을 쌓고 건축물을 세우기 위해 개념, 청사진, 교과서를 만들어야 하고 언어로 체계를 만들어 문화 패턴을 학습함으로써 건축을 한다. 이렇게 패턴화하는 과정은 인간에게만 부여된 능력이며 이러한 문화적 패턴이 인간의 삶을 결정하는 것이다.

- 개념과 문화 패턴의 도움 없이 살아가는 인간은 비버보다 무기력한 나약한 유인원에 지나지 않는다.

7. 문명은 풍속을 타락시킨다 - 루소

루소는 1749년 학술 문학 아카데미가 논제로 제시한 '학문과 예술의 진보는 사회풍속을 타락시켰는가 아니면 향상시켰는가'라는 질문에 대하여 문명은 풍속의 향상에 기여하지 않았고 타락시키기만 했다고 대답하였다.

인간의 본성은 선하고 인간은 타고난 욕구와 본능에 따라 살았으나 문명화됨에 따라 끊임없이 남과 비교하고 경쟁의식, 질시, 잘못된 조작 속에서 살아간다. 사회 속의 인간들은 자기 자신으로 살지 못하고 다른 이들의 의견, 타인의 판단, 관습에 따라 늘 자기 자신 밖에서 살아간다.

인생에는 지식보다 덕망과 인성이 중요한데 인간은 사회에서 기대와 규범, 사회적응을 강요당하며 살아간다. 사회적 관계들은 인간의 자유와 즉흥성을 억압하고 사회는 질시와 불신, 반사회적 자기애로 가득 차게 된다. 이 때문에 루소는 "건전한 자기애를 가진 자연상태의 인간은 행복하고 자유롭다.", "문명은 풍속을 타락시킨다.", "자연은 인간의 스승이다. 그러므로 인간은 자연으로 돌아가야 한다."라고 하였다.

- 문명은 발전이기도 하지만 순수의 상실, 타락이기도 하다. 문명의 발전에 따라 우리는 물질적 풍요를 얻게 되었으나 정신적으로 빈곤해지게 되었고 속도를 얻게 되었으나 더 바빠지게 되었다. 나아가 자연개발은 생태계 파괴, 환경 오염을 일으켰다.

8. 문명과 야만이라는 표현은 자기중심적 사고에 기인한다

사람들은 자기 생활권에서 지켜지고 있는 규범을 따르는 것을 문명이라고 하고, 그에 따르지 않는 것과 낯선 것을 야만이라고 한다. 문명과 야만이라는 표현은 자기중심적 사고, 자민족 중심주의에 기인한다.

- 장자는 우물 안 개구리에게 바다를, 여름 벌레에게 얼음을 이야기해도 통하지 않는 것은 자신이 사는 장소와 때에 얽매여 있기 때문이라고 하였다. 도의 관점에서 보면 모든 존재는 귀천이 없으나 개별적 존재의 관점에서 보면 자기는 귀하고 남은 천하다. 각자 자기의 편견에 따라 그것을 시비의 표준으로 삼아서는 안 된다는 것이다.
- 지네는 뱀의 골을 달게 먹고, 솔개와 갈까마귀는 쥐를 맛있게 먹는다. 장자는 인간을 잣대로 만물을 평가하려 들지 말고 인간중심주의와 도구주의를 넘어설 것을 주장하였다.

9. 원주민 사회는 다른 종류의 사회일 뿐 야만의 사회가 아니다
- 레비 스트로스

인류학자이자 『슬픈 열대tristes tropiques』의 저자인 레비 스트로스는 과학을 맹신하고 자신들이 생각하는 범주에서 벗어나는 것들을 미신이나 주술이라고 생각하는 서구의 이분법적 사고가 야만이며, 자연을 존중하고 자멸을 초래하지 않는다는 점, 지나친 경쟁이나 욕심 없이 이웃이나 조상들에게 예의를 차리는 모습을 보면 대량학살, 전쟁, 파시즘 등을 야기한 서구인들보다 아마존에 사는 인디언들이 더 우수하다고 하였다.

- 라다크인들은 땅 위의 생명체에 대하여 고마움을 느끼고 있었고 자연상태를 위해 제사를 지내야 한다고 하였다. 그들은 현대인들이 미신이라고 명한 문화를 통해 자연을 보호하는 법을 지켜나가고 있었다. - 헬레나 노르베리 호지 『오래된 미래』
- 각국의 전통문화에는 생명을 존중하고 자연을 보호하는 정신이 깃들어있으며 합리성과 과학성을 갖추고 있는 예가 많다. 따라서 이성만능주의, 과학지상주의에 입각하여 전통문화를 귀신 등 초월적 존재와 관련지어 함부로 미신으로 단정하는 것은 어리석은 일이다.

10. 문명과 기술발전이 문화적 우수성의 척도가 된다는 주장은 착각에 지나지 않는다

기술은 경제발전의 원동력이며 삶을 건강하고 풍요롭게 하여 인류의 복지와 문화발전에 기여하였다. 그러나 유대인 학살이 그 당시 가장 기술과 문명이 발달한 독일에서 자행된 것처럼 문명과 기술발전은 윤리적 발전, 인간 정신의 발전과 일치하지 않으며 그것이 오히려 불평등, 탐욕, 폭력, 이기심을 증대시키기도 한다.

문명과 기술발전이 문화적 우수성을 의미한다는 주장은 강대국이 기술이 덜 발달한 국가를 문명화한다는 구실로 침략하고 지배를 정당화한 논리로 활용되었다. 문명과 기술발전 외에도 사람들을 차별하고 편 가르는 일이 없는가, 자연환경과의 조화와 균형 속에 살아가는가, 경쟁보다 협력이 사회의 토대가 되는가, 삶의 기쁨과 평화, 만족감을 느끼며 살아가고 있는가 등 수량화할 수 없는 중요한 요소들을 고려한다면 문명과 기술발전이 문화적 우수성의 척도가 된다는 주장은 극히 제한된 시각에 불과하며 착각에 지나지 않는다.

11. 성과 속, 순수와 불순의 구분은 역사적·문화적인 것이다

터부taboo의 개념은 성스러움과 불순의 대립적 요소로 되어 있다. 이처럼 성스러움은 원래 불순과 하나였으나 역사적 개념 진화의 과정에서 분리되면서 성과 속, 순수와 불순의 구분이 자리하게 되었다.

순수와 불순의 구분에는 문화적 편견도 서려 있다. 중세 기독교 시대에는 비기독교적인 민족, 신앙, 행동이 더러움과 질병의 원천이었으며, 오늘날도 가난을 더러운 것과 가까운 것으로 인식한다.

- 영국의 인류학자 매리 더글러스는 사회는 문화의 분류체계로 설명되지 않는 것들, 즉, 비정상, 일탈, 예외, 변칙 현상을 질서와 체계를 위협하는 불순물로 간주하여 회피·통제하고 낙인찍기를 통하여 질서체계를 강화하였고, 사회 구성원들로 하여금 질서에 순응하게 하는 존재가 되게 하였다고 주장하였다.

- 잘려나간 잡초는 퇴비가 되어 정원의 질서에 기여한다. 질서의식이 쓰레기통을 만드는 것이 아니라 쓰레기통이 질서의식을 만든다. 매리 더글러스는 불순한 것으로 낙인찍혀 배제되는 것이 갖는 질서창조의 힘에 주목하여야 한다고 주장하였다.

12. 인간이 된다는 것은 특정한 종류의 인간이 되는 것이다

- 클리퍼드 기어츠

특정 문화권의 사람들이 자신의 행동을 결정하는 데는 복잡다단한 배경이 있다. 인간이 된다는 것은 특정한 종류의 인간이 되는 것이며 인간이 속한 각 문명은 고유의 특성과 나름의 정당성을 지니고 있다. 다른 문화는 우리가 알지 못하는 다양성, 인간의 무한한 가능성을 알려준다.

문화를 이해할 때 그 사회의 특수한 환경과 역사적 맥락 속에서 그 문화를 이해하고자 하며 문화의 차이로 우위를 논할 수 없다는 문화상대주의적 태도는 고정관념, 편견을 깨우치게 하고 다른 문화, 다른 사람들을 열린 마음으로 대할 수 있게 한다.

- 인간다움으로의 진보는 미숙한 과학으로 무장된 문화적 편견에 의해 파괴되고 성숙한 과학으로 무장한 문화적 보편주의에 의해 다시 파괴된다.
- 마빈 해리스는 저서『문화의 수수께끼』에서 문화적 특성은 주어진 환경에 의해 결정되고 문화의 다양성과 상대성이 인정되지 않는 상태에서는 우리는 제정신이 아닌 환상의 노예가 될 수밖에 없다고 하였다.

13. 다른 문화를 존중한다는 것은 그 차이와 다양성을 존중한다는 것이지 다른 문화의 모든 행위가 윤리적으로 정당화될 수 있다는 것을 의미하는 것은 아니다

다른 문화를 존중한다는 것은 다른 문화를 그 사회의 특수한 환경과 전통, 역사적 맥락 속에서 이해하고자 하며 그 차이와 다양성을 존중한다는 것이지 모든 가치판단을 중지하고 윤리적 판단을 유보한다는 것이 아니다.

- 이슬람 국가의 일부다처제 문화는 부족 간의 잦은 전쟁으로 인한 미망인들에 대한 경제적 지원의 필요성에서, 시신을 토막 내 새들에게 던져주는 티베트의 장례문화는 시신을 신성한 독수리가 먹어서 승천하게 해준다는 티베트 사람들의 종교관, 윤회 사상, 땔나무와 물이 없고 시체가 잘 썩지 않는 건조한 환경이라는 점에서 이해할 수 있다.
- 나치의 인종청소, 일본의 생체실험, 북한의 세습독재, 가문의 명예를 훼손시켰다는 이유로 가족 구성원을 죽이는 명예살인, 악을 정화한다는 명분으로 성감을 감퇴시키기 위해 남녀의 성기 일부를 절제하는 할례, 사람의 몸을 신에게 제물로 바치는 인신공희, 순장, 뉴기니의 시간屍姦 풍습, 호주 원주민의 아기를 먹는 풍습 등 인간을 인간으로 존중하지 않는 행위는 용납되기 어렵다.
- 힌두 경전 마누법전은 수드라와 불가촉천민은 개와 당나귀이기에 재산을 갖지 못하고 교육을 받을 수 없다고 정하고 불가촉천민은 침이 땅을 더럽힌다고 목에 그릇을 달고 다니게 하였고 더러운 발자국을 지우기 위해 엉덩이에 빗자루를 달고 다니도록 강요하였다. 인도의 카스트 제도는 인간 존중의 정신과 인류 보편의 가치에 어긋나는 심각한 억압적 계급구조로 볼 수 있다.

14. 라다크인들은 현대인들이 미신이라고 명한 문화를 통해 자연을 보존하는 법을 지켜나가고 있었다 - 헬레나 노르베리 호지

라다크 사람들은 땅 위의 모든 생명체에 대하여 고마움을 느끼고 있었고 땅과 물의 신령들을 달래고 자연생태를 위해 제사를 지내야 한다고 여긴다. 라다크 사람들의 주식은 곡식과 버터 차이기 때문에 식량을 만들기 위해 짐승을 죽이는 일은 거의 없고 생존이 어려운 겨울에는 어쩔 수 없이 짐승을 잡는데, 반드시 용서를 빌고 기도를 올린 후에야 짐승을 죽이는 일을 행한다.

사람들은 모든 생명체가 서로서로 또 땅에 의존하고 있다는 것을 잘 인식하고 있기 때문에 자연환경과의 조화와 균형 속에 살아간다.

- 오늘날 사람들이 미신으로 여기고 있는 여러 나라의 전통문화에는 생명을 존중하고 자연을 보호하는 등 나름대로 합리성에 기반하고 있는 것이 많다. 따라서 여러 나라의 전통문화를 귀신 등 초월적 존재와 관련지어 미신이라고 단정 짓는 것은 어리석은 일이다.
- 우리나라에서는 신생아가 태어났을 때 문간에 새끼줄을 둘렀다. 이것은 새 생명이 태어난 곳에 함부로 드나들거나 떠들썩한 행위를 하지 못하게 함으로써 산모와 아이를 보호하려는 배려였으며 전염병의 침입을 예방하기 위한 방역防疫의 의미도 있었다.

15. 열대가 슬픈 것이 아니라 우리가 슬픈 현대문명 속에 사는 것이다 - 레비 스트로스

남아메리카의 원주민들은 나무껍질이나 깃털 하나로 기막힌 귀고리를 만들어내고 그것을 진심으로 즐긴다. 어떤 원주민들의 마을에서는 가축들도 식사에 참여하고 놀이에 끼어든다. 현대인들이 보기에 이들은 더럽고 가난하고 비참하다. 열대는 야만이며 슬픔, 눈물이다. 서구인들은 과학을 맹신하고 자신들이 생각하는 과학의 범주에서 벗어나는 것들에 대하여 주술, 야만이라고 명한다.

그러나 서구 문명은 대량학살, 전쟁, 파시즘, 나치즘을 낳았고 서구의 모습도 야만 그 자체였다. 보잘것없는 서구의 물질주의가 오히려 다른 지역의 문화를 변질시키고 오염시키기도 한다. 인간과 인간의 관계, 인간과 자연의 관계가 '얼마나 자유롭고 평등하고 조화로운가'라는 다른 관점에서 문명의 우열을 평가한다면 열대가 슬픈 것이 아니라 자연을 파괴하고, 인간을 차별하고 억압하고, 도구와 물질에 종속되어 살아가는 우리가 슬픈 현대문명 속에 사는 것이다.

- 레비 스트로스가 보기에 문명과 야만의 구별은 위험한 이분법이다.

16. 문명은 매우 복잡하게 된 하나의 메커니즘이다

- 레비 스트로스

인간의 역할은 기계와 같다. 분해하고 재결합하고 해체하는 인간의 활동은 타성을 생기게 하고 이 활동범위와 속도는 그 속에 함축된 조직의 통계보다 엄청나게 크다. 하나의 전체로서의 문명은 매우 복잡하게 된 하나의 메커니즘이다.

- 레비 스트로스는 인류학은 문명이라는 타성적인 구조가 만들어지고 해체되는 과정을 연구하는 학문이라고 한다. 그는 문화를 커뮤니케이션의 체계로 보았다.
- 구조주의는 문화체계에 관련된 엄청난 양의 정보를 몇 가지 핵심적인 형식적 관계들로 환원해서 이해하려고 한다. 구조주의 이론은 구조를 불변적이고 고정적인 것으로 상정하여 구조를 벗어난 부분에 대한 적절한 설명을 제시하지 못했으며 구조의 보편성에만 중점을 두고 역사성과 특수성을 간과했다는 비판을 받는다.
- 라캉, 푸코 등 후기 구조주의자들은 구조는 모든 것을 포괄하는 완결된 체계가 아니라 특수한 힘에 의해 또는 외부관계에 의해 변화되는 유동적이고 불완전한 것, 역사적으로 특수하게 성립하는 것으로 보았다.

17. 세계는 인간 없이 시작되었고, 또 인간 없이 끝날 것이다

- 레비 스트로스

46억 년 된 지구가 탄생했을 때 인간은 거기에 없었고 최초의 인간인 오스트랄로피테쿠스는 약 300만 년 전에 출현하였다고 한다. 인간은 숨을 쉬는 방법과 살아나가는 방법을 처음으로 배웠던 시대로부터 불을 발견한 시대를 거쳐서 오늘날의 원자 및 핵반응에 필요한 설계를 발명해냈다. 이 세계를 파괴한 죄과는 우리가 덮어써야 하기에 인류는 몰락을 저지하기 위해 노력해 나갈 것이다.

땅을 경작하고 도시를 세우고 하는 인간의 모든 활동은 엔트로피entrophy(타성)를 만들어 문명을 평준화의 방향으로 몰고 간다. 우주 전체가 열평형을 이루게 되면 우주에 종말이 오는 것처럼 문명이 획일화되면 인류 문명은 발전을 중지하고 종말을 고할 수도 있다.

- 엔트로피는 자연물질이 변형되어 다시 원래의 상태로 환원될 수 없게 되는 현상을 말한다. 이것은 다시 가용할 수 있는 상태로 환원시킬 수 없는 에너지의 총량을 나타낸다. 인간이 자연에서 얻는 에너지는 언제나 물질계의 엔트로피가 증가하는 방향으로 일어난다(엔트로피 증가의 법칙). 이 이론에 의하면 자연상태에서 열이 고온에서 저온으로 옮겨가 열평형을 이룰 때처럼 우주 전체가 열평형을 이루게 되면 우주의 종말이 올 수도 있다. 이것은 우주가 닫혀있는 폐쇄적 구조라고 가정했을 때 나올 수 있는 결론이다.

18. 문화는 특정한 자연환경 속에서의 생존조건과 관련이 있다

- 마빈 해리스 『문화의 수수께끼』

문화가 정신활동의 산물인 것은 사실이나 인간의 정신활동은 특정한 자연환경 속에서의 생존방식에 영향을 받기 때문에 문화는 인간이 처한 사회적·물질적 조건과 관련이 있다. 마르크스식 표현에 따르면 인간의 사회적 조건이 인간의 의식을 규정한다.

- 마빈 해리스는 『문화의 수수께끼』에서 식인풍습과 돼지고기를 금기시하는 문화에 대하여 다음과 같이 설명하였다.
  - 식인 풍습이 사라진 이유는 생산력이 발전됨에 따라 포로를 잡아먹는 것보다 노동력을 활용하는 것이 더 가치가 있게 되었고, 포로를 죽이지 않음으로써 피정복민의 저항 강도를 낮추는 부수적 효과가 있었기 때문이다.
  - 코란이나 구약성서에서 돼지고기를 금기시하고 되새김질을 하는 동물만 먹을 수 있다고 한 것은 신의 명령 때문이 아니라 그것이 생존에 유리하기 때문이다. 즉, 돼지는 억센 털이 많고 땀샘이 없어 중동의 덥고 건조한 기후에 적응하기 힘들고, 쟁기를 끌 수도 없고, 젖도 짤 수 없고, 털로 옷감을 짤 수 없을뿐더러 되새김질을 하지 않아 밀, 옥수수, 감자, 콩과 같은 섬유소가 적은 사료를 먹기 때문에 인간과 먹이를 두고 경쟁해야 하기 때문이다. 이러한 생존조건이 신의 명령으로 나타난 것이며 도덕관념, 가치관에 의하여 그렇게 된 것이 아니다.
- 인도에서 소는 노동력과 우유를 제공하고, 소똥은 땔감, 벽을 바르는 데 사용되며 생활에 없어서는 안 되는 존재다. 이 때문에 소를 신성시한다.
- 한국의 보신탕 문화는 뜨거운 햇볕 아래 힘든 노동을 하면서 단백질 공급이 필요하지만, 소고기나 돼지고기를 사 먹을 형편이 못되었던 가난한 농민들의 삶의 조건과 관련이 있다.
- 피임과 낙태를 금지하는 필리핀의 문화는 인구의 10% 정도가 해외 노동자로 일하고 이들이 송금하는 외화가 국가 경제의 큰 비중을 차지할 정도로 노동력이 경쟁력인 나라에서 노동력 확보라는 생존조건과 관련이 있다.

19. 문명 격차가 발생하게 된 이유는 창의력의 차이가 아니라 지리적·환경적 조건의 차이에 기인한다 - 제러드 다이아몬드 『총·균·쇠』

○ 식물과 동물의 작물화·가축화에 유리한 환경조건의 차이로 인해 문명 격차가 발생하였다.

- 식량 생산 → 정착생활 → 인구증가 → 경쟁을 통한 발전
- 식량 생산 → 잉여 식량 저장 → 식량 생산에 종사하지 않는 기능 전문가 양성 가능 → 기술발전, 전쟁에서의 우위를 차지
- 식량 생산 → 정착생활 → 가축사육 → 병원균에 대한 면역력 획득
- 식량 생산과 관련하여 문자 발명 → 기술의 발명과 전파

○ 확산과 이동속도에 영향을 미치는 환경적 요인의 차이가 문명 격차를 가져 왔다.

- 동서이동에 유리한 지형 조건 → 잦은 충돌과 전쟁 → 금속기술과 무기 발전 → 정복전쟁으로 넓은 영토차지 → 문명발전
- 동서이동에 유리한 지형 조건 → 기술과 제도 도입에 유리 → 기술혁신, 정치혁신 → 문명발전

20. 유목문화는 자연을 이용·극복의 대상으로 보고 농경문화는 자연을 숭배의 대상으로 본다

유목민은 먹을 것이 부족해지면 언제든지 터전을 버리고 떠난다. 이 때문에 유목문화는 자연을 이용·극복의 대상으로 본다. 그러나 농경민은 그 땅을 지키면서 대대로 농사를 짓고 살아야 하기 때문에 자연과의 합일을 추구하며, 자연은 가장 닮고 싶은 이상적 존재이고 숭배의 대상이 된다.

- 기독교 문명의 모태인 유대 문명hebraism(헤브라이즘)은 유목민을 기본으로 하는 문명이며 게르만족·노르만족의 대이동에서 보는 바와 같이 서구 문화는 유목문화가 그 중심이 되어 왔다. 반면 동양은 메소포타미아, 인더스, 갠지스, 황하 유역에서 주로 농경 생활을 해왔다.

21. 유목문화에서는 수평적 윤리가, 농경문화에서는 수직적·가부장적 윤리가 발달하게 되었다

유목생활은 신속하게 이동할 필요성으로 인하여 힘없는 노인들과 아이들은 언제든지 버려질 수 있는 상황이었으며 이 때문에 젊은 남녀 중심, 부부 중심의 사회구조와 수평적 윤리를 낳았다.

반면 농경 생활은 많은 노동력을 필요로 하고 노동력을 효과적으로 관리·통제할 필요가 있었기 때문에 경험이 많은 노인을 중시하고 공경하며, 가장을 중심으로 하는 사회구조와 수직적·가부장적 윤리가 발달하게 되었다.

22. 유목문화는 내세를 중시하고 농경문화는 현세를 중시한다

유목생활에서는 지금 사는 터전이 언제 먹을 것이 떨어질지 모르는 불완전한 곳이며 어딘가에 더는 옮겨 다니지 않아도 되는 이상적인 유토피아가 있을 것이라는 생각에서 현세보다는 내세를 중시하는 사고방식이 생겨났다.

반면 농경문화에서는 지금 사는 이 땅이 가장 이상적인 곳이며 농사를 짓고 있는 터전을 따라 다른 곳으로 옮긴다는 것은 죽음을 의미하기 때문에 현세 중시의 사고방식·생활양식이 발달하게 되었다.

23. 유목문화는 한 곳에 안주하거나 고정된 가치관 속에서 살아가는 것을 거부한다 - 들뢰즈

유목민들은 과거에 떠도는 인간, 문명의 언저리를 떠도는 주변적 존재로 인식되었다. 그러나 들뢰즈는 노마디즘nomadism(유목주의)을 기존의 방식을 부정하고 새로운 것을 창조해내는 방식이라고 함으로써 한 곳에 안주하지 않고 끊임없이 새로운 영역을 찾아다니는 탈 영토화의 에너지를 철학적으로 표현하였다.

오늘날 노마디즘은 현대사회의 문화현상을 설명하는 말로써 제한된 삶이나 고정된 가치관 속에서 살아가는 것을 거부하고 영토와 경계를 자유롭게 넘나들며 새로운 것을 창조해 나가는 삶의 방식을 뜻한다. 국경을 이동하며 언제든지 네트워크 시스템과 접속할 수 있는 현대의 인류는 디지털 유목민 또는 비즈니스 집시, 떠도는 인간homo viator(호모 비아토르)이다.

- 노마디즘은 도전정신, 창조 정신, 기동성, 열린 마음을 특징으로 하기 때문에 나눔과 소통, 위험에 대한 능동적 대처가 요구되는 세계화 시대의 상황에 적응하는 데 적합하다.
- 유목민들은 전사집단으로서 이동하면서 노략질과 약탈을 일삼는 등 호전적이었다. 세계적인 투기 자본이 먹이를 찾아 이동하고 저개발국 노동자들이 생활비를 벌기 위해 선진국으로 이동하는 국경 없는 경제 시대에 막연한 유행, 트렌드로써의 노마디즘은 제국주의의 변형 이데올로기가 될 수도 있음을 경계해야 한다는 견해도 있다.

24. 유목민들은 동떨어진 세계를 연결하고 불모의 땅에 생기를 불어넣음으로써 문명발전에 기여하였다

유목민들은 동·서양을 넘나들며 동떨어진 두 세계를 연결하여 교류와 교역을 가능케 하였고 길이 없는 곳에 길을 만들어(예: 실크로드) 불모의 땅에 생기를 불어넣어 문명발전에 기여하였다.

자크 아탈리는 저서 『호모 노마드homo nomad』에서 역사의 혁명적 발전은 길들여진 동물처럼 현실에 안주하는 마음가짐을 가진 정착민에 의해서가 아니라 변화와 불안정 속에서 항상 새로운 가능성에 도전하는 노마드에 의해 이루어졌다고 주장하였다.

• 정착민은 평화적, 순응적, 자연친화적이었다. 정착민의 이러한 특성이 역사 발전의 주요 원인이 되었다는 사실 또한 간과하여서는 안 된다.

25. 고맥락 사회의 문화는 사물과 인간을 전체적 맥락 속에서 이해하고자 한다 - 리처드 니스벳

인류학자 에드워드 홀은 의사소통이 생겨나는 사회적·물리적 환경에 따라 사회를 고맥락 사회와 저맥락 사회로 분류하였다. 고맥락 사회는 개인이 주변의 영향을 많이 받고 개성추구에 소극적이며 모난 돌이 정 맞는다는 속담이 적용되는 사회이고, 저맥락 사회는 개인이 자유로운 행위자로서 개성을 추구하며 주변에 속박되지 않는 사회이다.

리처드 니스벳은 저서 『생각의 지도』에서 농경문화와 중앙집권제 국가를 이루었던 동양사회는 사물을 전체적 맥락 속에서 이해하는 고맥락 사회라고 주장하였다.

• 리처드 니스벳의 실험결과
  - 자신에 대한 설명에서 동양인들은 자신이 속한 집단이나 그 안에서의 역할에 대해 언급하고, 이름을 쓸 때는 가족을 나타내는 성姓부터, 주소를 쓸 때는 나라 → 지역 → 동네 → 집 번지 순으로 쓴다.
  - 동양에서는 1인칭인 '나'가 고정되어 있지 않고, 나, 저, 소자, 불효자 등 상대방과의 관계에 따라 명칭이 달라진다.
  - 소와 닭과 풀이 있을 때 동양인들은 소와 풀을 같이 묶는다.
  - 애니메이션에서 동양인들은 배경화면을 잘 기억한다.
  - 범죄가 발생하면 동양인은 주로 상황을 탓한다.
  - 물건을 살 때 동양인들은 모든 기능을 골고루 갖춘 것을 선택한다.
  - 광고할 때 동양에서는 집단의 선호를 자극하거나 집단이 받게 될 혜택을 강조한다.

26. 저맥락 사회의 문화는 사물과 인간을 전체적 맥락 속에서 이해하기보다 개별 사물·개인에 초점을 맞추어 파악한다
- 리처드 니스벳

리처드 니스벳은 『생각의 지도』에서 폴리스의 무역으로 다른 문화와 접촉이 빈번하였고 민회나 원로원 등에 의한 정치가 행해졌던 서양사회는 저맥락 사회이고 저맥락 사회에서는 사물과 인간을 개별 사물·개인에 초점을 맞추어 파악하고 그들이 속한 범주와 이를 지배하는 규칙을 밝히려고 노력한다고 하였다.

- 리처드 니스벳의 실험결과
  - 자신에 대한 설명에서 서양인들은 자신의 성격이나 행위 위주로 언급하고 이름을 쓸 때 이름을 앞에 쓰고 성姓을 뒤에 쓰며, 주소를 쓸 때 국가를 제일 나중에 쓴다.
  - 서양에서는 1인칭인 '나'가 고정되어 있다.
  - 소와 닭과 풀이 있을 때 서양인들은 소와 닭을 함께 묶는다.
  - 애니메이션에서 서양인들은 배경화면을 잘 기억하지 못한다.
  - 범죄가 발생하면 서양인들은 범인의 주로 개인적 속성을 탓한다.
  - 물건을 살 때 서양인들은 한 가지 기능이 뛰어난 것, 희귀한 것, 독특한 것을 선택한다.
  - 광고할 때 서양에서는 개인의 선호를 자극하거나 제품 구매로 인한 개인의 혜택을 강조한다.

27. 동양 문화에서는 논쟁을 기피하는 경향이 있으나 서양 문화에서 논쟁은 제2의 천성이다 - 리처드 니스벳

고맥락 사회인 동양에서는 상호관계 속에서 자아를 비판하는 경향이 있으며 논리적 일관성을 무기로 논쟁을 하면서 상대방을 공격하는 것을 불쾌감을 불러일으키거나 미숙한 행동으로 생각하는 경향이 있다.

그러나 서양인들에게는 논쟁은 제2의 천성이며 서양인들은 자기주장이 강하고 개성이 분명하며 인간관계를 희생해서라도 자기 생각을 분명히 밝히고자 한다. 이 때문에 서양에서는 논리학이 발달하였다.

28. 동양 문화에서는 타협이나 중재를 중시하고 서양 문화에서는 일도양단식 해결을 선호한다 - 리처드 니스벳

동양에서는 갈등 해결의 목적이 승패를 가리는 것이 아니라 쌍방의 적대감을 해소하는 데 있기 때문에 종합과 융화both/and를 지향하며 양비론, 절충안이 많고 분쟁 해결에서도 타협이나 중재에 의존하는 비율이 높다.

반면 서양에서는 시비를 가려 승패를 구분하는 일을 당연시하며 논리에 기반한 양자책임either/or을 선호한다.

• 이 때문에 변호사를 선호하는 정도는 미국이 일본의 41배로 나타났다고 한다. 인구대비 변호사 수로 변호사 적정 인원수를 계산하는 것은 문화를 고려하지 않은 무지한 논리이며 문화를 고려하지 않는 국가의 모든 정책이나 기업의 전략은 실패할 가능성이 크다.

29. 중국의 법은 과학이 아니라 예술이 된다 - 리처드 니스벳

서양인들은 개별 사물·개인에 초점을 맞추어 파악하기 때문에 계약은 한 번 맺어지면 반드시 지켜야 하는 것으로 생각하고 동양에서는 사물과 인간을 전체적 맥락, 상호관계 속에서 파악하기 때문에 상황이 변하면 계약 내용이 바뀔 수 있다고 생각한다.

동양에서 법은 추상적·보편적 실체가 아니라 각 개인의 상황에 맞게 따로 적용되어야 하며 이 때문에 중국의 법은 과학이 아니라 예술이 된다는 것이다.

30. 인간의 사고방식을 지배하는 것은 유전자가 아니라 문화이다
- 리처드 니스벳

도마뱀의 알이 33°C 이상에서는 대부분 수컷이 되고, 30°C 이하에서는 거의 암컷이 되는 것처럼 사람도 자신이 속한 문화권의 사고에서 벗어나기 어렵다.

리처드 니스벳은 『생각의 지도』에서 인간의 사고과정은 그가 속한 문화권에 따라 달라질 수 있으며 문화의 차이는 세상을 이해하는 데 쓰이는 생각의 도구가 다르기 때문에 비롯된 불가피한 결과라고 한다. 리처드 니스벳에 의하면 인간의 사고방식을 지배하는 것은 유전자가 아니라 문화이다.

31. 냉전 시대 이후의 분쟁은 이념 갈등이 아니라 서로 다른 문명 간의 충돌이 그 주요 원인이 될 것이다 - 새뮤얼 헌팅턴

새뮤얼 헌팅턴은 『문명의 충돌』에서 냉전 시대 이후의 분쟁은 자본주의와 공산주의의 이념 갈등에 의한 분쟁이 아니라 서로 다른 문명 간의 충돌이 그 핵심이고 특히 종교가 중요한 세계 갈등의 요소가 될 것이라고 주장하였다.

그는 걸프전은 이슬람 문명과 기독교 문명의 자원 전쟁이고, 미래의 가장 위험한 충돌은 서구의 오만함, 이슬람의 편협성, 중화의 자존심이 복합적으로 작용하여 발생할 것이라고 하면서 특히 이슬람의 호전성은 세계를 서구화하고자 하는 기독교 문명과 충돌의 근본적인 요인이 될 것이라고 하였다.

32. 문화는 서로 다른 문화끼리 충돌하고 교류하면서 발전한다

문화는 서로 다른 문화끼리 충돌·교류하면서 발전하는 것이며 모든 문화는 억압을 극복하면서 새로운 문화로 거듭난다.

세계화 시대에는 서로 다른 문화가 뒤섞이며 통합되는 경향이 있는데 이질적인 문화 간의 교류와 융합은 새로운 사고, 융합적 사고를 가능케 하여 새로운 지식을 만들어 내고 이분법, 편 가르기에 근거한 따돌림, 차별을 극복하고 다양성을 존중하는 관용의 문화를 가능케 한다.

33. 문화에 있어서의 하이브리드는 창조적 사유를 가능케 하며 새로운 문화를 창조한다

하이브리드는 잡종, 혼성의 의미를 지닌다. 문화에 있어서의 하이브리드는 장르 혼합, 장르 파괴적 경향을 가리키는 말이다.

장르를 파괴하는 것은 새로운 장르를 개척하는 것이며, 장르를 혼합하는 것은 새로운 문화를 창조하는 것이다. 현대사회의 위험에 대처할 수 있는 새로운 지식을 만들어 내기 위해서는 서로 다른 요소들을 연관시킬 수 있는 융합적 사고 능력이 필요하다.

- 다민족 공동체는 자연스럽게 서로 다른 문화 속에 노출되고 융합되며 자신의 문화적 정체성을 배타적으로 주장하지 않고 다른 문화에 대하여 개방적이다. 세계화 시대에는 고유의 정체성보다 이질적인 문화 간의 교류와 혼합을 중요하게 여기며 국경을 넘어 서로 다른 문화가 뒤섞이며 통합되는 경향이 있다. 세계화 시대, 다민족 공동체는 교류·융합을 통한 문화발전의 조건이 된다.
- 팝페라는 팝과 오페라를 결합시킨 것으로서 오페라의 고급스러운 정서를 유지하면서 대중적으로 친근한 팝의 감수성을 통해 대중에게 쉽게 다가가고자 한다.
- 크로스 오버는 장르 간의 경계를 뛰어넘는 것으로 바흐의 음악을 재즈로 재해석하거나 가야금으로 비틀즈의 음악, 파헬벨의 캐논을 연주하는 것 등을 그 예로 들 수 있다.
- 퓨전 요리는 서로 다른 요리들이 뒤섞이는 경향을 말하는데 음식 문화의 장르 파괴는 세계화나 인구이동에 따른 다민족 공동체의 성장과 밀접한 관련이 있다.
  예: LA갈비, 캘리포니아 스시, 불고기 버거, 김치 피자 등

34. 문명충돌은 비서구 문명에 대한 이해와 지식의 부재에서 기인하는 무지의 충돌이다 - 에드워드 사이드

문명충돌론은 서구 문화가 보편 문화라는 인식에 근거한 서구 중심의 시각(오리엔탈리즘)에서 이슬람과 비기독교 문명을 위협으로 간주하는 기독교 문명의 시각이 반영된 것이며 서구 문명 대 비서구 문명의 이분법적 사고에 의해 미국과 서구의 입장을 대변하는 견해로서 비서구 문명권에 대한 이해와 지식의 부재에서 기인하는 무지의 충돌이다. 특히 이슬람과 유교 문화권의 동맹으로 동양과 서양이 충돌한 것이라는 가정은 사실과 거리가 멀다.

• 대부분의 충돌은 이해관계의 충돌이다.

35. 문명충돌론은 공산주의 몰락 이후 새로운 적을 찾기 위한 미국 정치권의 욕구를 합리화하기 위한 어용이론이다 - 하랄트 뮐러

이슬람 문명은 서쪽으로 기독교 문명권, 동쪽으로 불교, 유교, 힌두교 문명권과 접해 있어 육로경계가 길어 이웃 국가와 갈등에 빠지기 쉽다. 문명충돌론은 미국 정책결정권자들을 대상으로 쓴 것이고 공산주의 몰락 이후 새로운 적을 찾기 위한 미국 정치권의 욕구를 합리화하기 위한 어용이론으로서 서구 문명에 바탕을 둔 국제질서를 옹호한다. 문명충돌론은 문명이 서로 교류하면서 변화·발전한다는 점, 문명 생성의 역동성을 간과하고 있으며 주류 문화와 비주류 문화가 공존할 수 있다는 사실을 부정한다. 이는 비서구 문명권 국가들이 고유의 문명을 강화하고 있는 상황을 인식하고 다른 문명권에 대한 두려움에 사로잡혀 분쟁과 갈등을 부추김으로써 공존의 가능성을 부정하는 것이다.

• 문명의 다원성을 받아들이고 상호 이해를 통한 공존을 모색하여야 한다.

36. 문화진화론과 보편문명론은 서구 문화에 대한 우월감을 기반으로 다른 문화의 고유가치, 문화의 다양성을 존중하지 않고 있다

문화진화론은 지식·기술·경제 수준에 따라 문명의 진보 수준을 측정하여 인류 문화가 야만 → 미개 → 문명 시대로 진화해 왔다고 주장하는데 이러한 사고방식은 서구 문화에 대한 우월감을 기반으로 인류 문화의 발달 단계를 서구를 정점으로 서열화하고 있다.

새뮤얼 헌팅턴은 『문명의 충돌』에서 18세기 이후의 산업화, 도시화, 문맹률 감소, 교육수준 향상, 부의 증대, 사회적 유동성의 증가, 직업 구조의 다양화, 환경 지배가 가능하게 된 것 등 근대화된 서구 문명을 보편 문명으로 보고 있다.

보편 문명을 주장하는 사람들은 서구 문명이 진화의 마지막 단계이며 비서구 사회를 무지와 야만의 상태로 본다. 문화진화론, 보편문명론은 백인우월주의로 인디언 학살, 노예사냥 등의 폭력 행위, 제국주의적 수탈을 정당화해 온 논리가 되어 왔다.

서구 문명에 보편의 이름으로 받아들일 수 있는 많은 요소가 있는 것은 사실이나 다른 문화에도 그 나름의 합리성과 타당성이 있기 때문에 보편 문명을 강조함으로써 폭력을 행사하거나 다양한 문화의 공존을 깨뜨리는 것은 바람직하지 않다.

- 디 브라운은 『미국 인디언 멸망사』에서 서구 문명이 백인인 앵글로 색슨족에 신의 선물로 부富를 안겨주었고 인디언에게 멸족 선고를 내렸다고 하였다.
- 레비 스트로스는 『슬픈 열대』에서 대량학살, 전쟁, 파시즘 등을 야기한 서구인들보다 자연을 존중하고 이웃과 조상들에게 예의를 차리며 자멸을 초래하지 않는 아마존 원주민들이 더 우수하다고 하였다.

  문명의 공존을 위해서는 문화 상대주의, 문화 다원주의의 입장에서 나와 다른 상대방의 존재와 고유가치를 인정하되 비인간적인 부분을 개선해 나가야 할 것이며, 다른 문명을 이해하고 존중하는 토대 위에서 교류를 확대시켜 나가면서 다양한 문명이 공존할 수 있도록 해야 한다.

---

37. 대중문화는 자극적 오락거리와 감각적 쾌락을 제공함으로써 현실도피를 유도하여 비판능력과 개선 의지를 상실케 한다

- 프랑크 푸르트 학파

대중문화는 자극적 오락거리와 감각적 쾌락을 제공함으로써 순간적 마취 효과로 현실도피를 유도하여 비판능력과 개선 의지를 상실하게 하고 지배체제에 순응케 한다. 따라서 대중문화를 무비판적으로 즐기고 안주하게 되면 대중은 시민으로서의 권리와 책임을 망각하게 되고 자유롭고 창조적인 주체가 아닌 익명의 군중으로 전락하게 된다.

38. 대중문화는 지배계급이 문화지배를 통해 대중의 암묵적 동의와 자발적 참여를 이끌어 내어 헤게모니를 장악하기 위한 수단이다 - 안토니오 그람시

마르크스주의자들은 대중문화는 지배계급이 대중매체를 통해 피지배계층의 역량을 감소시키고 우둔하게 하여 지배를 쉽게 할 목적으로 전파하는 문화이며 자본주의가 만들어 낸 비생산적인 문화로 간주한다. 안토니오 그람시는 대중문화는 대중의 암묵적 동의와 자발적 참여를 이끌어 내어 헤게모니(주도권)를 장악하고 지배를 자연스럽게 받아들이게 하는 수단으로 보았다.

39. 대중매체는 지속적으로 문화적 상징기호를 만들어 냄으로써 문화적 신화를 만든다 - 롤랑 바르트

롤랑 바르트는 대중매체가 지속해서 문화적 상징기호를 만들어 냄으로써 문화적 신화를 만든다고 하였다.

자본주의는 인간의 감성, 욕망, 원초적 본능에 호소하는 문화적 상징기호를 만들어 신화로 구성해 내는데 이 신화는 상품소비를 권장함으로써 이윤을 추구하는 자본가와 자신의 영향력을 유지하고자 하는 지배집단이 만들어 낸 문화조작이며 문화산업이 만들어 낸 환상일 뿐이다.

40. 대중문화는 문화의 기회 확대와 문화의 민주화를 가져왔다

전통적인 엘리트 문화를 선호하는 계층에서는 고급문화와 순수예술은 깊이와 품격이 있고 진지한, 예술적 가치를 가진 것으로 대중문화는 가볍고, 저속하고, 통속적이고, 깊이가 없고, 말초적이고 위험하며 정화되어야 하는 대상으로 보았다.

그러나 민주주의와 자본주의의 발전, 미디어의 발달, 정보의 민주화로 문화에 대한 접촉기회가 확대되고 문화의 저변이 확대됨으로써 소수의 엘리트만이 즐길 수 있었던 예술은 대중화되었으며 대중도 예술에 대한 안목과 비평의 능력을 갖추게 됨으로써 대중문화의 질도 높아지게 되었다. 오늘날 대중문화는 많은 사람이 좋아하는 문화이며 대중문화는 문화 향유의 기회 확대와 문화의 민주화를 가져 왔다.

- 오늘날 대중은 단순한 수동적 소비자가 아니라 자신의 기준과 가치관으로 평가하며 능동적으로 선택하고 편집하는 능력을 갖추고 있다.
- 예술의 상업화는 자본주의의 발달과 맥을 같이하며 오늘날은 그 어떤 것도 상업성에서 자유로울 수 없으므로 상업성으로 대중예술을 논박하기에도 무리가 있다.
- 이질성과 다양성이 광범위하게 이루어져 있는 사회는 여러 종류의 심미적 기준이 있으므로 대중문화를 통하여 문화적 다양성 속에서 예술의 발전과 진보를 꾀할 수 있다.
- 인터넷의 발달은 개인을 문화 생산자와 공유자의 위치로 끌어올리고 있다.

41. 대중문화는 지배문화와 저항문화가 충돌·타협하는 장소이다

대중은 지배적 이데올로기를 강요하는 지배문화에 저항하여 끊임없이 대항문화를 만들어 나간다. 지배문화와 저항문화는 끊임없이 충돌·갈등을 일으키고 양자가 평형을 이루는 곳에서 타협이 이루어지고 대중문화의 모습이 결정된다. 이 과정에서 저항문화가 대중문화의 지배력을 획득하는 경우도 있고, 저항문화가 자본에 편입되어 저항력을 상실하고 타협해 버리는 경우도 있다.

블루 컬러의 상징인 청바지는 대중문화가 되었고 저항문화의 상징인 체 게바라의 포스트는 오히려 상업적 디자인이 되었다. 대중문화의 모습은 항상 변한다.

42. 대중문화는 자본주의의 시장확대 전략의 일환으로 발전하였다

자본주의는 상품을 대량생산하여 계속 판매함으로써 이윤을 챙겨야 하므로 항상 공급과잉의 상태에 있고 이 때문에 끊임없이 시장을 확대해야 한다. 초기에는 식민지를 획득하여 값싼 원료와 노동력, 독점시장을 확보하였으나 이제는 전쟁, 침략을 통한 시장확대 전략은 한계에 부딪히게 되었다. 따라서 자본주의는 이제 시장을 공간적으로 확대하지 않고 사실상 시장확대의 효과를 얻고자 하며 대중문화도 시장확대 전략의 일환으로 발전하였다.

- 자본주의는 시장의 영역에 포함되지 않았던 문화영역을 시장의 영역으로 끌어들인다. 예컨대 아마스포츠는 프로화되고 스포츠는 상품화되었다.
- 자본주의는 의미부여나 상징조작을 통해 소비계층을 확대시킨다. 예컨대 유니섹스 모드, 젠더리스 룩 등은 남녀 구분 없이 소비계층을 늘리려는 상징조작의 일환으로 수립된 것이다.
- 정보화 사회에서는 사이버 공간에서 상거래, 게임 유료정보 접속 등이 이루어지는데 이것도 시장의 확대로 볼 수 있다.

43. 대중문화 분야에서는 첨단기술을 누가 보유하고 있느냐에 따라 힘의 강약이 결정된다

디지털 기술은 환상성을 극대화하여 SF영화를 만드는 것을 가능케 하였다. 새로운 기술은 복제의 질을 높여주고 작품의 대량유통을 가능케 한다.

대중문화에서는 새로운 복제기술이나 영상기술의 소유가 경쟁에서의 핵심수단이 된다. 첨단기술은 대중문화 내부의 역학관계를 결정하는 결정적 요인이 되고 있으며 고가의 복잡한 장비, 기술투자를 위한 대자본을 갖출수록 더 영향력을 갖게 된다. 따라서 대중문화는 대자본의 위력에 휘둘리게 된다.

44. 오늘날 문화는 상업적·경제적으로 이용되어 하나의 상품으로 생산·판매된다

칼 폴라니는 시장경제가 모든 것을 잠식하는 상황을 악마의 맷돌이라고 표현하였다. 이처럼 오늘날은 시장경제가 모든 것을 잠식하고 있으며 문화면도 그 예외가 아니다. 문화 창작물은 시청률, 관객 동원이 중요하고 작품은 흥행 실적과 작품 가격으로 평가된다.

문화가 산업화되어 상업적·경제적으로 이용되는 것은 선진국의 문화지배를 초래하고 자본주의와 세계화의 첨병 역할을 한다. 그러나 문화는 고유의 정신적 가치와 생활양식이라는 측면에서 완벽하게 산업화할 수 없는 분야이며 세계화와 획일화에 대항하여 고유의 개성과 다양성을 드러낼 수 있는 분야이기도 하다.

45. 문화산업은 큰 부가가치를 창출하며 그 파급효과가 크다

문화산업의 대부분은 콘텐츠를 판매하는 것인데 이는 자연자원이 소진되지 않고 복제만으로 전 세계에 수출이 가능하고 그 콘텐츠는 파급효과가 커서 산업 외적 영역에까지 영향을 미치게 되므로 다른 분야로 쉽게 확장하여 수익을 올릴 수 있다.

문화산업은 상품의 확장성, 수익률이 다른 산업보다 훨씬 크기 때문에 큰 부가가치를 창출한다. 따라서 문화산업은 그 부가가치와 파급효과로 경제의 핵심동력이 될 수 있다.

46. 문화산업은 대중을 조작하여 권력에 수동적인 인간으로 만든다

문화가 상품화되어 생산자의 이데올로기를 일방적으로 전달하게 되면 대중조작에 이용되고 상품화된 문화는 자극적 오락거리를 제공하여 현실도피를 유도함으로써 권력에 수동적인 인간을 양산하게 된다.

- 대중문화와 테크놀로지에 의한 통제로 대중은 지배적 가치관과 이데올로기를 받아들이게 되고 문제 인식능력, 개선 의지, 비판능력이 감퇴되어 일차원적 사고에 머무르게 된다. - 마르쿠제
- 예술을 문화산업으로 만드는 것은 예술의 고유한 기능을 몰살하고 획일화를 고취시켜 예술의 자율성을 무력하게 하고 사회의 전체주의화를 초래할 위험성이 있다. - 아도르노

47. 문화산업에 있어서 스타 마케팅은 대중과 상품의 감정적·정서적 연결고리를 만들어 소비자를 특정상품에 묶어두려고 한다

인기 스타는 대중적 인지도를 구축하고 있어 대중과의 감정적·정서적 연결고리를 갖고 있기 때문에 소비자를 확보하여 이윤을 극대화할 수 있는 안전장치, 보조장치가 된다. 또 인기스타에게 지급되는 거액의 개런티는 상품가격에 반영되어 소비자에 전가되므로 기업은 손해 볼 것이 없다. 이 때문에 기업은 안정적으로 소비자를 확보하고 이윤을 창출하는 방법으로 스타 마케팅을 활용하고 있다.

48. 정보화 사회 이후의 새로운 사회는 문화 콘텐츠, 소프트 파워, 문화의 힘이 세계를 지배할 것이다 - 롤프 옌센

롤프 옌센은 『드림 소사이어티dream society』에서 미래의 전쟁은 아이디어와 가치관을 내용으로 하는 문화와 이야기의 전쟁, 콘텐츠 전쟁이 될 것이라고 하였다. 정보의 독점은 끝났고 인터넷은 경계가 없으므로 뛰어난 이야기를 가진 천사가 세계와 세계시장을 지배할 것이라는 예측이다.

그에 의하면 정보화 사회 이후의 새로운 사회는 기술, 정보, 군사력보다 이야기, 감성, 아이디어, 디자인, 가치관 등을 담고 있는 문화 콘텐츠, 소프트 파워, 즉, 문화의 힘이 세계를 지배할 것이며 문화, 정치적 가치관, 대외정책 등의 소프트 파워는 경제적·군사적 자산보다 중요한 것으로서 미래사회를 이끌어 갈 미래의 힘이다.

49. 스포츠는 일상문화를 건강하고, 가치 있게 만든다

우리는 스포츠를 통해 신체를 단련하고 건강을 증진시키며 협동심을 기를 수 있다.

스포츠는 편법이 통하지 않고 땀과 눈물에 따른 정직한 보상이 따른다. 또 스포츠는 엄정한 규칙에 따라 한정된 시간에 점수로 경쟁을 하기 때문에 감정을 억제하고 규칙과 절차를 따름으로서 집단구획의식이 가지는 독소, 즉, 편 가르기로 인한 편견, 적대감을 중화시킨다. 따라서 스포츠는 일상문화를 건강하고 가치 있게 만든다.

50. 스포츠에는 이성이 몰아낸 신화의 세계가 살아 있다

스포츠 경기장에서는 인간의 공격성과 본능이 적나라하게 드러나고 욕설, 비난, 저주가 난무한다. 안에는 흥분하기 쉬운 관중들이 모여 있고 스포츠를 즐기며 사람들은 삶의 희열을 느끼고 열광적인 응원과 지지를 보낸다.

스포츠 스타들은 과거에 그리스의 올림픽 경기 영웅들이나 로마의 검투사들이 담당했던 역할을 담당하고 있고 관중들은 이들을 통해 욕망의 대리만족을 얻는다. 이러한 점에서 스포츠는 신화의 기능을 수행한다.

51. 스포츠는 대중문화, 상업주의와 결합하여 보는 스포츠, 소비되는 놀이가 되어 삶과 유리되게 되었다

미디어 기술, 자본주의의 발달과 함께 스포츠는 대중문화, 상업주의와 결합하여 보는 스포츠, 소비되는 놀이가 되었고 놀이 본래의 정신과 문화 활동적 요소가 퇴색하게 되었다.

이러한 분위기에서 육체는 아름다움과 이미지의 상품화를 강요받고 스포츠는 상품화되어 건강, 욕망, 활력에 대한 대리만족을 위한 이벤트 또는 유희나 충동을 표출하는 수단이 되었다.

52. 인간의 삶을 구성해 왔고 문화를 만들어 냈던 공동의 경험은 이제 인터넷과 같은 네트워크망에서 상업적으로 제공되는 환상과 유희에 의해 대체되어 버린다 - 제레미 리프킨

문화는 합의된 행동기준을 낳는 원천이기 때문에 상업영역은 언제나 문화영역에 의존해왔다. 그런데 단 한 번도 시장에 흡수당한 적이 없었던 문화, 인간이 공유하는 경험은 점점 경제 영역으로 끌려 들어가고 있다. 점점 더 많은 인간 경험이 사이버 공간 안에서 다각화된 네트워크들에 대한 접속의 형태로 구매되는 오늘날의 시대에 있어 젊은이들에게 익숙한 세계는 이념적 세계가 아니라 연극적 세계이다.

그들의 의식은 노동 정신보다 유희 정신에 기울어져 있다. 네트워크에 대한 접속은 그들에게 이미 생활의 일부가 되었다. 이성적이고 분석적인 사유가 지배하는 의식은 의심받고 성적 욕망, 몽상, 환상에 이끌리는 무의식이 전면에 나서서 사실상의 현실이 아니라 하이퍼 현실(초현실)이 의식을 지배하게 된다.

그것은 진짜와 가짜가 전도되는 거꾸로 된 세계이다. 채팅과 전자오락에 쏟아붓는 숫자가 늘어나자 젊은이들의 의식은 다중인격자에 가까워지고 있다. 그들의 의식은 가상세계나 네트워크에 어울리기 위해 이용했던 짧은 토막의 파편들로 이루어져 있다.

- 오늘날은 오락산업, 환상과 유희의 산업, 강렬하고 유쾌한 살아 있는 체험을 제공하는 산업이 삶에서 큰 영향력을 행사하고 있다.
- 빠르게 움직이고 정신없이 바뀌는 현실에 제대로 적응하기 위해서는 사람의 의식도 딱딱하고 무겁고 이성적인 것에서 부드럽고 가볍고 느낌을 중시하는 방향으로, 좀 더 발랄하고 유연하고 찰나적으로 변할 필요가 있다는 견해도 있다.

53. 문화산업이 재화로 쌓아두고 거래하는 것은, 현실을 모방한 세계와 의식을 고양시키는 세계로 잠시 접속할 수 있는 권리이다 - 제레미 리프킨

문화산업이 재화로 쌓아두고 거래하는 것은 현실을 모방한 세계와 의식을 고양시키는 세계로 잠시 접속할 수 있는 권리이다. 물건과 서비스를 상품화하던 것에서 경험 자체를 상품화하는 단계로 변모하는 글로벌 경제에서 인간 경험영역은 상품화되고 있으며 시간과 정신에 접속할 수 있는 권리가 상품으로 판매된다.

산업시대에는 물리적 자본과 재산의 축적을 중시하였으나 새로운 시대는 정보와 지적 자산의 뭉치에 얽혀 있는 눈에 안 보이는 힘을 중시한다. 산업사회에서 오랫동안 부의 잣대가 되어 왔던 물질제품은 탈물질화되고 있으며 21세기 경제는 정보에 대한 접속에 기반을 두고 있다.

- 인간 공동의 경험은 미디어 시장에서 상업적으로 개조되고, 공동체가 공유해 온 문화는 유료 사이트의 사이버 경험으로 대체되어 현실은 산산조각이 난다. 현대사회는 유희와 환상, 다중인격의 시대이며 문화와 정보에 대한 접속권 같은 무형의 자산들까지 판매되는 하이퍼 자본주의 사회이다.

54. 모든 형태의 커뮤니케이션이 상품화된다는 것은 문화도 필연적으로 상품화된다는 것이다 - 제레미 리프킨

디지털 통신기술과 문화 상업주의는 새로운 경제 패러다임의 강력한 쌍두마차다. 디지털 통신의 모든 형태를 상품화한다는 것은 결국 개인과 공동체의 살아 있는 경험, 문화생활을 구성하는 수많은 관계를 상품화하는 결과로 귀착된다. 커뮤니케이션은 공동체 및 문화와 따로 떼어서 생각할 수 없는 것이므로 모든 형태의 커뮤니케이션이 상품화된다는 것은 문화도 필연적으로 상품화된다는 것을 의미한다.

문화는 네트워크망을 통해 상업의 영역으로 빨려 들어가고 있으며 인간관계에는 항상 돈이 개입되고 체험도 돈을 내야만 할 수 있다. 우리는 네트워크망을 장악하고 상업적으로 이용하는 사람들이 인간의 삶과 문화까지 장악하고 마음대로 재구성해버릴 수 있는 위험에 직면하게 되었다.

- 신자유주의적 경쟁은 다양성이 아니라 동질성을 추구한다. 할리우드, 맥도날드 문화와 같은 동질적 문화가 양산되면 문화는 위기에 처하게 된다.

55. 시장이, 사이버 스페이스가 공유되는 문화를 문화공연과 문화상품의 형태로 식민지화하려는 추세를 가속화 하면서 친밀한 관계를 누리고 교감할 수 있는 시간과 공간은 점점 줄어들고 있다 - 제레미 리프킨

인간의 활동을 네트워크로 조작하고 사이버 공간의 가상세계 안에서 사람들은 활발하게 어울리면서 경제적·지적으로 많은 것을 얻을 수 있지만, 이 과정에서 인간활동의 대부분이 상업영역으로 옮겨짐에 따라 잃은 것 또한 많아지게 된다.

대부분의 관계가 상업적 관계로 변하고 상업주의가 인간의 삶과 정신을 지배하여 모든 개인의 삶이 상품의 틀에 갇히게 될 때 체험을 통해 상호교감하면서 친밀한 사회관계를 누릴 수 있는 시간과 공간은 축소되어 인간은 큰 단절을 경험하게 되며 자기실현이라는 목표도 상당한 타격을 입게 된다.

- 온라인상의 소통은 관계를 맺을 수 없는 사람들끼리 새롭게 관계를 맺을 수 있는 기회를 제공하고 지리적·시간적 제약을 넘어 관계를 맺는 것을 가능하게 한다. 따라서 온라인과 오프라인을 상호보완적으로 활용한다면 과거보다 훨씬 폭넓고 풍부한, 깊이 있는 관계를 맺는 것도 가능하다는 견해도 있다.

56. 세계 각지의 모든 삶의 형태, 문화는 발굴되어 상업적으로 가공되어 상품화되고 상품화된 문화는 네트워크망을 따라 전 세계적으로 동시에 보급되어 인류 문화는 상업문화로서 획일화되고 동질화된다. - 제레미 리프킨

인간의 직접적 삶의 체험들과 교류를 통해 형성해 온 문화는 영화, 오락산업, 인터넷 콘텐츠 등에 의해 장악되어 체험들은 가상 공간의 체험으로 대체된다. 노동, 직접적 교류 속에 형성되어 온 놀이와 유희를 담고 있던 지역 공동체 문화는 사이버 공간상의 컴퓨터 게임이나 온라인상의 간접적·일시적 관계들로 대체된다.

유행을 추적하는 회사들은 광고나 상품에 써먹을 수 있는 흥미로운 문화자원을 물색하여 대기업에 팔아넘긴다. 이들에 의해 세계 각지의 모든 삶의 형태와 문화는 발굴되어 상업적으로 가공되어 상품화된다. 이런 식으로 상품화된 문화는 네트워크 접속망을 따라 전 세계적으로 보급되고 이에 따라 인류 문화는 상업문화로 획일화되고 동질화되어 인간의 삶 자체가 상업주의에 의해 포섭된다.

- 세계화라는 이름으로 강요되는 상업주의 논리에 맞서 다양한 문화적 배경을 가진 세계 각지의 지역 공동체 문화를 유지하고 문화적 다양성을 지키기 위한 노력만이 인간 문명을 온전하게 유지할 수 있는 길이다.

57. 전통문화에는 삶의 아름다움과 깊이가 담겨 있으며 시대를 앞서 살다간 사람들의 창의력, 사고력, 예술적 표현력이 녹아 있다

전통문화에는 삶의 아름다움과 깊이가 담겨 있으며 시대를 앞서 살다간 사람들의 창의력과 사고력, 예술적 표현력이 살아 있다. 도덕적 타락, 인간성 상실, 환경 오염, 생태적 위기 등으로 서구의 패러다임이 한계에 부딪혔다는 생각에서 동양에서는 전통사상과 문화에 눈을 돌리기 시작했으며 세계 각국은 전통문화의 보존·확산을 통해 정체성을 유지하고 문화발전에 활용하고자 한다.

58. 문화는 인류의 미래와 지구의 운명을 결정한다

새뮤얼 헌팅턴은 1960년대 초반 한국과 아프리카의 가나는 사회·경제적 지표가 비슷했으나 30년 후 현격한 차이가 발생하였는데 이는 문화의 차이에 의한 것이라고 하였다.

문화의 차이는 교육, 연구개발, 정치 민주화, 사회 근대화로 이어져 결정적 차이를 만들어 낸다. 결국, 문화적 가치가 국가와 인류 발전을 좌우하며 문화는 인류의 미래와 지구의 운명을 결정한다는 것이다.

59. 한류가 경제적 이익만 추구하게 되면 혐한류의 역풍을 맞게 될 우려가 있다

한류는 한국의 대중문화가 외국에 공통으로 수용되고 있는 현상을 말한다. 특히 대장금은 사극은 외국에서 인정받기 어렵다는 통념을 깨고 한국적 특수성에 깊이 뿌리를 박고 있는 고유의 전통문화도 해외에서 통할 수 있다는 자신감을 보여주었다.

그러나 현대 대부분의 한류는 현대화된 한국의 이야기들을 전달하고 있고 스타양성 시스템에 의존하여 경제적 논리를 강조하고 있다. 한류가 경제적 논리만 강조하게 되면 문화 정체성을 보호하고 문화 제국주의적 현상을 우려하는 분위기에 따라 혐한류의 역풍을 맞게 되어 한류가 일시적 유행에 그칠 수도 있다. 한류는 가요, 드라마, 영화 등 대중문화뿐 아니라 음식, 언어, 게임 등 다방면에서의 발전이 필요하며 다양하고 새로운 콘텐츠로 주변국 수용자들의 욕망을 충족시킬 수 있어야 한다.

- 한류는 세계화의 보편적 흐름에 편승하면서도 한국적 특수성을 반영하여야 하며 상대문화를 존중하고 함께 발전을 지향하여 인류 문화발전과 평화에 기여할 수 있어야 한다.

60. 문화에 대한 취미나 선호는 양육과 교육의 산물이다

- 피에르 부르디외

박물관에 가고 음악회에 참석하고 독서를 하는 등 모든 문화적 행위, 문학, 회화, 음악에 대한 선호도는 교육수준이나 집안 배경, 출신 계급과 밀접한 관련이 있다.

취향은 자연스럽게 타고난 것이 아니라 스스로의 경험과 생활 속에서 후천적으로 취득된 성향이고 개인의 취향에는 집단의 성향과 감각이 녹아 있으며 그것은 개인적인 동시에 사회적이다.

- 부르디외는 문화를 통해 획득한 후천적 성향으로서 개인에게 체화된 성향체계를 아비투스habitus라고 하였다. 그에 의하면 문화 역시 집안 배경이나 교육체계를 통해 부여되는 귀족의 칭호와 혈통을 갖고 있다.
- 상류층은 자신들의 감각 취향을 도덕적 탁월함의 상징으로 만들고 문화의 성역을 구축한다. 이들은 하류계층의 문화는 저급하고 조잡하고 천박하며 타산적이고 비굴한 것으로 여기고 사회적 차이를 정당화하고자 한다.

61. 예술작품은 해독의 기준이 되는 약호를 가지고 있는 사람에게만 의미가 있다 - 피에르 부르디외

문화와 예술작품을 보는 안목은 가정이든 학교 교육이든 이미 정통적인 문화에 접근한 사람들에게 유리한 방향으로 평가된다.

문화의 소비를 위해서는 판독이나 해독에 필요한 개념, 단어들을 숙지해야 하며 볼 수 있는 능력을 갖추기 위해서는 지각을 위한 프로그램에 익숙해져 있어야 한다. 따라서 예술작품은 문화적 능력, 해독의 기준이 되는 약호를 가진 사람에게만 의미가 있고 사물을 지각하고 음미하는 도식, 특수한 약호를 모르는 감상자는 영문도 모른 채 음과 리듬, 색채와 선의 카오스 속에서 익사할 수밖에 없게 된다.

예술작품의 감상은 첫눈에 반하는 것과 다르고 예술작품을 감상하면서 기쁨을 얻는 것도 인지행동, 해독작업을 전제로 하는 것인데 그렇게 하기 위해서는 교육이나 유산으로 물려받은 인식방법이나 문화적 약호를 가동해야 한다.

- 예술작품은 보는 안목도 역사의 산물이며 교육에 의해 재생산된다.

62. 문화의 장場, champ에서는 문화적 자산에 대한 독점권을 확보하기 위한 치열한 투쟁이 벌어지고 있다 - 피에르 부르디외

문화의 장場, champ은 행위자들이 행위하는 공간이다. 사회는 규칙에 동의하면서 경쟁, 투쟁하는 여러 개의 장으로 형성된 일종의 게임 공간이다. 사회에서 각 집단, 계급, 개인들은 사회적 자산에 대한 독점권과 지배권을 확보하기 위해 치열하게 투쟁하고 있으며 각 장은 자산의 분배관계에 따라 힘의 구조화된 체계(계급관계)가 형성된다.

문화의 장에서 권력을 행사하고자 하는 자는 자신이 가진 문화 자본, 특별한 능력의 사회적 가치, 희소성을 증대시키기 위해 노력하며 끊임없이 투쟁을 벌인다. 모든 사회는 자신들의 재생산을 안전하게 확보하고 이익을 최대화하기 위해

독점과 지배권을 유지하려는 측과 빗장을 부수고, 기득권을 전복시키고 진입하고자 하는 자들 사이의 투쟁이 벌어지는 곳이며 문화의 장에서도 마찬가지다.

• 부르디외는 계급관계를 경제적 관계로만 보지 않고 힘의 관계인 동시에 의미의 관계로 파악하고 상징적 관계와 계층 간의 관계에 관심을 가지고 사회구조를 분석하였다.

63. 취향은 문화적 위계를 반영하고 문화는 또 하나의 권력으로 작용한다 - 피에르 부르디외

프랑스의 사회학자 피에르 부르디외에 의하면 취향은 자연스럽게 타고난 것이 아니라 문화를 통해 획득되는 후천적 성향habitus(아비투스)이다. 개인의 취향에는 집단의 성향과 감각이 녹아 있다.

지배계급의 취향은 차별화, 감각을 특징으로 하고 학습시간을 투자해야 누릴 수 있는 것을 선호하고 브랜드, 느긋함, 즐거움을 중시하는 한편 민중계층은 필요를 중심으로 선택하고 실용적인 것에 의미를 두기 때문에 대중음악, 패스트푸드를 선호하는 경향이 있다. 이처럼 차별화된 소비와 문화적 취향은 사회적 지위를 결정하는 기능을 한다. 결국, 취향은 문화적 위계를 반영하고 문화는 또 하나의 권력으로 작용한다.

• 취향은 아름다운 것과 추한 것, 탁월한 것과 천박한 것을 구분함으로써 스스로의 탁월함을 드러내고자 하며 사회적 차이를 정당화하는 기능을 한다. 결국, 문화도 차별, 구별, 배제의 수단이 된다.

• 명품 소비는 희귀재의 소비를 통해 상징권력을 확보하는 것이 주목적이다.

• 와인은 종류와 가격이 다양하여 그에 대한 상세한 지식의 소유 여부가 신분을 표현하는 효과적 수단이 될 수 있다. 와인 열풍은 기호의 차이를 신분의 차이로 드러내고자 하는 사회적 욕망과 관련이 있다.

• 구별 짓기는 그것이 확산될 때 효력을 잃게 된다. 특히 유행은 변화에 민감하여 유행이 확산되면 그 가치가 떨어진다.

• 졸부가 인간적 대접을 못 받는 현상은 상류층 진입이 경제적·정치적 신분상승만으로 가능하지 않다는 것을 보여준다.

64. 문화 자본에서의 우월적 지위는 문화적 장벽을 만들고 사회적 계층 구분을 재생산한다 - 피에르 부르디외

고상함, 품위, 교양, 세련됨 등으로 표현되는 취향 위계의 상위에 속할수록 특별한 이익이 있다. 학력, 자격증, 품위, 교양, 세련됨 등 문화 자본 중에서도 특히 학력(교육)은 교양의 차별적 재생산 메커니즘이 될 가능성이 크다.

이러한 문화 자본의 우위는 경제적 자본, 사회관계 자본(인맥), 상징자본(위신, 명예)의 우위로 이어지게 되고 결국 문화는 계층 구분을 재생산함으로써 문화적 장벽을 만들어 하위계층에 상징적 폭력을 행사하게 된다.

- 부르디외는 계급관계를 단순히 경제적 관계로 보지 않고 힘의 관계인 동시에 의미의 관계, 상징의 관계로 파악한다.
- 우리나라에서는 경제력 차이 → 사교육 차이 → 학력 차이 → 직업 격차의 순으로 계층 구분을 재생산한다.
- 문화 자본은 중상류층 사람들이 대중적 취향과 구별하여 자신의 라이프 스타일에 문화적으로 우월한 가치를 부여함으로써, 즉, 구별 짓기를 통하여 형성된다.
- 노동계급의 젊은이가 성공에 이르는 길에서 부딪치는 장벽은 물질적 불평등뿐 아니라 문화적 자본의 결여에 있다.
- 학력위조, 경력위조 사건은 문화 자본을 획득하기 위한 치열한 몸부림이다.

제2절 예술

1. 예술은 아름다움에 대한 소망과 의지의 표현이다

아름다움은 즐거움을 주고 인간의 정신과 감정을 높은 경지로 끌어올린다. 또 삶과 존재의 신비를 일깨우고 삶을 가치 있고 풍요롭게 만든다. 아름다움은 사람을 움직이게 하는 가장 강력하고 현실적인 힘이며 삶의 목적이 된다. 철학자들은 부와 명예를 얻으려고 안달하기보다 영혼을 아름답게 가꾸어 하는 데 관심을 가졌고 아름다운 삶을 추구하였다.

세상은 인간으로 하여금 아름다운 것을 보고 느끼고 경탄하게 하며 그 아름다움을 표현하고 싶고 만든다. 예술은 아름다움을 추구하는 인간의 소망과 의지의 표현이다.

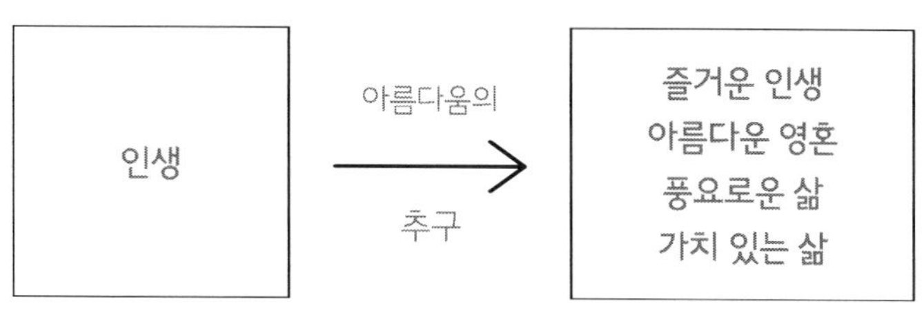

2. 예술은 항상 새로움을 추구한다

예술은 항상 새로움을 추구한다. 예술은 세상과 사물을 다르게 보고자 하며 현실에서 보이는 것들을 끊임없이 의심하고 뒤집어 보고자 하는 실험적 성격이 있기 때문에 기존의 가치·질서와 충돌이 뒤따른다.

예술은 상투성에 대한 반란이며 사회통념과 충돌한다. 예술에서 보여주는 파격, 일탈은 인습으로부터의 해방을 꾀함으로써 사회발전, 새로운 사회창조의 동력이 되기도 한다.

- 모더니즘 이후의 미학에서는 기성의 형식을 따르는 것은 아카데미즘에 불과하다고 하면서 공인된, 전통적 아름다움의 모델에서 탈피하고자 하였고 새로운 것, 낯선 것이 새로운 미의 기준이 되었다. 현대 예술가들은 예술작품에서 중요한 것은 아름다움이 아니라 그것으로 인해 새로운 질문을 갖게 되고 새로운 시선을 갖게 되는 것이라고 한다.
- 새로운 분야에 대한 선구자·개척자만이 역사에서 기억되고 가치를 인정받는다고 느끼기 때문에 현대 예술가들은 새로움에 대한 강박관념을 가지고 있다.

3. 예술은 현실을 새롭게 창조한다

예술은 반복되는 일상의 진부함에서 벗어나 특유한 무엇을 추구하는 과정에서 그 가치가 산출된다.

예술은 현실을 비판하고 재해석하며 새로운 것을 추구함으로써 보이지 않는 것을 보게 하며 현실을 새롭게 창조한다. 따라서 예술이 그 영역을 넓혀갈수록 우리는 일상에서 점점 더 많은 가치의 의미를 발견하게 되고 삶은 더욱 풍요로워진다.

4. 예술은 필수적 환영이다. 진리에 의해 멸하지 않기 위해 예술이 필요하다 - 니체

예술은 무미건조한 생활 속에서 세상은 아름다운 곳이라는 신화를 만들어 냄으로써 현실을 위로한다. 예술적 상상은 현실에서의 탈피를 통하여 고달픈 일상을 잊게 하고 이상을 꿈꾸게 함으로써 휴식과 위안을 제공하고 내일의 희망을 품게 한다. 즉, 예술은 현실의 부족한 부분을 메우고 현실을 위로하며 자유로운 삶을 꿈꾸게 한다. 따라서 예술은 환영이라고 할지라도 인생을 풍요롭게 만드는 필수적 환영이다.

- 플라톤은 시는 현실을 망각하게 하고 현실도피를 유도한다고 비판하였다. 그러나 예술이 상상을 이용하여 현실을 망각하게 하더라도 그것은 일시적이며 잠시 현실을 잊음으로써 휴식과 재충전을 통하여 일상으로 편안하게 복귀하게 해준다. 또한, 예술은 사물과 현실을 새롭게 보게 하여 삶을 풍요롭게 한다. 따라서 예술을 현실도피로 보는 것은 예술의 가능성을 과소평가한 것이다. 예술은 현실에서 도피하는 것이 아니라 현실을 다른 방식으로 보여주는 것이다.

5. 예술은 알 수 없는 그 무엇을 표현하는 것이다

'알 수 없는 그 무엇'이라는 공식 같은 표현은 17세기 프랑스의 상류층에서 어떤 것의 가치를 평가해야 하는 상황에서 칭찬의 말로 사용되어 왔다. 그것은 말주변이 뛰어나지 않은 사람이 독특한 특성을 지닌 아름다움을 나타내는 관용적 표현이 되어 왔다. '알 수 없는 그 무엇'은 매혹적이고 묘사할 수 없을 정도로 압도적 매력을 지고 있으며 파악할 수 없을 만큼 미세하고, 깜짝 놀라게 하는 것이다. 그것은 다양한 특성을 가지고 있어서 불가해한, 정의를 내리거나 설명할 수 없는 것이며 신비감을 주는 것이다. 또 삶에 활력을 주고 인생을 지루하지 않게 하는 그 무엇이다.

- 알 수 없는 그 무엇은 비합리성, 신비감, 다양성, 자유를 나타낸다.
- 예술은 종교적 색채를 띠게 되어 영적 경험과 통하게 되고 예술가는 '알 수 없는 그 무엇'을 표현하는 존재, 더 높은 힘을 매개하는 존재가 된다. 또 창조주의 힘은 예술가의 언어와 작품을 통해 감추어져 있는 진리를 전달한다. 이때 예술은 아우라를 가지고 있고 신비적, 구원적 성격을 띠게 된다.

6. 자연은 예술의 고향이며 예술에 역동성을 부여한다

자연은 규칙적이거나 정돈되어 있지 않다. 자연은 분명한 의도를 드러내지 않으며 재촉하거나 어떤 결론을 내지도 않는다. 자연은 그 안에 많은 것을 감추어 두고 있으며 비밀스러움, 측량할 수 없는 것으로 질서와 조화를 부여함으로써 사람을 매혹시키고 '알 수 없는 그 무엇'을 느끼게 한다. 자연은 '알 수 없는 그 무엇'이 태어나는 진정한 고향이며 인간에게 자유와 즐거움을 준다.

- 루소는 문명에 의해 단절된 자유를 자연에서 찾게 되었다.
- 빌헬름 하인제Wilhelm Heinse(1746~1803)는 그의 소설에서 자연은 놀랍고, 낯설고, 알 수 없는, 압도적이고 비밀에 가득 찬 존재이고, 하느님의 언어와 작품이며 예술도 자연과 비슷한 것이라고 묘사하였다. 문명에 비판적인 루소의 생각에 동조하는 사람들은 자연스러운 것을 아름답다고 생각하였다.

7. 예술은 규칙 속에 있는 것이 아니라 절제된 언급과 찾아내는 놀이의 기술 속에 존재한다

로코코 시대에는 기하학적 형태나 고전주의적 형식에서 벗어난 불규칙한, 아름다운 무질서를 아름다움으로 높이 평가하였다. 몽테스키외는 눈에 띄지 않는 수수한 것, 소박한 것에 더 비중을 두었으며 그러한 대상이 사람들로 하여금 더 몰두하게 하고 더 지속해서 새로운 놀라움을 경험하게 해 준다고 생각하였다.

그는 강렬한 인상을 주는 것보다는 약간 소홀하게 다루어진 듯이 보이지만 그 이면에 훨씬 많은 우아함과 세심함을 숨기고 있는 것이 보편적으로 아름다운 것이며 그것이 더 다양한 면모를 보여주고 감탄사를 이끌어 낼 수 있다고 하였다.

규칙적이고 정돈된 것보다는 소박한 것이 더 변화무쌍하고 놀라운 것이며 순수한 자연의 모습 같은 데서 더 풍부한 매력과 의미, 아름다움을 발견할 수 있다는 것이다. 그렇다면 예술은 빈틈없는 규칙 속에 있는 것이 아니라 절제된 언급과 찾아내는 놀이의 기술 속에 존재한다는 것이다.

8. 예술은 무관심의 만족이다 - 칸트

예술은 특정한 목적에 얽매이지 않고 인간의 상상, 욕망, 감정을 표현함으로써 사람의 마음을 기쁘고 풍요롭고 새롭게 한다. 이 때문에 칸트는 예술을 무관심의 만족이라고 하였다. 이러한 입장은 예술지상주의와 통한다.

예술지상주의는 미에 대한 순수한 관심을 옹호하고 종교나 시장, 체제수호를 위한 예술에 반대함으로써 종교적 억압과 자본주의 상품논리, 정치선전의 도구로부터 예술의 독자성을 수호하는데 기여하였다.

그러나 예술은 그것이 효용성을 지향하지 않더라도 미적 가치의 추구 자체가 도덕적 가치를 이끌어 내며 인간의 아픔이나 사회적 부조리를 다룬 진실한 예술작품은 도덕적 가치나 신념을 고양시킨다.

- 미적 가치와 도덕적 가치는 모두 인간이 추구해야 할 가치의 다른 면일 뿐 양자가 반드시 상충하는 것은 아니므로 예술이 의도적으로 효용성을 배척하거나 효용성만을 추구할 필요는 없다.
- 오늘날은 즐거움 자체가 소비의 대상이며 예술은 문화산업으로서 큰 경제적 가치를 창출하므로 그 효용성을 전면적으로 부정하기는 어렵다.

9. 예술은 목적 없는 합목적성을 지니고 있다 - 칸트

칸트 이후 예술은 목적 없는 합목적성을 지니고 있다는 말이 공식처럼 사용되었다. 이러한 생각에 따르면 예술은 주어진 목적을 달성해야 할 필요가 없고, 모든 목적을 이미 자신의 내부에 지니고 있으며, 그 때문에 자연과 마찬가지로 스스로를 정당화할 필요가 없다. 예술은 어떤 목적을 가지고 있지 않고 그로 인해 예술가는 특정한 것에 얽매이지 않는다. 그럼에도 불구하고 예술작품은 모든 수용자에게 그리고 모든 상황에서 다르게 드러남으로써 인간이 어떤 상황에 처하게 되었을 때 도움을 줄 수 있다.

이로써 예술은 미리 예술에 부과되지 않은 목적을 달성하는 것이다. 예술은 직접적인 어떤 목적을 의도하지 않더라도 그 효과를 발휘하기 때문에 결과적으로 유용성을 가지게 된다는 것이다.

- 예술은 의도하지 않은 유용성을 만들어 낸다. 예술이 있기에 삶은 아름다움을 지향하게 되고 사람들은 삶을 최상의 모습으로 만들어나가려고 한다. 예술에서는 실제 생활에서 해 보지 못한 체험을 할 수 있고 상처를 입지 않고도 울 수 있다. 예술세계에는 제한된 삶보다 훨씬 많은 감정과 분위기가 포함되어 있다. 예술은 어떤 목적을 지향하지 않더라도 그것이 만들어 내고 불러일으키는 것은 인간의 삶에 기여한다.

10. 유용성이 예술의 목표로 선언되지 않을 경우에만 예술은 유용성을 지닐 수 있다 - 빅토르 쿠쟁

쿠쟁은 예술은 그 자체에 목적을 지니고 있으므로 예술을 도구화시켜서는 안 된다고 주장하였다. 예술을 위한 예술은 이로써 예술이 유용성을 지녀야 한다는 생각과 결별하는 데까지 나아갔다.

소설가 테오필 고티에Theophile Gautier(1811~1872)는 "책이 수프를, 소설이 장화를, 소네트가 주사약을 대체할 수 없고 연극이 기차가 될 수 없다"고 하였다. 고티에에 의하면 아름다움과 유용성은 공존할 수 없다. 인간의 욕구는 저속하고 혐오스럽고, 유용한 것은 인간 욕구의 표현이므로 보기 흉하다.

이러한 생각에 동조하는 사람들은 순수한 아름다움과 순수예술을 부르짖었고 이익을 추구하거나 대중에 영합하거나 주문자의 지시에 의한 작품을 혐오하였다. 그들은 예술은 사회와 완전히 독립되어 있고 전혀 영향을 받지 않는다고 선언하기에까지 이르렀다.

고티에는 "예술은 도덕이나 철학이라는 쓴 알약을 포장하기 위한 포장지가 아니다"라고 하였다. 이들은 지배적 가치와 거리를 유지하고, 성공하지 못한 것을 오히려 영광으로 여겼다. 이들은 대중세계와 단절되어 예술을 피난처나 망명지로 여겼고 세상과 단절된 예술제국의 영토, 비밀스러운 세계에서 안전하다고 느꼈다.

- 예술을 위한 예술은 예술의 자율성을 강조한 것이었고 유용성을 배제한 것이 아니었으나 나중에는 예술가가 자신에 몰두하고 다른 사람의 일과 걱정에 대해 관심을 보이지 않는다는 의미로 사용되었다.

11. 예술은 즐거움과 유익함을 주는 것이어야 한다

18세기 이후 예술 또는 대중매체는 사람들에게 즐거움을 주거나 유익함을 주어야 한다고 인식되어 왔고 오늘날에도 즐거움과 유익함이 결합된 인포테인먼트infortainment라는 말이 사용되고 있다.

예술은 아름다움을 통하여 감각적 즐거움과 쾌적함을 주고 진리와 선, 도덕적 교훈을 표현함으로써 유익함을 준다. 즐거움과 유익함은 감각과 도덕, 아름다움과 진리(선, 善)의 조화를 가져온다. 예술은 진리(선, 善)를 아름답고 즐거운 것으로 포장하여 매력적으로 보이게 함으로써 도덕적 교훈을 쉽고 재미있게 전달하고 대중에게 교양을 주거나 교육시키는 것이 되어야 한다는 것이다.

12. 예술은 교훈을 주고 마음을 움직이고 즐겁게 하는 것이어야 한다

바로크 시대에는 바니타스vanitas(라틴어로 모든 것이 헛되다. 인생무상이라는 뜻) 사상에 친숙하였는데 회화 등을 통하여 세속에서 누리는 부귀영화가 덧없는 것이니 현재의 삶을 반성하라는 메시지를 전했다. 왕관, 보석 등은 부와 권력, 책, 악기, 조각품들은 학문과 예술, 술잔, 담배, 파이프 등은 쾌락을, 거울은 허영을, 해골은 죽음을 상징한다.

이러한 상징들은 인생의 유한함을 암시하는 모래시계, 촛불, 비눗방울, 꽃 등과 함께 사용되어 젊음과 아름다움, 부귀영화도 언젠가 사라지니 죽음을 기억하고(메멘토 모리) 현재를 충실하게 살아가라는 교훈을 전한다. 바로크 시대, 계몽주의 시대에는 유익함을 즐거움으로 포장하여 선과 진리를 매력적으로 만들어서 제공한 포장예술가들이 큰 성공을 거두었으며 19세기 작가 그리멜스하우젠은 "허약한 사람들은 건강에 도움이 되는 알약을 삼키지 못하기 때문에 알약에 설탕을 발라 황금색이 나도록 했다"고 표현하고 있다.

- 계몽주의 시대에는 도덕적 교훈을 담고 있지만, 감상자들을 회화의 매력에 푹 빠지게 할 정도로 흥미롭게 그린 '도덕적 회화'가 높은 평가를 받았으며 레싱은 예술작품은 감정이입의 능력을 통해서 이성을 깨워야 하고 인간을 도덕적으로 정화시켜야 한다고 주장하였다. 즉, 인상적인 장면을 보고 감상자가 매혹되어 감동, 동정심, 감사를 느끼고 남을 돕겠다는 마음을 가지게 되고 인간성이 개선되어 도덕을 행하고 싶은 마음이 들게 하여야 한다는 것이다.
- 예술작품은 도덕, 교훈을 전달하는 미끼가 되어 왔는데 예술의 이러한 지향성은 놀이를 하듯 즐겁게 사람들을 유익한 방향으로 이끌어왔다.
- 오늘날 대중매체도 사회의 가치를 안정시키고 인간의 선의를 다지고 도덕을 지향하는 것을 그 방향으로 삼고 있다.

13. 예술은 매혹적인 꽃을 길 위에 뿌려서 그 향기로 산책자가 저항하지 않고 계속 길을 가게 만든다 - 게오르그 줄처Johann Georg Sulzer

스위스의 계몽주의자 요한 게오르그 줄처(1720~1779)는 순수예술은 아름다움의 매력을 통해서 선의를 나타내는 것이라고 하였다. 즉, 순수예술은 사람들을 선량함으로 이끄는 미끼가 되어야 한다는 것이다. 그의 표현에 따르면 "예술은 매혹적인 꽃을 길 위에 뿌려서 마음을 흡족하게 하는 향기로 산책자가 저항하지 않고 길을 가게 만든다"라고 했다.

줄처에 의하면 예술은 아름다운 겉모습이 가지는 호소력을 이용하여 특정한 가치나 도덕적 교훈을 매력적으로 만들고 사람들을 도덕적으로 고양시켜야 하며 꾸미는 것으로 즐거움만 주는 것은 반쪽짜리 예술이다. 아름다움이 오용되지 않도록 예술은 이성의 도움을 받아야 하며 즐거움과 유익함을 모두 주는 것이어야 한다는 것이다.

- 줄처의 견해에 따르면 순수예술은 인간의 행복을 촉진시키기 위한 수단이며 보기 좋게 포장된 도덕이다. 괴테는 도덕적 요구를 내세워 예술가를 수공업자로 만들려는 이러한 견해에 반대하였다.
- 앙리 마티스는 예술을 안락의자에 비유하였다. 예술은 안락의자처럼 진정제와 원기회복으로 작용해야 한다는 것이다.

14. 예술이라는 인공적인 세계에서 우리는 꿈을 꾸면서 실제 세계를 넘어선다 - 프리드리히 폰 실러

실러는 훌륭한 연극은 타인을 배려하게 만들고, 강하게 하기도 하고, 부드럽게 만들기도 하면서 개인들을 부족한 존재에서 온전한 인간으로 만든다고 하였다. 실러는 예술이라는 인공적인 세계에서 우리는 꿈을 꾸면서 실제 세계를 넘어선다고 표현하였는데 예술작품이 주는 체험을 통해 인간은 편협함을 극복하고 주어진 표준과 관습에서 해방되어 자유공간을 얻게 되어 정신적 자유를 경험하게 된다는 것이다.

실러에 의하면 예술을 통하여 사람들은 사고의 지평을 넓히게 되어 남을 좀 더 이해하고 관용적으로 되며 자신이 원하는 것을 자신의 내면에서 스스로 만들어 낼 수 있게 되고 인간성을 회복할 수 있게 된다.

- 실러는 작품이 어떤 의도를 전면에 부각시키고 지배자의 권력, 신앙, 특정한 가치를 나타내고자 하면 그것은 실패하게 될 것이라고 하였다. 수용자가 선전을 받아들이는 입장이 되면 사람들은 해방되지 못하고 다시 한 번 타인에 의해 규정되는 존재가 될 수 있기 때문이다.
- 실러는 외부로부터 주어진 목표에서 벗어난, 자신의 고유한 역동성에서 나온 자율적 예술을 옹호하였다.

15. 다수나 도덕적인 문제에 아주 예민한 사람들의 취향이 예술판단의 척도가 되어서는 안 된다 - 샤를 보들레르Charles Baudelaire

보들레르는 시집 『악의 꽃』에서 매춘 등 사회의 비참함과 어두운 면을 드러낸 추하고 세속적인 주제를 선택하고 그것을 예술이라는 수단을 통하여 아름다운 것으로 변화시키려고 하였다. 그는 도덕과 유용성을 배제하고 예술과 아름다움을 섬겼으며 예술을 위한 예술을 만들고 아름다움을 모든 것보다 위에 놓으려고 하였다.

그는 악에서 아름다움을 얻어내려고 하였고 즐거움만 염두에 두었다. 그는 다수나 도덕적인 문제에 아주 예민한 사람들의 취향이 예술판단의 척도가 되어서는 안 된다고 하였다. 그는 자신의 책은 부인, 딸, 누이를 위해 쓴 것이 아니며 부인, 딸, 누이를 위한 책은 훌륭한 행위와 아름다운 언어를 구별 못 하는 작가들이 써야 한다고 하였다.

보들레르는 애당초 유식함을 제공하려고 쓰지 않은 책을 해롭다고 비난할 수 없다고 하였다. 그는 작품에서 시인에 대한 사회의 몰이해와 적대감을 주제로 삼았고 황량한 세계에 나타난 신적 존재, 경멸받는 천재, 세상 때문에 겪은 고통으로 죽어가는 순교자라는 자아도취적 자긍심을 나타냈으며 예술가는 구원자가 되어야 한다고 생각하였다.

- 보들레르는 자신이 사는 현재와 도덕적 태도를 거부하고 예술세계로 물러나 극단적으로 아름다움을 추구하였다. 보들레르의 어머니조차 그를 '추악한 인간', '불구의 흉물'이라고 저주하였다.

16. 예술의 토대는 공상이다. 일상세계와 엄격한 경계선을 설정하지 않는 예술은 실패할 수밖에 없다 - 보들레르

보들레르는 동시대의 예술가 대부분이 경건하기만 한 정신 태도를 지니고 있다고 비난하였다.

보들레르에 의하면 그들은 굴종적으로 외부세계에 봉사하고 있으며 자신이 꿈꾼 것을 그리지 않고 본 것을 그리려는 경향을 보이고 있다. 화가가 자신의 공상이나 상상력이 만들어 낸 현실에 몰두하는 대신 일상세계에 몰두하는 것은 예술을 배신하고 세속적이고 추한 것을 예술의 척도로 삼는 것이다.

보들레르는 일상세계와 예술 사이에 엄격한 경계선을 설정하지 않는 한 예술은 실패할 수밖에 없다고 하였다. 특히 보들레르는 사진이 보여주는 형상을 이미 보았던 것을 보여주는 것이라고 신랄하게 비난하였다.

보들레르에 의하면 예술의 토대는 공상이며 상상력은 예술이라는 대립세계를 만들어 내고 그것을 통해서 현실의 모습을 바꿀 수 있으며 현실 세계의 한계를 뛰어넘을 수 있다.

- 예술은 상상력을 통하여 추한 것과 저속한 것도 아름다움으로, 악한 것도 꽃으로 변화시킨다. 일상세계는 상상력에 원재료를 제공할 뿐 예술가는 상상력을 마음껏 발휘하여 작품으로 표현한다. 보들레르는 인간 영혼의 모든 능력은 상상력에 귀속되어야 한다고 하였다.
- 위대한 예술은 상상력의 결과물이며 감상자의 상상력도 생생하게 만든다. 보들레르에게 있어서는 예술이 꿈을 꾸게 하여 다른 세계로 데려갈 수 있는가가 예술의 질을 측정할 수 있는 척도가 된다.

17. 예술을 위한 예술은 도피주의를 촉진시키고 비겁함과 무기력함에 대한 피난처를 제공한다

예술을 위한 예술은 처음에 예술의 독립과 자율성을 피력한 말로 사용되었으나 후에는 예술가의 역할과 처지에 대한 자아도취적 해석을 제공하였으며 자신에 몰두하고 다른 사람의 일과 걱정에 대하여 관심을 보이지 않는다는 의미로 변질되었다.

이 때문에 발터 벤야민, 아르놀트 하우저, 테오도르 아도르노 등 좌파 작가들은 예술을 위한 예술이 도피주의를 촉진시키고 세상으로부터 고립시킨다고 비난하였다. 예술이 현실적인 삶의 조건과 아무런 연관도 없는, 저편의 세계를 의미할 때 예술은 삶의 조건에 아무런 영향을 미칠 수도 없는, 긴장 완화와 방심을 위한 소비적 행위로 작아지고 사람들로 하여금 일상의 뻔뻔한 요구를 좀 더 잘 견딜 수 있게 할 뿐이라는 것이다.

우파적 시각에서도 예술을 위한 예술을 불쾌하게 여겼다. 니체는 예술을 위한 예술은 '치장된 회의주의, 의지가 마비된 것, 의지가 병에 걸린 것'이며 '유약해진 문명의 표식'이라고 하였다. 예술을 위한 예술은 예술의 독립에 대한 고백이 아니라 비정치적, 도피적 미학주의를 나타내는 것으로 변질되었으며 우유부단하고 버릇없는 예술가의 영혼이 벌이는 퇴각전투를 일컫는 말이 되었다.

18. 예술이 세상과 단절된 비밀의 제국이자 고립된 섬으로 남을 수는 없다

'예술을 위한 예술'이라는 구호 아래 예술은 한 때 비밀스러운 세계, 신비의 영역이 되어 사람들에게 호감을 주었다. 그러나 현실적인 삶의 조건과 무관한 '예술을 위한 예술'은 도피주의를 촉진시키고 비겁함과 무기력함에 대한 피난처를 제공하는 것으로 비판을 받아왔다.

종교가 된 예술, 타락한 현실보다 우월한 것처럼 공표된 예술의 순수성에 대한 외침은 자기 일에 몰두하고 다른 사람의 일과 걱정에 대하여 관심을 보이지 않는다는 일그러진 모습으로 변형되었고 예술가의 역할과 처지에 대한 자아도취적 해석을 제공하였다. 예술이라고 하여 세상과 단절된 하나의 고립된 섬일 수는 없으며 예술이 비밀의 제국 또는 종교가 될 수도 없다.

사람들은 예술을 통해 즐거움을 얻고 예술에서 배우고 강한 감정을 체험하고 의식을 정화한다. 예술은 삶의 일부로서 일상세계와의 관련 하에 존재하며 인간의 삶과 세계관에 큰 영향을 미친다. 예술은 결국 삶을 위한 것이며, 삶과 분리되어 고립된 '예술을 위한 예술'을 지속해서 유지하는 것은 불가능하거나 무의미한 것이 될 수도 있다.

19. 예술을 위한 예술은 어떤 목적도 없다. 모든 외부의 목적은 예술을 거짓된 것으로 만든다 - 벤자맹 콩스탕Benjamin Constant

예술을 위한 예술은 처음에 예술의 자율성을 피력한 말로 사용되었다. 예술이 외부의 이익을 위해 봉사하고 예술가가 주어진 임무만을 처리해야 한다면 작품은 특정인의 기대만을 충족시키게 되어 예술가는 수공업자와 같은 처지가 된다는 것이다. 실러, 칸트, 셸링 등은 외부의 특정 세력이 정한 목적을 예술에 맞춰 끼워 넣는 것을 적절하지 않다고 생각하였다.

이러한 사고방식에서 예술은 주어진 목적을 달성해야 할 필요가 없고, 예술은 그 내부에 목적을 지니고 있으며 도덕을 강조하거나 인식을 매개하거나 즐겁게 하기 위해 존재하는 것이 아니라는 것이다. 이러한 사고방식이 예술의 유용성(도덕을 강화하거나 인식을 촉진하는 것)에 대한 전통적 정의를 부정하는 것은 아니다.

다만 예술은 모든 목적을 이미 자신의 내부에 지니고 있어서 자연과 마찬가지로 스스로를 정당화할 필요가 없으며 예술의 유용성은 예술가에게 직접 지시하지 않더라도 자율적 예술이 일으키는 효과로 인해 간접적으로 생긴다는 것이다. 예술의 자율성에 대한 생각은 상상력을 강조하게 되었고 이후 낭만주의 예술 등 모든 예술은 구원자나 혁명가가 되고자 하였다.

20. 세상이 끔찍할수록 예술은 더욱 추상적이 된다

- 파울 클레Paul Klee

혼돈과 불안은 평온과 질서를 부여하고자 하는 추상 충동을 불러일으킨다. 혼돈과 무질서에 직면하게 되었을 때 사람들은 공간의 광대함을 불편하게 느끼고 두려움을 갖게 되며 대상의 윤곽을 명백하게 파악하려는 욕구를 갖게 된다. 이때 사람들은 대상을 더욱 추상화하고 안정된 형식으로 그려내려고 한다.

보링어Wilhelm Worringer(1881~1965)는 저서 『추상과 감정이입』에서 추상은 "인간이 엄청나게 혼란스런 세계상과 직면했을 때 휴식을 얻을 수 있는 무엇인가를 만들려는 위대한 시도"라고 하였다.

추상을 향한 충동은 두려움 때문에 생긴 충동이며 추상은 두려움을 보상해 준다는 것이다. 추상은 균형 잡힌 세계에 대한 환영을 만들어주어 사람을 진정시킨다. 이 때문에 추상화한다는 것은 불안과 고통으로부터 마음을 가볍게 해주는 행위를 추구한다는 의미가 되었으며 현실에서 소외된 사람들의 마음속 위안처가 되었다.

21. 예술은 개인의 자연적 특성을 해치고 도덕의 타락에 일조한다 - 루소

루소는 즐거움에 치중하게 되면 유익함이 설 자리를 잃게 되므로 예술은 인간의 도덕적 개선에 도움이 되지 않고 오히려 도덕의 타락에 일조한다고 하였다.

루소에 의하면 예술은 사치이고 사치는 허영 및 다양하게 변형된 피상적인 것만 촉진시키기 때문에 개인의 자연적 특성을 해친다. 유용성보다는 아름다운 모양이나 잘 꾸며진 표현에만 관심을 가지는 것은 바람직하지 않으며 유용성과 도덕적 개선을 가져다주지 못하는 예술은 헛수고이며 시간 낭비라는 것이다. 예술에 대한 루소의 회의적인 태도는 사람들의 지지를 받지 못하였다.

그러나 그의 문명 비판적이고 자연을 강조한 어법은 후배 작가들에게 큰 영향을 주었다. 루소는 예술 등 모든 조류에 있어 대중화, 평균화로 나타나는 예속의 경향을 싫어하였고 모든 개인이 시대의 조류에 휩쓸리거나 예속되지 않고 고유하고도 아름다운 삶을 살아나가는 '고상한 야만인'을 지향하였다. 그 누구도 구속하지 않고 구속받지 않으며 참되고 고유한 아름다움을 구현하는 세상을 꿈꾸었기에 관습과 규범의 사슬로부터 벗어나 어떤 인위적인 것도 강요하지 않는 자연으로 돌아가라고 하였다.

22. 예술은 내용이 지나치면 거칠게 되고, 형식이 지나치면 사치스럽게 된다

공자는 바탕(내용)이 문채文彩(형식)보다 과하면 거칠고, 문채(형식)가 바탕(내용)보다 과하면 사치스럽다고 하였다.

서시의 찡그린 모습이 예쁘다고 하여 이웃집 동시가 이를 본받아 찡그리니 더욱 미워 보였다는 장자의 말은 형식에 치우치는 일이 오히려 내용을 해치게 된다는 것을 희화적으로 보여준다. 형식과 내용은 불가분의 관계에 있으며 아름다움은 형식과 내용이 통일되어야 하고 형식만 추구하면 허례허식이 될 뿐이다.

23. 예술이 인간을 해방시켜 자신으로 돌아갈 수 있게 하고 균형 잡힌 감정을 만들기 위해 애쓴다면 국가는 예술을 지원해야 한다 - 프리드리히 폰 실러

실러는 예술의 자율성을 주장하였고 예술을 통해 인간은 표준과 관습에서 해방되어 정신적 자유를 경험하게 된다고 하였다. 예술은 인간을 해방시켜 자신으로 돌아갈 수 있게 한다. 또 예술은 균형 잡힌 감정을 갖추는 데 도움이 된다. 즉, 예술은 감수성이 예민하고 유약한 사람을 강하게 단련시키고 성정이 거친 사람은 부드러운 인간이 되게 한다.

균형 잡힌 감정을 갖춘 온전한 사람들이 많이 사는 나라는 안정을 보장받게 된다. 실러는 논문에서 국가가 예술의 위대한 의미를 인식하고 예술에 자율성을 부여하여 민족정신을 형성하는 데 도움이 되도록 하여야 한다고 하였다. 1988년 독일 내무부 장관은 "음악학교의 문을 닫는 사람은 사회 안전을 위험에 빠뜨리는 것이다"고 하였는데 아이들에게 음악교육을 시키지 않으면 성격적 기형이 생겨날 수 있다는 취지의 그의 말은 실러의 사상에 영향을 받은 것이다.

실러의 생각은 예술에 큰 영향을 미쳤으며 오늘날 여러 나라에서는 예술의 자유를 헌법에서 보장하고 있고 예산 축소를 둘러싼 논쟁에서도 실러의 논문은 문화예산 축소반대의 논리로 널리 활용되고 있다.

24. 예술은 도덕이론보다 더 도덕적일 수 있으며 더 나은 세계를 위해 기여한다

실용주의 철학자 존 듀이John Dewey(1859~1952), 리처드 로티Richard Rorty (1931~2007)에 의하면 예술의 유용성은 수용자보다 수용자와 관계를 맺는 사람들에게 있다. 실용주의적 예술 이해에서 핵심개념은 상상력이다. 예술작품은 대안적인 삶의 방식을 상상하고 사람들이 직접 경험하지 못한 어려움이나 위험, 직접 성취할 수 없는 것, 다른 나라의 세계상, 다른 인간의 장점, 억압된 소수자의 고통과 갈망을 이해할 수 있는 능력을 제공한다.

듀이에 의하면 상상력은 사람들은 선善으로 이끄는 도구다. 예술의 도움으로 사람들은 사고의 지평을 확장시켜 주목받지 못하는 것에 주의를 기울이고 지금까지 등한시해 왔던 사회적 현상에 관심을 가지고 남들에 대해 좀 더 관용적 태도를 보이게 된다.

예술은 상상력을 통해 다른 사람의 처지가 되어 보게 함으로써 인간을 도덕적으로 만든다. 예술은 도덕이론보다 더 도덕적일 수 있으며 더 나은 세계를 위해 기여할 수 있다.

- 존 듀이는 도덕에 대해 성찰하는 모든 논문의 영향력을 전부 합쳐도 건축, 소설, 드라마의 영향력에는 비할 바가 못 된다고 하였다.
- 로티에 의하면 상상력을 장려하는 것은 관용적인 지구 공동체를 만들어 나가는 데 도움이 된다고 하였다. 로티는 상상력의 가치는 사회적 유용성을 만들어 낼 수 있는가에 따라 측정되어야 한다고 하였다.

25. 예술은 고등사기다 - 백남준

오늘날은 복제기술의 발달로 예술의 아우라가 상실되고 예술이 상품이나 오락거리, 소비사회의 장식품이 되었다. 진리를 드러내고 아름다움을 표현하는 전통적 의미의 예술이 사라진 시대의 예술은 과거와 같이 숨겨진 삶의 의미를 드러내 주는 것이 아니라 삶에 덧칠하고 신비화하여 삶을 아름다운 것으로 미화한다. 따라서 예술은 대중을 기망하여 삶을 신비롭고 매혹적인 것처럼 만드는 고차원의 속임수라는 것이다.

26. 이성의 역할이 지나치게 강조되면서 디오니소스적인 생명력이 몰락하고 창조적 정열의 힘과 삶의 역동성은 사라지게 되었다 - 니체

태양신 아폴론은 질서, 이성, 냉정을 상징하고 형식적 질서 속에서의 창조를 의미한다. 반면 술의 신 디오니소스는 혼돈, 광기, 감성, 열정을 상징하며 무한한 생명력과 혼돈 속에서의 창조를 의미한다. 삶에 있어서는 디오니소스적인 광기와 열정, 아폴론적인 이성과 질서가 조화를 이루어야 한다. 그리스 사회를 지배하던 미적 가치는 아폴론적 원리와 디오니소스적인 원리가 혼합되어 성립한 것이다.

니체는 아폴론과 디오니소스의 결합을 통해 이룩된 그리스의 위대함은 이성의 역할이 지나치게 강조됨으로써 퇴색되고 질서와 이성만이 군림하여 명료함과 냉철함이 지배하게 됨으로써 디오니소스적인 생명력, 무한한 삶의 역동성은 사라지게 되었다고 하였다.

- 이성만능주의는 삶의 근본적인 힘이 되는 충동과 열정을 몰아내고 진리, 선, 이성, 질서만을 강조함으로써 동일성의 사유에 빠뜨렸고 파시즘, 나치즘으로 이어지게 되었다.
- 삶을 삶 자체로 인정하고 자연스럽게 우러나오는 즐거움, 격정을 표현하는 예술의 세계에서 사람은 인간다운 삶을 살 수 있다.
- 아폴론적 원리는 조형의 원리를 뜻하는 말로서 무질서한 자연에 질서를 부여하고자 하는 의지를 나타내며 디오니소스적 원리는 삶을 억압하는 경직된 질서를 해체하고 무질서한 카오스의 상태,

자연적 상태를 되돌리고자 하는 의지를 일컫는다. 이 두 가지 원리는 모두 삶을 증진하고자 하는 의지, 삶을 아름답고 긍정할만한 것으로 전환하고자 하는 근원적 의지이며 양극단을 하나로 통합함으로써 균형 있는 삶이 가능하다.

- 아폴론은 음악의 신이며 리라와 활을 가지고 있었다. 개념미술가 이안 해밀턴 핀레이Ian Hamilton Finlay(1925~2006)는 아폴론은 조화와 공격성을 동시에 가지고 있고 양극단을 동시에 가지고 있다고 하면서 아폴론의 어두운 면을 디오니소스에 부여하여 아폴론적인 것과 디오니소스적인 것을 대립시킨 것은 잘못이라고 하였다.

27. 예술은 아름다운 사물의 표현이 아니라 사물의 아름다운 표현이다 - 칸트

아리스토텔레스가 "예술은 자연의 모방, 현실의 모방"이라고 하였듯이 과거의 예술가들은 현실의 모습을 잘 모방한 예술이야말로 진실을 드러내는 진짜 예술이라고 생각하였다. 이 때문에 예술가들은 대상을 최대한 현실과 가깝게 묘사하려고 하였다.

그러나 헤겔은 "모방을 통해 자연과 경쟁하려고 한다면 예술은 항상 자연보다 못한 것으로 남아야 할 것이며 그것은 코끼리를 닮기 위해 노력하는 벌레와 같다"고 하였다.

과학기술의 발전에 따라 카메라가 등장하면서 실제와 같은 그림은 의미가 없게 되었고 화가의 주관적 관점이 강조되기에 이르렀다.

예술가가 어떤 대상을 표현하는 데는 작가의 주관이 개입되며 예술은 작가의 관점에 따라 새롭게 재현되고 창조된다. 따라서 예술은 아름다운 사물의 표현이 아니라 사물의 아름다운 표현이다.

28. 예술작품에서 중요한 것은 아름다움이 아니라 그것으로 인해 새로운 질문을 갖게 되고 새로운 시선을 갖게 되는 것이다

아름다움은 끊임없이 변하는 것이며 아름다움은 본질적으로 불안정한 것이다. 예술은 항상 새로움을 추구하며 개성 있는 작품은 기존의 미美의 개념을 의문시하는 데서 출발한다.

예술작품의 가치를 결정짓는 것은 독창성과 창의력이다. 현대예술은 자연의 모방이 아니라 주관성의 영역으로 이해되고 있다. 뒤샹의 변기가 전시된 이후 사람들은 예술을 미의 관점이 아니라 의미의 관점에서 접근하게 되었으며 현대예술가들은 예술작품에서 중요한 것은 아름다움이 아니라 그것으로 인해 새로운 질문을 갖게 되고 새로운 시선을 갖게 되는 것이라고 한다.

- 뒤샹은 1917년 전시장에 소변기를 전시하여 낯설게 만듦으로써 예술에 대한 대중의 고정관념을 뒤집어 놓았다. 뒤샹은 기성품도 예술가의 선택에 따라 또는 그것이 놓인 위치에 따라 얼마든지 예술이 될 수 있다고 주장하였다.

29. 예술은 아름다움을 통하여 소통하는 것이어야 한다

예술에는 작가의 주관이 개입되고 예술은 작가의 관점에 따라 새롭게 재현되고 창조된다. 주관성에 입각하여 항상 새로운 것을 창조해야 한다는 생각에서 예술가들은 타인의 이해를 염두에 두지 않게 되었고 이해되지 못하는 것이 현대성을 의미하는 단계에까지 이르게 되었다. 이 때문에 현대예술은 난해하게 느껴진다.

그러나 주관성이 극단적으로 강조되어 대중에서 등을 돌린 채 자신의 세계에만 몰두한 예술은 이를 과연 예술이라고 부를 수 있을지가 의문시된다. 인간은 아름다움을 추구하고 그 아름다움을 타인에게 전하고 이해시키려고 한다. 따라서 대중과의 소통을 거부하는 예술은 고립되어 사멸하게 될 것이다.

- 장 뒤비페는 예술가가 대중과의 소통을 완전히 거부하는 정도까지 주관성을 고집하여 자신의 작품을 아무에게도 보여주고 싶지 않을 정도까지 된다면 작품의 전복적인 성격은 사라진다고 하였다.

30. 예술작품은 아는 만큼 보인다

인간은 아름다움을 추구하는 보편적 심리구조를 갖추고 있고 모든 사람은 예술적 아름다움을 감상할 능력이 있다. 예술은 반드시 이론적으로 설명하거나 지적으로 이해해야 하는 것은 아니고 느끼고 좋아하면 되는 것이다.

그러나 예술에 관한 역사·문화적 상황, 지리적 환경, 작가의 취향·의식 등을 아는 것은 작품이해에 도움이 되고, 예술작품에 대한 지적인 이해는 감탄이나 예술작품에 대한 정서적 공감의 정도를 높이게 되어 지적 쾌감을 높이게 된다.

예술을 감상하기 위해서는 어느 정도의 지식과 교육, 훈련이 필요한 것이 사실이며 안목 있는 고객의 존재, 우리가 속해있는 공동체가 예술에 호의적이라는 점은 예술의 질적 수준을 보장한다.

- 철학은 예술작품이 지닌 숨은 의미를 해석하는 데 도움이 되고, 미학과 예술사에 대한 지식은 재료와 기법을 이해하는 데 도움이 된다.
- 예술작품에 대한 체험을 늘리고 감상하는 법을 배우는 것, 문화 향수의 기회를 늘리는 것, 교육과 훈련은 미적 감각, 지적 쾌감을 높이게 되고 세계와 삶을 더 진실하게 이해할 수 있게 하여 삶을 한층 풍요롭게 한다.

31. 아이디어도 예술이다 - 뒤샹

뒤샹은 자전거 바퀴를 조각품처럼 전시하여 미술의 주인공으로 등장시켰다. 뒤샹은 정교한 바퀴살과 둥글고 단단한 바퀴체의 아름다움은 창작품에 뒤지지 않고 거꾸로 세워진 바퀴의 아름다움도 조각품에 못지않다고 하였다. 뒤샹에 의하면 작품은 독자적으로 존재하는 것이 아니라 환경이나 다른 소재와의 관계에서 맥락으로 파악된다. 따라서 변기도 전시장에 놓이면 전혀 다른 의미로 전환된다. 변기와 같은 기성품도 예술가의 선택에 따라 또는 그것이 놓인 위치에 따라 예술품이 될 수 있다는 것이다. 뒤샹은 예술과 예술이 아닌 것의 경계를 허물었으며 비예술적 재료인 오브제object를 예술로 둔갑시켰다.

- 뒤샹은 예술가가 공들여 만든 것만이 미술이 아니라 예술가가 어떤 물건을 선택하여 미술작품으로 부르면 그것도 엄연한 미술이며 미술에서 중요한 것은 제작과정이 아니라 작품구상(아이디어)이라고 하였다. 즉, 창조하지 않더라도 '선택'에 의해 얼마든지 예술이 될 수 있다는 것이다.
- 완성된 작품보다 개념을 중요하게 여기는 개념미술은 결과물보다는 예술가의 행위나 사상을 담은 아이디어를 중시한다. 개념예술가들은 상품으로서의 미술보다 아이디어에 예술의 진정한 의미를 부여한다.

32. 예술작품은 예술가와 감상자의 상호작용을 통해 완성된다

인간은 보편적으로 아름다움을 추구하는 심리구조를 지니고 있고 아름다움을 타인에게 전하고 이해시키고자 하며, 작품의 의미는 그것을 찾는 관객에 의해 완성되기도 한다.

역사가 과거와 현재의 대화이듯이 예술작품 역시 예술가·예술작품과 감상자의 상호작용을 통해 완성되며 시대에 따라 새로운 해석을 낳는다. 이로써 예술작품은 거듭 새로운 의미로 다시 태어나게 되는 것이다.

33. 예술의 의미를 창조하는 것은 저자도 작품도 아니며 독자이다. 위대한 작품은 독자가 만든다 - 롤랑 바르트

프랑스의 철학자, 비평가 롤랑 바르트는 작가중심주의, 작품중심주의에 반대하여 해석의 중요성과 독자의 역할을 강조하였다.

그에 의하면 의미를 창조하는 것은 저자도 작품도 아니며 바로 독자이다. 예술작품은 작가의 의도와 작품만으로는 아무런 의미도 발생하지 않으며 작가의 의도와 작품 위에 그 의미를 생성하는 독자가 있을 때 그 작품이 의미를 갖게 된다는 것이다. 단 한 명의 독자도 없는 작품이라면 결코 위대한 작품이 될 수 없으며 위대한 작품은 독자가 만든다.

- 롤랑 바르트는 해석의 가능성을 존중하기 위해 작품이라는 말 대신에 텍스트text라는 단어를 사용하였다.

34. 저자의 죽음은 예술의 죽음이 아니라 독자의 탄생을 의미한다 - 롤랑 바르트

예술작품은 다양한 해석의 여지를 가지고 있으며 그 의미는 고정불변의 것이 아니라 시대와 상황이라는 맥락에 따라 변한다. 작품의 의미가 발생하기 위해서는 독자의 해석이 중요하며 독자는 작가의 메시지를 해독하기만 하는 존재가 아니라 능동적으로 작품의 의미를 만들어 간다. 비판적·능동적 사고를 하는 독자, 의식과 역량이 높은 독자가 많을 때 독자의 탄생은 더 긍정적 효과를 보게 된다.

어떤 상황에서도 유일무이한 해석이 가능한 작품은 없으며 모든 예술작품은 상황과 맥락에 따라 다른 의미를 생산한다. 이러한 의미를 생산하는 주인공은 바로 독자이며 저자의 죽음은 예술의 죽음을 뜻하는 것이 아니라 독자의 탄생을 의미한다. 저자의 죽음은 수동적·제한적 역할을 담당했던 독자들이 예술작품의 가장 핵심적인 창조자임을 선언한 것이다.

- 그리스 신화에 나오는 사이렌의 노래는 아름다운 음악에 대한 찬사로도, 감각적 쾌락이 주는 위험성에 대한 경고로도 해석된다.
- 새뮤얼 베케트의 『고도를 기다리며』에서 고도는 혼돈, 자유, 메시아, 미래의 가능성, 지루한 일상을 견디기 위한 단어 등 여러 가지로 해석된다. 이처럼 시대와 상황에 따라 다양한 해석의 여지를 가지고 있는 작품이 위대한 작품인 경우가 많다.
- 섀넌 위버의 커뮤니케이션 이론에 의하면 의사소통에는 화자 - 메시지 - 청자가 필요하다.

35. 앤디 워홀은 예술작품의 독창성을 부정하고 예술의 고급화를 조롱하였다

앤디 워홀은 실크스크린 판화기법과 같은 복제기술을 사용하여 다양한 복제미술을 제작하였고 메릴린 먼로Marilyn Monroe, 코카콜라 병 등 널리 알려진 대중적 이미지나 통조림, 광고 등을 가공만 하여 예술작품을 찍어 냈다.

앤디 워홀은 자신의 작업실을 공장이라고 불렀고 미술을 사업이라고 하였으며 기계 같은 방식으로 광고 같은 미술을 제작하여 미술의 고급화를 조롱하였다. 그는 대량생산, 대량소비, 대중매체와 권력을 비웃고 예술작품의 독창성을 부정하였다. 앤디 워홀은 미술을 대중의 눈높이로 끌어내려 고급예술과 대중예술의 경계를 모호하게 만들고 예술의 탈형식화, 탈장르화를 보여주었다.

36. 포스트모더니즘은 예술은 예술이라는 고정관념을 털어내고 삶과 예술의 관계를 새로운 시각으로 볼 수 있게 하였다

포스트모더니즘(후기 근대주의, 탈근대주의)은 인간 이성에 대한 믿음을 강조했던 근대의 계몽주의, 합리적 사고를 소수자와 감성을 억압해 온 근대성 또는 이분법적 사고로 비판하고 탈근대화를 추구하는 20세기 중반 이후의 사상적 흐름을 말한다.

포스트모더니즘에서는 개성과 차이를 존중하고 새로운 표현방식과 문화의 다양성, 다원성을 추구한다. 또 기존 장르에서 벗어난 새로운 예술 장르(탈형식, 탈장르)를 인정한다. 따라서 포스트모더니즘은 예술은 예술이라는 고정관념을 털어내고 삶과 예술의 관계를 새로운 시각으로 볼 수 있게 하였다.

- 오브제 미술, 팝아트, 해프닝, 패러디, 존 케이지의 4분 33초 등은 포스트모더니즘 예술로 볼 수 있다.
- 포스트모더니즘 예술에 대해서는 예술이라는 이름으로 모든 행위가 정당화될 수 있는 것은 아니며 그것은 예술의 실패를 보여줄 뿐 어떤 창조적인 힘도 가지고 있지 않다는 비판이 있다. 포스트모더니즘은 윤리적 상대주의와 회의주의를 극대화할 위험이 있으므로 그것이 추구하는 가치가 독단으로 흐르지 않도록 균형 잡힌 사고를 갖는 것이 필요하다.

37. 대중예술은 대중의 욕망에 직접적으로 영합하여 욕망의 즉각적인 해소를 목표로 한다

대중예술은 욕망을 순화시키고 고상한 차원으로 끌어올리는 것이 아니라 대중의 욕망에 직접적으로 영합하여 욕망의 즉각적인 해소를 목표로 한다. 대중예술의 통속성은 키치kitsch(싸구려 감수성), 클리쉐cliche(진부한 표현, 상투적 기법), 센티멘털리즘centimentalism(즉각적 감정에의 호소)을 통해 달성된다. 대중예술은 이러한 통속성 때문에 예술의 비판적 기능을 마비시키고 대중을 욕망의 노예로 만드는데 봉사한다는 비판을 받는다.

38. 대중예술은 욕망의 억압에 저항하고 지배체계를 조롱, 비판하는 기능을 한다

욕망은 억압한다고 사라지는 것이 아니라 적당히 분출되고 해소되어야 한다. 대중예술의 통속성은 대중의 욕망을 반영하고 그것을 분출하게 함으로써 해방감을 느끼게 하고 엄숙주의가 지닌 위선과 기만의 탈을 벗겨낸다. 대중예술의 통속성은 욕망의 억압에 저항하고 지배적 가치체계에 대한 저항의 메시지를 담아 억압적 지배체계를 비판하는 기능을 한다.

- B급 문화는 단순하게 뒤떨어진다는 의미보다 주류 문화에 속하지 않은 마이너리티 문화의 저항성에 대한 의미도 담고 있다. B급 문화는 대중의 통속적 욕망을 가감 없이 보다 적극적으로 표현함으로써 지배적 가치관을 공격하고 도덕적·윤리적 인간이라는 표상이 지닌 허위의식을 벗겨낸다. 따라서 B급 문화는 어떤 의미에서 저항의 정신을 표현하는 일종의 대항문화로서의 성격을 지닌다.
- 인생에서는 이성, 진리, 도덕, 가치, 책임, 헌신뿐 아니라 감성, 향락, 일탈, 혼돈, 유희도 억눌린 에너지를 분출하게 하고 재충전하게 하여 일상에 활력을 주고 인생을 아름답게 한다. 무거움과 가벼움 이 두 가지를 모두 가질 때 인간은 온전한 삶을 살 수 있다.

39. 패러디는 예술작품의 원본 훼손을 통해서 자신의 생명과 에너지를 얻는다

패러디는 원본이 지닌 위선과 허구성을 폭로하거나 비판적 시각으로 새롭게 보도록 유도하는 표현의 한 형식을 말한다. 패러디는 원본의 허위와 위선을 폭로·비판하면서 새로운 가치를 만들어 낸다는 점에서 신선함이 있고, 풍자, 해학, 익살을 통한 날카로운 비판의식과 예술적 감흥을 보여준다.

패러디는 소재와 상상력이 원본의 내용에서 출발하고 있으나 원본에 대한 고의적 비틀기나 뒤집기를 통해 원본이 지닌 문제점을 폭로하거나 원본이 지닌 신화의 허구성을 벗겨내고 권위를 훼손하거나 해체한다.

패러디는 원본에 대한 비판적 태도를 견지하여야 하며 원본의 권위에 도전하여 새로운 시각을 제공할 수 있어야 한다. 패러디는 원본의 권위를 무력화시킴으로써 원본을 극복하고 그 가치를 인정받는다는 점에서 친부살해의 숙명을 타고났다. 패러디는 원본 훼손을 통해서 자신의 생명과 에너지를 얻는다.

- 패러디의 생명은 비판 정신과 창조성에 있으며 단순히 방법만 차용하여 조롱·장난하는 것은 오락·유희에 지나지 않는다. 원본의 권위에 기생하면서 모방의 한계를 벗어나지 못하는 패러디는 생명력을 잃게 된다.
- 미셸 투르니에의 『방드르디 태평양의 끝』은 다니엘 디포의 로빈슨 크루소를 패러디한 작품이다. 원작에서 로빈슨 크루소는 서구 문명의 방식으로 섬을 통치하고 원주민 프라이데이를 노예로 부리는 제국주의적 인물이다. 그러나 미셸 투르니에의 작품에서는 문명인 로빈슨 크루소가 야만인인 방드르디의 삶의 태도와 가치관에 감화되어 고향에 돌아가지 않기로 결심한다.
  이 소설은 자연과 동물을 학살하는 문명의 야만성과 문명과 야만이라는 이분법적 도식, 근대적 합리주의가 지닌 허구성, 근대문명의 백인우월주의와 제국주의적 성격을 비판하였다.

40. 해프닝은 삶이 곧 예술이라는 것을 보여준다

해프닝은 원래 우발적 사건을 의미하나 현대예술의 각 분야에서 볼 수 있는 시도로 '우연히 생긴 일' 또는 극히 일상적인 현상을 이상하게 느끼도록 만드는 예술체험을 말한다. 해프닝은 감상자를 예술사건에 끌어들여서 현재 여기에서 일어나고 있는 것을 즉흥적으로 보여줌으로써 예술이 삶의 현장에 존재한다는 것을 보여주고자 한다. 충격적 발언, 어이없는 행동, 과격한 행위 등이 해프닝을 일으키는 수단이 되며 그것은 공연장, 전시장이 아니라 공원, 광장, 시장, 부엌 등 일상적인 공간에서 이루어진다. 해프닝은 완성된 작품으로서 전시되고 보존되는 기존 예술의 관습에 저항하고 예술이 재화로서 소수의 사람 사이에서 거래되는 것을 거부하며 삶이 곧 예술이라는 것을 보여주고자 한다.

- 2006년도 백남준 장례식장에서의 넥타이 자르기는 예술이 권위의 틀에 갇히는 것을 거부하고 예술이 삶 속에서 특히 예술가의 죽음이라는 일상적인 공간에서도 일어난다는 것을 보여준 해프닝으로 평가된다. 우발적이고 충격적 해프닝은 인간을 흔들어 깨우고 관습을 무력화시킨다.

41. 해프닝은 그 순간을 함께했던 사람들의 체험과 기억 속에서만 존재하는 즉흥적이고 순간적인 예술이다

해프닝은 기계화·박제화된 현대인의 삶을 비판하고 판에 박힌 일상에 낯선 체험을 제공함으로써 지금 여기를 살아가고 있음의 소중함을 환기시킨다.

해프닝 예술가들은 삶은 소중한 순간들의 연쇄적인 폭발이 되어야 하고 예술은 삶의 소중한 순간들을 되돌려 줄 수 있는 충격의 제공자가 되어야 한다고 믿는다. 그리고 그것을 달성한 순간 예술 자체로 순간 속에서 영원히 소멸해야 한다고 한다.

해프닝은 그 순간을 함께했던 사람들의 체험과 기억 속에서만 존재하는 즉흥적이고 순간적인 예술이며 해프닝 예술에서 중요한 것은 '지금, 여기' 우리들의 삶 속에서 예술활동이 벌어지고 있다는 것이다.

- 지하철 결혼식은 오로지 이동이라는 목표 외에는 삶의 모든 순간이 소멸하는 무의미한 지하철이라는 공간을 이벤트가 벌어지는 곳으로 변모시켰다.

42. 광고가 끝없이 예술을 탐하는 이유는 자본주의가 낳은 천박함이라는 그 태생적 한계를 극복하기 위한 것이다 - 제임스 트위첼 『욕망, 광고, 소비의 문화사』

판매업자는 이미 높은 가치를 부여받아 상류층이 향유하고 있는 예술을 광고와 결합시켜 그 제품이 고급문화와 관련이 있는 것처럼 소비자를 현혹시키기 위해 예술을 이용한다. 이것은 결합가치를 통해 시너지효과를 내기 위한 것이다.

43. 아우라의 상실로 예술이 대중화되었으나 대중의 미적 감각도 표준화되었다

아우라는 어떤 예술작품이나 물건이 가지고 있는 모방할 수 없는 유일무이한 특성과 아름다움을 말한다. 오늘날은 복제기술의 발달로 예술작품이 복제되어 TV, 영화, 라디오 등에 의해 대량으로 소비되며 원본과 복제품의 차이가 없게 되어 아우라는 상실·해체되었다.

발터 벤야민에 의하면 아우라는 예술이 아직도 종교적 숭배의 대상이던 시절의 흔적일 뿐 원작은 전시가치만 남게 되었다. 아우라가 상실·해체됨으로써 원본 예술이 가진 권위주의, 귀족주의 경향이 사라져 대중이 쉽게 예술작품을 즐기고 누릴 수 있게 되었다는 장점이 있으나 대중의 감각과 정서가 표준화되어 개성에 따른 문화 향유가 어렵게 되었고 예술에 대한 경외감, 신비감도 사라져 예술의 구원적 성격도 사라지게 되었으며 발터 벤야민도 이 점을 안타깝게 생각하였다. 아우라를 상실한 시대, 예술에 있어서는 의미의 창조보다 의미의 소통이 더 중요하다.

아우라가 상실·해체되어 예술에 대한 경외감, 신비감이 사라지게 되면 예술가들은 창조자의 지위에서 의미를 전달하는 자의 위치에 서게 된다. 이 시대의 예술에서 중요한 것은 의미의 창조보다 의미의 소통이 된다. 뒤샹은 일상의 소재들을 전혀 다른 맥락 속에 위치시킴으로써 자전거 바퀴나 소변기 같은 기성품도 예술이 될 수 있음을 보여주었다. 미술은 권위 있는 화랑에서 전시하여 보여주는 미술, 미술로서 남고자 하는 미술이 아닌 탈예술적 흐름을 보이게 되었으며 이는 탈형식화, 탈장르화, 장르파괴의 흐름으로 나타나게 되었다.

44. 예술개념의 확장은 예술이 누리는 명망을 이용하려는 예술 정책으로 전락할 수 있다

요제프 보이스Joseph Beuys(1921~1986)는 예술개념을 폭파시키고 확장시켜야만 한다고 함으로써 확장된 예술개념을 주장하였으며 확장된 예술개념이 자신의 가장 훌륭한 예술작품이라고 하였다.

그에 의하면 모든 사람이 예술가이며 확장된 의미에서 예술적인 활동을 하고 있다. 예술개념은 정치적, 사회적 활동으로 확장되고 장사, 교육, 사회복지 사업도 예술이 된다. 마르셀 뒤샹의 기성품(소변기, 자전거 바퀴)이 예술의 영역으로 들어온 것에서 더 나아가 보이스는 예술과 무관한 재질, 토론, 정치적 행동 같은 활동까지 예술의 단계로 격상시켰다.

그러나 소변기, 자전거 바퀴, 콜라 캔, 진공청소기, 브릴로 상자, 심지어 음식 찌꺼기 등 여러 가지를 끌어모아 예술이라는 지붕을 확장시킨다고 하여 그것을 모두 예술이라고 할 수 있을지는 의문이다. 어떤 사람이나 집단은 자신들이 사회적으로 중요한 일을 하고 있다는 점을 나타내려고 하기 때문에 자신들의 행위를 예술 행위라고 이야기하고 싶어 한다.

그것은 그들의 계획이 예술계획으로 선언될 때 사회적으로 주목받고 특별한 반응을 얻게 되는 점, 쉽게 허가를 받고 정부나 기업의 후원을 받을 수 있다는 점을 겨냥한 전략일 수도 있다. 예술개념의 확장이 예술이 가지고 있는 신비하고 고상한 분위기, 예술의 신화와 후광을 이용하려는 도구가 되어서는 안 된다. 예술개념의 확장이 예술을 성스럽게 하고 독창적인 작품형식으로 이어지지 않는다면 예술개념의 확장은 예술정책으로 전락하게 될 수 있다.

45. '예술의 종말'은 예술에 대한 과대평가, 신비화와 그것에서 생긴 실망을 나타내는 말이다

헤겔은 "예술작품을 신처럼 숭배하고 경배할 수 있는 단계는 지났다", "예술은 진실과 생생함을 잃었다"고 하였다.

헤겔에 의하면 역사는 정신의 역사이고 정신의 연속적 발전이다. 헤겔은 과거에는 예술이 역사를 만들고 정신세계의 중심이었지만 이제는 너무 물질에 사로잡혀 예술은 아무래도 상관없는 부수적 현상이 되었고 예술은 더는 정신적 욕구를 충족시켜줄 수 없다고 하였다.

예술의 종말은 예술이 사라진다는 것이 아니라 예술의 역할과 기능변화와 관련이 있으며 예술에 대한 문화 비판적 사고를 나타낸다.

시간이 지날수록 예술은 더 많은 내용을 다루고 있고 과거보다 훨씬 많은 것을 예술의 소재로 삼고 있다. 또 예술은 세속화되었고 사람들의 수요에 맞추어 방향을 정함으로써 상업화되었고 유행을 추종한다. 예술가는 생명을 다한 소재와 대상의 선택에서 끝없는 불안에 시달리게 되었고 이제는 무엇을 표현해야 할지 알 수 없는 정도에까지 이르게 되었다. 예술이 한계에 봉착하게 되면서 영감과 상상력은 정체상태에 빠지게 된다.

그러나 이러한 위기 속에서 예술은 그 한계를 극복하고 새로운 영역을 개척해 나간다. 예술의 발전은 실험의 연속이며 예술의 본질에 대한 의문은 계속된다. 예술에는 위기와 변화가 있을 뿐 그 종말은 없다. 예술의 죽음은 가짜 죽음이며 예술은 항상 새로움을 추구한다.

- 과거의 소재와 양식, 주제에 집착한다면 현재의 예술은 내용과 의미가 없고 비정상적인 것이 되어 버린다. 과거를 미화하고 이상화하면 현재는 항상 나쁜 모습으로 드러나게 되고 예술은 과거의 잔해를 수집하고 모방하는 일만을 해야 한다. 예술의 종말을 논하는 것은 역사주의에 발목을 잡힐 우려가 있다.
- 예술이 타락하고 몰락하였다는 것은 낭만주의적 이상이며 이분법의 비난이 될 수도 있다. 예술은 실험의 연속이며 그 소재와 양식, 주제는 끊임없이 변화한다.

제3절 언어

1. 인간은 언어적 존재homo loquens이다

인간은 언어로 의사를 표현하고 전달하며, 언어를 통해 사회를 구성하고 삶을 유지해 나간다. 또 언어를 통한 교류와 지식 전달, 전승에 의해 문화를 발전시켜 나간다. 따라서 언어는 인간의 삶을 가능케 하는 절대적 요소이다.

- 감옥의 옥獄은 개 두 마리가 말言을 막고 있는 형상이다. 말할 데가 없는 것, 소통의 부재는 인간에게 고통을 준다. 맹자는 홀로된다는 것은 인간이 짐승 수준으로 떨어지는 것으로서 가장 큰 고통이 된다고 하였다.
- 공자는 사람은 말의 세계에 참여할 때 사람다워질 수 있다고 하였다. 인仁은 사람人과 둘二이 합쳐진 말로서 서로 말하고 소통이 이루어져야 고귀한 삶을 살아갈 수 있음을 나타낸다.

<언어와 사회생활>

의사 표시 의사 전달 인적 교류

<언어와 문화발전>

교육 문화 전파 문화 전승

2. 언어는 오해의 근원이다 - 생텍쥐페리

언어는 사실을 가리거나 왜곡할 수도 있고 오해를 불러일으켜 갈등과 분쟁의 소지가 되기도 한다.

회의론자 고르기아스가 "알 수 있다 하더라도 다른 사람에게 전달할 수 없다"고 하였듯이 언어로 뜻을 바르게 전달하고 그 뜻을 파악하는 일은 간단한 문제가 아니다. 그리스 신화에 나오는 전령의 신 헤르메스는 무한한 의미의 신의 말을 인간의 말로 전달하는 임무를 맡았는데 헤르메스는 "거짓말은 하지 않겠지만 완전한 진실성은 보장할 수 없다"고 고백하였다고 한다.

인간의 느낌과 생각을 언어로 표현하는 것은 불완전하고 거기에 받아들이는 사람의 해석이 끼어들게 되면 오해가 생길 수 있다.

- 언어는 결합과 분열의 성격을 갖고 있다. 언어에 의해 의미가 분명해지는 경우도 있으나 오해나 분쟁의 소지가 되는 경우도 있다.

3. 언어는 행위에 의해 그 의미가 살아난다 - 아펠

언어 행위는 본질적으로 사회적 행위이며 언어와 행동이 서로 어긋나지 않을 때 그 말의 의미가 살아난다.

말이 제대로 전달되었는지 말을 통해서는 검증할 수 없고 그와 관련된 행동을 통해서 검증할 수 있다. 말이 행위와 분리될 때는 거짓이 생기게 되므로 언행이 일치해야만 말이 힘을 얻게 되고 비로소 의사소통이 가능하게 된다.

- 말과 행위가 모순되지 않아야 하는 것은 도덕성의 기초가 된다.
- 언어는 상호주관적 의미가 전달되어야 하며 이상적 의사소통 공동체는 실천이 뒤따르는 책임윤리를 통해서 구현되어야 한다.
- 바벨탑 이야기에서 신은 인간의 교만을 경고하고자 서로 알아듣지 못하도록 말을 쪼갠다. 바벨은 말을 흩트린다는 뜻이다. 이것은 완전한 의사소통은 인간의 꿈이자 오해와 갈등이 적은 이상적인 사회에 도달하는 유력한 방안이라는 것을 시사한다.

4. 세계는 하나의 그림이며 언어로 나타낼 수 있다

비트겐슈타인은 세계는 하나의 그림이며 이 그림은 정확하게 언어로 나타낼 수 있다고 하였다. 그는 세계는 언어로 명제화할 수 있는 것이므로 언어의 의미는 지시에 있다고 하였다. 비트겐슈타인은 모든 것을 언어로 표상할 수 있다는 전제하에 인위적으로 확실한 논리적 형식을 구축하여 우리가 경험하는 세계에 대한 참된 모습을 구현하고자 하였다. 인위적인 논리의 세계를 구축하는 언어를 인공언어artificial language라고 한다.

비트겐슈타인에 의하면 언어가 올바르게 사용된다면 세계를 정확하게 이해할 수 있으므로 철학은 세계에 대한 인식이 아니라 언어의 문제를 다루어야 한다. 언어가 정확하게 현실 세계와 대응한다면 세계는 하나의 그림으로 묘사될 수 있을 것이다.

그러나 단어와 사물이 정확히 대응하고 복합적인 사태로 이루어진 사실이 복합명제에 대응한다는 발상은 지나치게 단순한 생각이다. 이것은 한 장소에서 두 가지 색을 경험하는 것이 불가능하다는 주장이 될 수 있는데 예컨대 무지개는 한 공간의 한 점에 하나의 색이 정확하게 대응하지 않고 한 장소에 다양한 파장이 존재하기 때문에 녹색과 보라색이 중첩된 것으로 보인다. 이로써 완전무결한 논리적 세계로서의 인공언어를 구축하고자 한 비트겐슈타인의 그림이론은 취약점과 한계를 나타내게 되었다.

- 비트겐슈타인에 의해 철학의 중심문제가 인식에서 언어로 옮겨졌는데 이것을 언어적 전회linguistic turn이라고 한다.
- 비트겐슈타인은 자신의 그림이론을 토대로 "말할 수 없는 것에 대하여는 침묵해야 한다"고 하였는데 논리적으로 검증할 수 없는 세계, 미학적·도덕적·형이상학적 세계는 논리적으로 설명할 수 없고 이것을 명제화하려고 할 때는 오만함과 월권행위가 발생한다고 하였다.

  비트겐슈타인의 그림이론은 사랑, 우정, 꿈, 정의 등 형태가 없는 언어를 철학의 영역에서 배제하려고 한 잘못이 있다. 세계에는 언어로 표현될 수 없는 신비로움이 존재하고 예술작품에서 느끼는 감동, 아름다운 경치를 보거나 사랑에 빠졌을 때의 감정, 종교적 체험 같은 것을 말로 표현할 수 없다.

  비트겐슈타인은 하나의 사물에 하나의 단어가 정확히 대응한다는 전제하에서 현실과 언어가 명확히 대응한다고 본 그림이론의 취약점과 한계를 자각하고 "언어의 의미는 지시에 있는 것이 아니라 사용use에 있다"고 함으로써 자신의 견해를 수정하였다.

- 단어를 숫자 단위로 정보화할 수 있다면 단어들의 함수관계를 숫자 단위로 정보화할 수 있게 된다. 비트겐슈타인의 그림이론에는 오류가 있었지만 그러한 발상 위에서 컴퓨터가 발명되었다. 디지털의 핵심은 명제와 명제 사이의 함수관계이고 디지털 세계는 세계가 하나의 그림이고 이 그림이 명제화될 수 있다는 전제에서 탄생하였다. 세계라는 그림을 명제화하는 수학적 방법을 찾아냄으로써 컴퓨터의 인공언어가 세계를 표현하게 된 것이다.

5. 언어의 의미는 게임의 규칙 속에서 결정되며 언어의 의미는 그 사용에 있다 - 비트겐슈타인

언어는 사물을 단순히 모방하고 표현하기만 하는 것이 아니다. 언어의 의미는 지시에 있지 않고 그것이 어떻게 사용되는가에 있다.

언어는 그것을 사용하는 사람들의 언어활동과 관련해서만 의미를 갖게 되고 언어의 의미는 사람이 처한 상황과 맥락 속에서 그 언어가 사용되는 게임의 규칙에 의해서 결정된다. 그 게임의 규칙은 게임을 원활하게 진행하기 위해 만들어진 유동적 규칙이며 절대불변의 법칙이 아니다.

언어의 규칙은 전적으로 언어활동에 의해 만들어지는데 언어가 게임의 규칙, 즉, 문법이나 용례에 맞지 않게 사용되면 모두에게 오해가 생길 수 있으므로 철학은 언어사용으로 생기는 복잡한 문제를 다루어야 한다.

- 비트겐슈타인은 엄격한 논리적 규칙에 따르지 않고 일상적 언어활동에 따라 사용되는 언어를 일상적 언어라고 하였다. 언어의 규칙은 그 단어를 사용하는 사람들의 공통된 삶의 양식forms of life에 기반한다. 즉, 일상적 삶의 양식이 언어적 특성을 형성하는 것이다. 따라서 사자가 말을 한다고 하여도 삶의 형식을 공유하고 있지 않기 때문에 인간은 그 말을 이해할 수 없다.
- 한 단어에는 여러 의미가 담겨있고 그 의미는 상황과 맥락에 따라 달라진다. 따라서 언어의 의미는 용법에 있다. 비트겐슈타인의 이 이론을 게임이론 또는 문법이론이라고 한다.
- '던지다'라는 말은 야구에서는 공을 던지는 것이고 바둑에서는 돌을 던진다(패배를 인정한다)는 뜻이다.
- 다른 사람과 공유하지 않는 오로지 자신만의 언어를 사적 언어private language라고 하는데 비트겐슈타인은 언어를 발화하는 순간 이미 잠재적인 누군가를 가정하고 있는 것이며 사적 언어는 불가능하다고 하였다.

  언어는 수신자와의 공감을 전제로 하며 언어활동은 사적인 활동이 아니라 공적인 활동이다. 언어는 언어를 사용하는 사람들의 소통에 의해 만들어진다. 이로써 언어의 의미는 정보에서 소통으로 그 패러다임이 전환되었다(정보이론 → 소통이론).

6. 우주는 수학이라는 언어로 쓰여진 책이다 - 갈릴레오

우주는 특정한 구조로 되어 있고 그것이 수학적 구조로 되어 있다는 생각은 피타고라스, 갈릴레오, 뉴턴을 거쳐서 이어져 내려왔다.

라이프니츠는 우주 전체의 구조를 밝힐 수 있는 우주 공통의 언어가 있다고 생각하였는데 그것이 보편수학이다. 근대 물리학은 수학을 통해 우주와 세계의 기본구조를 이해하려고 하였는데 수학이 우주 보편의 언어라는 생각은 상대성 이론과 불확정성의 원리가 등장하면서 의심받게 되었다.

7. 수학은 이성적, 실용적 언어다

수학은 논리적 사고력에 기반하고 있고 직관이 통하지 않는다. 수학은 일반언어보다 덜 자의적이고 덜 모호하여 명확하기 때문에 허상의 세계에 매여 있는 사람을 현실로 인도한다. 수학은 회계, 측량, 세금 징수 등 국가를 운영하는 데 필요하고 다른 학문에서 무엇을 증명하기 위해 꼭 필요한 수단이 되므로 매우 실용적인 언어다.

8. 수학은 명료함의 언어다

수학은 엄격함과 정확성을 요하는 명료한 언어다. 객관적이고 명확한 수학언어는 세계를 보는 확실한 방법론을 제공하며 자연의 원리와 세상의 많은 복잡한 문제들을 이해하고 추리할 수 있게 해준다. 수학은 감각 세계와 추상 세계를 연결해주는 훌륭한 고리가 된다.

그러나 생명의 생성이나 복잡한 개별성, 감성과 직관에 의존하는 예술과 종교는 수학적 언어로 설명하기 어렵다. 생물학이나 인문학 등 좀 더 복잡하고 주관적인 학문에서는 수학의 유용성이 줄어든다.

- 인간의 활동영역과 사고영역에는 증명의 엄격성과 확실함을 적용하기 어렵다. 태어나서 살아가고 사랑하고 이별하고 병들고 죽는 인간의 역사는 객관적·논리적 설명으로는 불충분하며 상상, 직관을 배제하고 수학적 논리를 거친 사실만 진리로 받아들인다면 인간의 사고는 빈약해질 것이다.

9. 과학기술의 언어 속에는 우리 삶 전체를 위험에 빠트릴 사고 방식이 숨어 있다 - 마르틴 하이데거

세상 만물이 계량화되거나 표와 통계, 사용설명서의 언어로 표현된다면 삶의 즐거움과 신비는 사라지게 될 것이다. 시인들의 언어는 기술적 사고와 달리 현상을 흔들리지 않고 꿰뚫어 볼 수 있다.

경제적·기술적 합리성에 사로잡혀 언어가 정보교환의 수단으로만 사용되고 모든 것을 이용가치의 측면에서만 본다면 사물의 근본적인 어떤 것, 사물들의 아우라를 놓치게 된다.

- 함민복 시인의 시에 나오는 '사과가 나를 먹는다'는 표현은 논리적으로 말이 되지 않는 것처럼 보인다. 그러나 흙으로 돌아간 사과는 내가 죽으면 나를 먹는다는 점에서 시는 우주 만물이 모두 연결되어 있고 생명순환의 원리에는 예외가 없다는 것을 보여준다. 시적 표현은 우리에게 세상을 보고 느끼는 새로운 시각을 제공한다.
- 과학의 언어는 물의 요정을 강에서 떼어내고 달에서 토끼를 쫓아내고 한여름 밤의 꿈을 뺏어간다.

10. 현대의 언어는 비대하고 권력 지향적이다 - 하이데거

현대인들은 경제적·기술적 합리성에 갇혀서 기술과 권력에 집착하고 있고 숲속 공터나 들길 등 우리 주변의 진정한 가치를 모른다. 언어는 정보교환의 수단으로만 사용되고 정보를 향해 경주로를 질주한다.

- 하이데거는 현상을 꿰뚫어보는 시인들의 언어를 찬양하였다.
- 시에는 상상, 비약, 일탈, 파격이 있다. 시는 말이 안 되는 말들이 모여 새로운 의미를 구축하고 사물과 삶을 새롭게 보게 한다. 시인은 자신이 말하고 싶은 것이 아니라 사물이 말하고 싶어 하는 것을 말한다. 시는 사랑과 그리움, 온기를 전하고 설렘과 감동, 기쁨과 위로, 희망을 주어 삶을 풍요롭게 한다.

11. 인간은 언어가 보여주는 세상을 보고 언어가 표상을 제시하는 대로 살아간다 - 빌헬름 훔볼트

빌헬름 훔볼트는 『카비말 언어서설』에서 인간은 언어가 대상의 표상을 제시하는 대로 살아가고 언어를 조작해내는 그 행위를 통해 자기 자신을 언어 속에 짜 맞추어 넣는다고 하였다.

훔볼트의 세계관 이론에 따르면 언어는 표현수단이나 기술체계가 아니라 우리의 사고를 형성하는 기관이며 세계 자체의 구조이다. 모든 언어는 그 언어를 사용하는 민족에게 하나의 영역을 지정하고 이 영역을 벗어나게 되면 다른 세계로 들어가게 된다. 따라서 새로운 언어를 습득할 때는 지금까지의 세계관과는 다른 관점을 획득하게 된다.

- 언어가 사라지는 것은 소통수단이 사라지는 것에 그치지 않고 그 말이 담고 있는 세계관, 역사적 증거, 다양성의 소멸을 의미한다. 언어를 상실한 알타이 부족들은 러시아어, 중국어를 사용하면서 문화나 생활양식까지 러시아화, 중국화 되었다. 언어는 사고를 결정하고 언어가 곧 세계관이 된다.
- 언어와 문자는 사람들의 사고와 행동에 영향을 미친다. 적은 수의 어휘력을 지닌 어린이는 어른처럼 복잡하고 깊은 사고를 할 수 없고 경어가 발달해 있는 한국에서는 윗사람과 아랫사람의 구분을 명확히 하고 윗사람을 공경하는 등 예의를 중시한다. 언어가 사고를 결정한다는 이론을 언어 결정론, 언어 우위론이라고 한다. 이러한 견해에 의하면 언어는 생각의 감옥이고 언어가 세계의 범위를 지정한다.
- 조지 오웰의 소설 『1984년』에 나오는 뉴스피크newspeak어에는 자유, 평등과 같은 말이 없기 때문에 체제에 저항할 수가 없다. 이것은 언어를 조작함으로써 사고를 조작할 수 있다는 생각(언어 결정론)에 바탕을 두고 있다.
- 언어 결정론에 반대하는 사고결정론(사고우위론)에서는 아동이 말을 배우기 전에 생각할 수 있고 실어증 환자도 생각할 수 있다는 점, 중국어에는 시제가 없지만, 중국인들은 시간에 골몰하고 시간을 소중히 여기며 멕시코의 사포텍zapotec어는 시제가 발달하였지만 사포텍인들은 시간에 골몰하지 않는다는 점을 들어 언어 결정론을 반박한다.

12. 언어는 작품이 아니라 활동이다 - 훔볼트

언어는 작품처럼 완성되고 고정된 것이 아니라 동적인 활동이다. 언어는 시대의 흐름에 따라 생성, 성장, 사멸하며 끊임없이 새로 만들어지고 소멸된다.

13. 언어는 민족의 얼이다

훔볼트는 언어는 민족의 정신을 여실히 드러내는 것으로 언어의 차이는 소리나 기호의 차이가 아니라 민족의식과 세계관의 차이라고 주장하였다. 나라의 말은 민족의 얼이며 민족의 흥망과 관련이 있다.

- 사람들이 노예로 떨어진다고 하더라도 그의 말을 붙잡고 있는 한 감옥의 열쇠는 그가 쥐고 있는 것과 같다. - 알퐁스 도데 『마지막 수업』
- 나라를 빼앗으려면 그 나라의 글과 말을 먼저 없이하고 자기 나라의 말을 전파하며, 자기 나라를 흥성하게 하고자 하거나 나라를 보존하고자 하는 자는 자국의 글과 말을 먼저 닦고 백성의 지혜로움을 발달하게 하고 단합을 공고하게 한다. - 주시경 유고

14. 언어는 존재의 집이다 - 마르틴 하이데거

언어는 의사소통의 수단일 뿐 아니라 인간이 세계와 만나는 경험공간이다. 우리는 언어의 구조에 따라 생각하고 언어가 보여주는 대로 세계를 본다.

많은 사람은 위대한 문학작품을 읽고 감동하여 다른 사람이 되기도 한다. 인간은 언어를 통해 다른 문화와 다른 사람들의 세계 속으로 걸어 들어가면서 우리 자신 또한 변화시킨다.

15. 언어와 기호의 의미는 가치이며 그것은 메커니즘에 의해 결정된다 - 소쉬르

소쉬르는 언어는 단순히 실체나 요소들의 집합이 아니라 전체 시스템 내의 어떤 층위에서 요소들이 다른 요소들과 관계를 맺고 상호작용을 하는 것으로 파악하였다. 상품의 가치는 상품의 물리적 성질에서 비롯되는 것이 아니고 미리 정해진 것도 아니다.

그것은 다른 상품과 얼마만큼의 비율로 교환되는가 하는 것에서 나온다. 소쉬르는 상품의 가치가 교환체계에서 나오는 것처럼 언어나 기호의 의미도 다른 언어와의 교환체계에서 나온다고 하였다.

소쉬르에 의하면 언어는 음성, 단어 등 그 구성요소들의 상호관계와 상호대립에서 가치가 생겨나는 것으로 하나의 시스템이며, 언어나 기호의 의미는 언어 시스템 속에서 언어교환의 메커니즘에 의해 결정된다. 어떤 방식으로 언어적 체계를 형성하는가에 따라 언어나 기호의 현실에서의 의미는 달라진다.

- 소쉬르는 어느 특정한 시기의 언어 상태를 공시태, 시간의 흐름에 따라 언어가 변화하는 모습을 통시태라고 하여 구분하였다.
- 소쉬르에 의하면 언어 및 의미를 지니는 기호는 기표와 기의로 되어 있다. 기표signifiant(시니피앙)는 음성이미지, 손동작, 몸짓 등 표현적 측면이고 기의signifie(시니피에)는 기표를 통해 머릿속에 떠오르는 개념·의미이다. 예컨대 기표로서의 나무는 흙, 돌과 구분하기 위한 기호이고 기의로서의 나무는 줄기와 가지가 있는 다년생 식물이라는 개념이다.

  기표는 다른 기표들과 음운적으로 변별력의 차이를 두기 위해 만들어졌을 뿐 그것이 지시하는 대상의 의미, 개념과는 관계가 없다(언어의 자의성). 소쉬르의 언어학은 언어가 현실 세계를 묘사하는 것이 아니라 근본적으로 자의적인 체계라는 사실을 강조한다.
- 소쉬르는 개인의 구체적인 발화행위를 파롤parole, 파롤의 기반이 되는 언어적 체계(사회적·공적 체계)를 랑그langue라고 하여 구분하였다. 소쉬르에 의하면 언어활동은 랑그에 의해 결정된다. 진정한 발화의 주체는 발화자가 아닌 랑그이며 우리의 표현방식이나 범위는 우리가 사용하는 말의 체계(랑그)에 의해 제약된다. 즉, 구체적 언어의 발화활동인 파롤은 랑그에 의해 제약된다는 것이다.
- 구조주의에서 말하는 주체의 소멸은 소쉬르에 언어학에서 기원한다. 구조주의자들은 인간은 사회적 관계에서 형성된 기표로 드러나며 주체라고 믿는 것은 사회적으로 형성된 인위적 허상에 불과하다고 한다. 주체는 기표와 자신을 동일시하는데 이 기표는 사회적 구조, 즉, 랑그 체계에 의해 만들어진 허구적 기표일 뿐이라는 것이다.

- 소쉬르는 언어를 하나의 시스템으로 보고 언어의 의미를 구조에서 찾았고 비트겐슈타인은 언어를 게임으로 보고 언어의 사용에서 그 의미를 찾고자 하였다.

16. 언어는 현실 세계를 창조한다 - 소쉬르

소쉬르에 의하면 언어 또는 기호의 의미는 그것을 지시하는 대상이나 현실에 의해 만들어지는 것이 아니라 다른 언어들과의 차별적 관계에 의해서 만들어진다. 즉, 사물의 실체나 본질은 주어져 있는 것이 아니라 언어에 의해 드러나게 된다.

우리는 사물이나 현상이 먼저 있고 언어가 현실 세계를 묘사하거나 지칭한다고 생각하지만 사실 모든 사물은 처음부터 구분되어 존재하는 것이 아니라 이름이 붙어지면서 구분되어 존재하게 된다. 즉, 사물의 실체나 본질은 언어 이전에 주어져 있는 것이 아니라 언어에 의해 드러나게 되고 우리는 언어를 통해 세계와 사물을 구분하는 것이다.

언어는 주어진 세계를 묘사하는 그림이 아니다. 언어는 주어진 세계와는 독립적으로 만들어졌으며 언어가 현실 세계를 만든다. 요컨대 언어는 주어진 현실 세계를 묘사하거나 재현하는 것이 아니라 현실 세계를 창조한다는 것이다.

- 동서남북은 인간이 편의상 방향을 구분하기 위한 것이며 원래 방향이 정해져 있는 것이 아니다. 언어는 자의적인 체계이며 관계에 의해 의미를 지니게 된다.
- 김춘수의 시 '꽃'에서 꽃은 이름이 불리기 전에는 무의미한 몸짓, 타자로 남아있다. 거기에 꽃이라는 이름이 부여됨으로써 몸짓은 의미를 갖게 되고 꽃이 되어 인간과 친숙한 존재가 된다. 언어나 기호의 의미는 다른 기호들과의 관계에 의해 결정된다.
- 이누이트족의 언어에는 시간을 가리키는 말이 없었으나 시계가 도입되고 영어를 사용하면서 휴일을 정하고 시간표를 짜고 가게 문을 여닫는 시간이 생기게 되었다. 언어가 현실 세계를 창조하게 된 것이다.
- 무지개가 5색인지 7색인지는 어떤 언어를 사용하는가에 따라 결정된다.
- 풀과 나무를 구분하는 언어가 없는 곳에서는 풀은 나무이다.
- 아저씨, 아버지를 구분하지 않는 부족의 언어는 아버지는 아저씨 중의 한 사람에 불과하다.
- 영어에서는 오징어, 문어를 구분하지만, 꼴뚜기, 주꾸미, 낙지를 구분하지 않는다. 프랑스어에서는 바다와 합류하는 강fleuve, 다른 강과 합류하는 강riviére을 구분하지만, 영어에서는 구분하지 않는다river. 언어에 따라 현실에 대한 분류도 달라지는 것이다.

17. 우리는 언어를 통해 사회적 규칙 속으로 들어가며 사회적 존재가 된다 - 라캉

언어는 기호signue(시뉴)이며 기표(소리, 문자)와 기의(소리, 문자에 의해 떠오르는 개념, 소리·문자에 담긴 의미)로 되어 있고 기표는 기의와 분리되어 있기 때문에 어떠한 기의에도 머물지 못한다.

기호·상징으로서의 언어는 실제 세계를 재현하는 것이 아니므로 기표는 기의와 실제적인 관계가 없다. 기표는 인간의 욕망을 나타내는 표상으로서 어떤 이름으로 부르기로 하였다는 사회적 약속(규칙)이며 그것은 상징적 질서의 영역에 속한다. 우리는 언어를 통해 상징적 질서의 영역(사회적 규칙)으로 들어가며 사회적 존재가 된다.

- 라캉에 의하면 인간의 정신에는 언어로 표현되는 사회적 질서를 구성하는 부분이 있는데 이것이 상징계이며, 인간은 언어를 배움으로써 상징계를 받아들이고 사회적 질서에 편입되어 사회적 인간이 된다.

18. 이성은 언어 속에 자리하고 있다 - 위르겐 하버마스

하버마스에 의하면 무엇이 합리적이고 옳은지는 처음부터 확정된 것이 아니라 서로의 의견을 교환하면서 점차 드러난다. 하버마스는 이성적인 해결을 찾을 수 있는 가장 중요한 수단은 언어, 대화라고 생각하였고 토론을 통해 의사소통으로 합리성을 이루자고 주장하였다.

하버마스가 주장한 담론윤리의 성립조건은 이성적이고 폭력 없는 대화를 위한 기준과 규칙, 전제조건을 찾아내는 것이며 토론에서는 조작과 압력이 아니라 더 나은 논거만이 강요 아닌 강요로써 기능한다.

- 대화를 통해 갈등을 극복하고 보편적인 합의를 도출하고자 하는 하버마스의 담론윤리에 대해서는 합의된 내용이 꼭 진실이라는 보장이 없다는 비판이 있다.
- 하버마스는 점점 복잡해지고 개인이 어쩔 수 없는 상황의 압력이 심해지는 현대문명에서 공공연히 의견을 말하고 교환할 수 있는 기회가 보장되는 것이 얼마나 중요한지를 강조하였다. 하버마스

의 소통이론은 현대사회에서 일방적 조치가 아닌 대화로 갈등을 해결해야 한다는 공감대를 형성하는데 기여하였고, 갈등 해결의 실마리를 마련하는 중요한 방법이 되었다.

19. 텍스트 밖의 세상은 없다 - 자크 데리다Jacques Derrida

"텍스트 밖의 세상은 없다"는 말은 모든 것이 문맥 속에 존재한다는 뜻이다. 텍스트를 해석할 때는 광범위하게 맥락을 고려해야 하며 작은 부분도 해석을 거치면 뜻하지 않은 중요성을 가진 것으로 드러나게 될 수도 있다.

데리다에 의하면 세상, 현실, 역사, 정치적 상황, 육체, 춤 등 모든 것이 텍스트로 해석될 수 있으며 텍스트는 하나의 흔적 또는 끝없이 이어진 흔적들을 남길 뿐 단 하나뿐인 정확한 해석은 없다.

텍스트의 근원은 다의성 속에 감추어져 있으며 모든 발언과 텍스트는 지시와 해석이 엮인 고리와도 같다. 텍스트는 끝없이 무언가를 가리키면서 얽혀있는 기호들의 집합이며 텍스트 중 어떤 부분이라도 나름대로는 모두 중요하다.

- 텍스트는 의미들이 명확하지 않게 서로 교차된 직물과 같다는 것을 보여준다.
- 데리다는 "지각은 존재하지 않는다", "고유명사는 실제로 고유하지 않다", "자의식은 광기로 인한 혼동이다", "태초에 전화기가 있었다"는 등의 도발적 주장을 하였는데 그의 주장은 깨달음에는 정해진 출발점이 없음을 보여주고자 한 것이었다.
- 데리다는 기존 철학이 해석의 여지를 너무 적게 허락하고 선과 악, 진실과 거짓, 순수와 불순 등을 지나치게 엄격하게 가르려고 한다고 비판하였다. 데리다의 철학은 고착된 사고구조와 도덕관념에 저항하였다.

20. 입에서 튀어나온 말은 독자적 생명을 얻는다

우리는 어떤 말이 가지고 있는 의미, 그 정확한 의도를 알 수 없다. 그러나 우리는 그 말을 알아듣고 의사소통이 이루어진다. 단 하나의 단어라도 풍부하고 요령 있게 해석할 경우 새로운 차원의 의미들이 탄생한다.

언어는 표현됨으로써 화자의 의도가 사라지고 제3자적 실체성을 갖는다. 언어는 화자를 떠나는 순간 블랙박스가 된다. 화자의 의도는 언어로 표현되는 순간 언어에 포장되어 사라지고 듣는 사람이 포장을 풀어 다시 드러내야 하는데 이 과정에서 그 안의 내용이 손상될 수 있으며 이때 언어적 오해가 발생한다.

21. 글쓰기 언어는 차연差延의 방식으로 존재한다 - 자크 데리다

글쓰기 언어(기록된 말, 서기 언어)는 고정된 정체성을 지니는 것이 아니라 흐르는 시간 속에 지속해서 존재하면서 정확한 의미로 고정되지 않고 그 의미의 확정을 끝없이 연기시킨다. 데리다는 이러한 존재방식을 차연差延(디페랑스, différance - 연기된 차이)이라고 하였다. 한 단어나 문장은 그 의미가 고정된 것이 아니라 상황과 사람들에 따라 서로 다른 의미로 쓰이고 해석된다. 예컨대 자유는 처음에 유산계급의 특권을 의미하는 혁신적인 의미로 파악되었으나 후에는 민중의 보편적 권리로 해석되었다.

데리다에 의하면 글쓰기 언어에 대하여 정체성을 부여하려고 했던 서양 철학의 시도는 진리탐구의 명목 아래 다른 해석의 가능성을 차단하는 것이다. 그것은 상대를 존중하지 않고 대화를 거부하는 독선적인 태도이며 그러한 오류에 빠져 있던 서양 철학의 모든 것은 해체되어야 한다.

- 데리다는 대화 언어에만 중요성을 두고 저자가 했던 말(파롤, parole - 대화 언어)을 찾아야 진실이 드러난다고 믿어 온 서양 철학의 이성 중심주의, 대화 언어 중심주의를 비판하고 글쓰기 언어(에크리튀르, écriture - 서기 언어)의 중요성을 강조하였다. 데리다에 의하면 글쓰기 언어는 적혀있는 것이면서 내면의 진실이다.
- 텍스트는 그 자체로 완결된 것이 아니라 차연différance(디페랑스)을 통해 우리 앞에 열려있는 것이므로 될 수 있는 한 많은 의미를 부여해야 한다.

- 데리다의 해체deconstruction는 텍스트 내부에서 고정된 의미를 파괴하고 새로운 의미를 부여하는 재구성이며 더 풍부한 의미를 부여하여 열려있는 사고로 나아갈 수 있는 길이다.
- 한 작품이 지닌 의미는 저자의 의도를 벗어나고 작가의 손을 떠나면 그 시대마저 벗어나는 다양한 해석을 낳는다(저자의 죽음과 독자의 탄생).

22. 언어에는 무의식이 개입되어 있다 - 라캉

언어에는 우리가 의식하고 있는 것만이 담겨 있는 것이 아니라 무의식이 개입되어 있다. 인간은 의식적으로 모든 표현을 통제할 수 없기 때문에 무의식은 몸짓, 표정, 말실수, 농담, 습관 등을 통해 은연중에 드러난다.

발화자는 자신의 말을 통제하고 있지만, 우리의 신체는 다른 얘기를 하고 있다. 무의식이 개입되어 있기 때문에 언어에는 2차적 의미, 함의, 해석의 여지가 있다.

23. 언어는 실재와 무관하다

언어는 존재하는 것들을 인간이 쉽게 구분 짓고 인식하기 위한 도구일 뿐 실재와 무관하다. 우주와 세계는 이름과 무관하게 그대로 있으며 이름은 실재를 반영하지 않는다(언어의 자의성). 언어를 통해 안다는 것은 실재를 아는 것이 아니며 언어로써 어떻게 설명되는지를 알 뿐이다.

- 언어의 내용과 형식 사이에는 필연적 관련성이 없다(언어의 자의성).
- 장미의 이름으로 태초의 장미가 존재하나 우리는 빈 껍데기 이름만 취한다. - 움베르토 에코
- 르네 마그리트의 파이프 그림은 그것이 파이프라는 말, 종이, 물감일 뿐 실제 파이프가 아니라는 것을 보여준다. 만약 파이프에 다른 이름을 붙였으면 그것은 다른 것이 되었을 것이다.

24. 언어는 사회적 약속일 뿐 기표와 기의 사이에는 필연적 관계가 없다

기호는 기표와 기의로 구분된다. 기표는 외적·형식적 이미지로서 물질적 측면(예: 초콜릿이라는 소리, 문자)을 나타내고 기의는 기표에 담긴 의미로서 정신적 측면(예컨대 초콜릿이 의미하는 사랑)을 나타낸다.

언어는 사회적 약속일 뿐 기표signifiant(시니피앙)와 기의signifié(시니피에) 사이에는 필연적 관계가 없다(언어의 자의성). 광고의 멋진 이미지(기표) 뒤에는 판매자의 전략(기의)이 숨어 있다. 파이프라는 이름은 파이프라고 발음하기로 약속한 데서 생겨난 기표일 뿐 실제와는 관련이 없다.

25. 언어는 인식을 방해한다

인간은 감각기관을 통해 받아들인 내용을 자신의 관념 속에서 인식하는데 우리는 두뇌에서 들어온 데이터를 언어를 통해 범주화하고 체계화한다.

그러나 인간은 공기와 X선을 볼 수 없고 초음파를 들을 수 없으며 볼 수 있는 것과 들을 수 있는 것이 제한되어 있다. 더구나 보고 들은 것마저도 언어에 의해 표현할 수 없는 것이 많다. 언어는 사물의 본질을 드러내는 데 한계가 있으므로 언어는 인식을 방해한다.

- 도라고 말할 수 있는 것은 도가 아니다. 참된 진리는 말로 이루어진 것이 아니며 이름 속에 진리가 깃든 것도 아니다. - 노자『도덕경』
- 언어는 사물을 창조한다. 반대로 언어는 사물을 살해(파괴)하기도 한다.
- 진리는 경전의 문구에 매이지 않고 마음에서 마음으로 전해진다. - 불교
- 인간과 동물, 선과 악, 문명과 야만, 혁명과 쿠데타 등의 구분도 언어에 의한 인간 중심적, 편의적 구분이다.

26. 말은 한 번 굳어지면 딱딱한 각질을 덮어쓰고 우두머리의 이익에 복무하는 특성이 있다 - 노자

말은 본래 소통의 도구일지 모르나 한 번 굳어지면 딱딱한 각질을 덮어쓰고 우두머리의 이익에 복무하는 특성이 있다. 예禮는 말의 질서로서 예를 지키는 것은 지배자의 이익에 봉사하는 것이며 자연의 도가 타락한 것을 나타낸다.

- 노자와 장자는 인간은 자연의 아들로서 인위적으로 정한 질서와 규율로부터 해방된 자연스러운 삶, 은둔 속에 참된 삶이 존재한다고 하였다.
- 미셸 푸코는 『감시와 처벌』에서 언어는 사회로부터 영향받은 무의식의 세계가 표출된 것으로 언어로 표현되는 지식은 권력과 맞물려 있다고 하였다. 지식과 권력은 결탁하여 무엇이 악이고 비정상인가를 구분하여 소수자를 억압해 왔다는 것이다.
- 말과 글은 우리가 의식하지 못하는 방식으로 사회적 관계를 규정하고 잘못된 수사학으로 중요한 사실들을 위장하여 종속자들을 압박하고 침묵시키는 무기, 유해한 권력malign power이 되기도 하였다.

27. 기호는 정치·경제적 이데올로기이자 현대의 신화이다 - 롤랑 바르트

기호는 겉으로 드러나지 않게 무의식적으로 상대방을 설득하고 있는 것이며 그것은 바로 정치·경제적 이데올로기이자 현대의 신화이다.

사람들이 명품을 사는 이유는 그에 대한 필요성보다는 명품 로고, 즉, 상위권이라는 식별기호가 필요하기 때문이다. 우리는 기호의 세계, 허구적 가치의 세계에 갇혀 날조되고 강요된 진실과 신화 속에 살고 있다.

- 전쟁영화는 영웅을 만들어 내고, 승리의 깃발을 꽂는 한 장의 사진은 기호가 되어 신호로 탈바꿈한다. 기호의 그물망에 편승한 자는 영웅이 되고 성공한 사람이 되는 것이다.
- 십자가는 기호에 사회적 맥락이 더해져서 엄청난 힘을 갖게 되었다.
- 영국 여왕은 기호가 될 운명으로 태어나 국가의 상징이라는 기호로서의 삶, 신화적 삶을 살아간다.

28. 언어는 민족의 생활이며 문화가 담겨 있는 그릇이다

나랏말은 민족의 정신과 문화가 담겨 있는 그릇이다. 그러나 정보화·세계화 시대에는 외래어, 통신어, 채팅어 등 국적불명의 표현들이 우리말의 정체성을 흔든다. 외래어, 통신어는 언어를 변형, 조작, 축약, 폐기함으로써 언어를 왜곡하기도 한다.

한글은 발음기호가 따로 필요 없는 문자로서 소리를 표기하는 데 우수하며 가장 빠른 소통이 가능한, 디지털 정보화 시대에 그 장점을 발휘할 수 있는 우수한 언어다. 또 그 표현이 매우 다양하여 소설이나 드라마로 만들 때 인간의 감정을 매우 잘 표현할 수 있어 재미가 있고 언어생활에 즐거움을 선사한다.

한글은 인류가 쌓은 위대한 지적 성취이므로 한글의 우수성을 알리고 보급하여 우리말을 세계화하려는 노력이 필요하다.

- 통신언어에 대해서는 한글을 파괴하고 의사소통의 장애, 언어생활의 혼란을 초래하고 사이버 폭력으로 연결된다는 비판이 있다. 그러나 이상한 표현이 많이 등장하는 것은 어떤 소리도 적을 수 있는 우리말의 우수성을 입증하는 것이며 통신언어가 국어의 어휘자산을 풍부하게 하고 언어의 유희성을 통해 생활에 활력을 불어넣는다는 견해도 있다.
- 표준어는 효과적인 의사소통을 위해 지역적 차이를 없앤 기능적 언어이며 정돈된 말이다.
- 방언은 지역의 독특한 정서가 녹아 있는 개성적 언어로서 풍부한 감성, 생동감이 있다. 방언에는 그 지역의 역사가 살아 있고 방언은 표현의 다양성 면에서도 큰 가치를 갖는다. 시나 소설은 방언으로 표현하지 않으면 그 감정과 예술성을 그대로 전달할 수 없는 것이 많다. 따라서 방언이 사라지면 방언이 담고 있던 문화와 가치도 사라진다.
- 고종석의 『감염된 언어』에 의하면 순수한 한국어는 상상 속에 존재한다. 세종대왕 당시의 국어는 외래어만큼 다르고 다른 언어와의 끊임없는 교류 속에 오늘날의 한국어가 만들어졌고 모든 언어는 감염된 언어다. 따라서 한국어는 깨끗한 언어이고 변하지 않고 그 모습을 그대로 지켜나가야 한다는 것은 있지도 않은 한민족의 순수한 혈통을 근거로 하는 언어 순혈주의라고 비판한다.

29. 말을 버려라 - 장자

물고기를 잡는 통발, 토끼를 잡는 그물과 같이 언어는 하나의 도구일 뿐 그 이상의 의미를 가지지 않는다. 통발과 그물을 잡으면 물고기와 토끼를 잃어버리는 것처럼 언어에 집착하면 그 본질을 잃어버리게 된다.

의사소통에서 중요한 것은 '뜻'인데 '말'을 잡고 나면 뜻을 잃어버리게 된다. 장자가 말을 버리라고 한 것은 언어의 자구 해석에 매달려 본질이 왜곡되는 것을 우려했기 때문이다. 언어는 의사전달이나 이해에 필요한 것이지만 언어 그 자체에 큰 의미를 부여할 필요는 없다는 것이다.

30. 언어는 우리를 지속과 고정이라는 착각 속에 숨겨준다 - 알랭 드 보통

모든 사건은 이야기로 바뀌는 순간 추상화되고 화자의 의도가 가미되어 그 다양성을 상실한다.

사랑한다는 말은 감정의 유동성과 변덕스러움을 다 나타낼 수가 없고 배신, 권태, 짜증, 무관심이 자리할 공간이 없다. 현실은 훨씬 더 복잡했지만, 그동안의 모든 일은 사랑했었다는 말 한마디로 단축되어 버린다. 사랑이라는 말은 그동안의 복잡했던 감정들이 사랑이라는 한가지 감정으로 지속되고 고정되어 있었던 것처럼 착각하게 한다.

31. 사랑의 말을 보내는 것은 불완전한 송신기로 암호화된 메시지를 보내는 것과 같다 - 알랭 드 보통

사랑의 핵심은 말로 표현할 수 없다. 서로 사랑한다고 말할 수 있으나 각자의 내부에서는 완전히 다른 것을 의미할 수도 있다. 쌍방은 공통의 것으로 여겨지는 언어로 대화하지만, 그 말들은 서로 다른 원천에 뿌리를 두고 있다. 같은 침대에서 같은 책을 읽어도 서로 다른 대목에서 감동하고 그 책은 각자에게 다른 책이 된다. 사랑의 메시지에도 똑같은 차이가 발생할 수 있는 것이다.

32. 잊어버려야 한다는 말은 잊을 수 없다는 말이다 - 한용운

사랑이라는 감정은 복잡하고 변덕스럽고 혼란스럽다. 사랑하는 사람 앞에서는 사랑한다는 말을 잘하지 못한다. 잊어버려야 한다는 말은 잊을 수 없다는 말이고 헤어질 때 돌아보지 않는 것은 헤어지기 싫기 때문이다.

33. 사랑한다고 말하는 것은 사랑하지 않고 있다는 것을 숨기는 말이다 - 에리히 프롬

상대방을 소유하고 구속하려는 사람은 사랑한다고 말하는데 그것은 사랑하지 않고 있다는 것을 숨기는 말이다. 언어는 일종의 기호로서 사물을 정확하고 명료하게 표현하는 듯하나 사실은 지극히 단순하고 한정된 것을 표현할 수 있을 뿐이다.

사랑의 말로는 복잡한 심경을 다 나타낼 수가 없고 언어로는 사랑을 설명할 수 없다. 사랑이라고 말할 수 있는 것은 사랑이 아니다. 이것을 모를 때는 쉽게 사랑을 말한다.

- 언어는 본질을 숨기고 위장하는 수단이 되기도 한다. '민주', '평화', '자주'를 내세우는 사람들은 반민주적, 폭력적, 반자주적 행태를 보이는 경우가 많다.

34. 말은 1차적이고 글은 2차적이다

말은 즉각적인 현장개입이 가능하고, 정정이 가능하므로 오해 소지가 적은 정확한 의사전달 수단이다.

플라톤은 글쓰기 언어는 쓰인 당시의 맥락을 전달하지 못하고 인간 기억의 중요성을 위협하기 때문에 교육에 부정적 영향을 미친다고 보았다. 서양의 이성중심적 사유는 대화 언어에 중요성을 두었고 저자가 했던 말을 찾아야 진실이 드러난다고 믿었다. 서양 철학은 대화 언어 중심주의였으며 글로 쓰여진 서기 언어를 그저 말을 옮겨놓은 전달수단으로서 부차적인 것으로 취급하였다.

- 데리다는 서기 언어는 적혀있는 것이면서 내면의 진실로서 글쓰기 언어 역시 매우 중요하다고 하였다. 데리다에 의하면 글쓰기 언어는 흐르는 시간 속에 지속해서 존재하면서 상황과 사람들에 따라 다른 의미로 해석될 수 있으며 고정된 의미를 파괴하고 새로운 의미를 부여함으로써 더 풍부한 의미를 가질 수 있다. 데리다는 이성 중심주의의 해체를 주장하며 말과 이성이 문자, 감성보다 더 가까이 있다는 환상을 버릴 것을 요구하였다.

35. 글쓰기는 인간의 잠재능력을 고도로 발휘하게 하고 인간 정신을 확장시킨다

○ 글쓰기는 휘발되는 기억을 붙잡아두어 시간적·공간적 제약을 극복하게 함으로써 인간 정신을 확장시킨다.

○ 글쓰기는 인간의 의식을 표현하고 아름다움을 표현함으로써 인간의 잠재능력을 고도로 발휘하게 한다.

○ 글쓰기를 통한 인쇄물, 책의 보급은 앎의 민주주의, 근대화에 기여하였다.

- 오늘날 인터넷을 배경으로 한 새로운 형태의 쓰기와 읽기는 문자문화에 구술문화의 강한 현장성을 결합시킨다.

36. 디지털 기록에는 사고의 흔적이 남지 않고 결과만 남는다

디지털 기술에 의한 기록은 막대한 정보를 저장하고 검색하는 데 유리하나 고치고 다듬고 메모한 흔적이 없다. 디지털 기록에는 사색과 성찰의 흔적은 없고 결과만 남는다. 정보와 지식이 상품화됨에 따라 현대인들은 향기와 추억을 상실하였다.

- 디지털 환경은 문자와 동영상을 결합하여 짧은 시간에 다양하고 재미있는 내용을 전달할 수 있고 적은 비용으로 손쉽게 접할 수 있다는 장점이 있다. 그러나 가지고 다니며 언제든 읽을 수 있고 손으로 만지며 줄을 긋고 정리하며 사고의 흔적을 남길 수 있는 종이책은 인간적 향기와 기억을 남긴다. 종이책은 인류의 정신과 과거의 경험이 축적된 문명 그 자체이며 종이책과 전자책은 공존·보완하며 발전하게 될 것이다.

37. 언어의 통일은 표현력과 사고의 빈곤을 초래한다

언어는 단순한 의사전달 수단이 아니라 각 민족의 고유성, 독창성, 세계관이 담겨있는 그릇이다. 다른 언어를 알게 되는 것은 또 다른 세상을 알게 되는 것이고 다양한 언어를 알게 될수록 넓고 유연한 사고, 원대한 세계관, 관용적 태도를 보이게 된다.

언어가 통일되면 다양한 표현이 단순해지고 세계를 이해하는 다양한 시각이 단순해진다. 결국, 언어의 통일은 다양한 표현방식, 문화와 사고의 다양성을 포기함으로써 표현력의 빈곤, 사고의 빈곤, 문화적 빈곤과 획일화를 초래할 우려가 있다.

- 세계 공통의 이상적 언어를 만들어 언어를 통해 평화를 이루겠다는 목표로 만들어진 에스페란토어는 거의 사용되지 않고 있다.
- 차이와 다양성이 존중되어야 풍요로운 삶을 살아갈 수 있다. 편리함을 위하여 다양성과 풍요로움을 포기하는 것은 장미정원을 갖기 위해 다른 모든 꽃을 뽑아버리는 것과 같이 바람직하지 않은 일이다.

38. 언어로 표현하지 않고 미소로 대답한 경지는 맑고 깨끗한 정신만이 통할 수 있는 절대적인 경지이다

설법을 마친 석가모니가 꽃 한 송이를 내보이자 대중들은 무슨 뜻인지 몰랐으나 가섭만이 미소를 지었다. 그 모습을 본 석가모니는 기뻐하면서 가섭의 깨달음을 인정하였다.

영취산에서 있었던 이 일을 염화시중의 미소 또는 염화미소拈華微笑라고 한다. 그것은 언어로 표현할 수 없는 경지이므로 말로 대답하지 않고 웃음으로 대답하였다는 것이다. 미소로 대답한 경지는 맑고 깨끗한 정신만이 서로 통할 수 있는 이심전심의 경지라고 한다.

- 마음으로 통할 수 있는 경지는 때 묻거나 경계, 장애가 있는 마음이 아니라 너와 내가 완전히 통하는, 간격이 없는 절대적인 경지이며 마음이 하나의 세계를 이룬 상태를 말한다.
- 교외별전敎外別傳은 경전 이외에 따로 전하는 것을 말한다. 경전(글자)은 진정한 통찰을 할 수 있도록 하는 수단에 불과할 뿐 경전(글자) 이외에도 우리를 일깨워 진리로 유도할 수 있는 다른 수단들이 있다. 깨우침은 순전히 개인적인 경험이며 언어나 문자를 통해 다른 사람으로부터 얻을 수는 없는 것이다.
- 불립문자不立文字는 언어·문자에 얽매이지 않는다는 뜻이다. 문자는 진리를 가리키는 한 방편일 뿐이므로 문자에만 집착해서는 안 되고 자신의 마음을 들여다보아야 한다는 것이다. 마음은 진리로 열려있는 문이며 진리는 마음의 작용을 통하여 직관적 통찰력으로도 파악할 수 있다.
- 진리에 이르기 위해서는 언어나 문자를 통한 이론적인 학습만으로는 부족하고 자연의 본성으로부터 깊이 사유하고 성찰하여 전체를 종합적으로 파악하는 태도가 필요하다.

39. 시는 현실과 언어의 관계가 고정된 것이 아니라는 것을 보여준다

장 뒤비뇨는 시는 일탈, 파격, 리듬, 비약이 있고, 혼돈 속에서 새로운 의미를 구축한다는 점에서 축제와 비슷하다고 하였다. 시는 일상의 문법과 논리법칙으로부터의 일탈이며 말이 안 되는 말들이 모여 새로운 의미를 구축하고 사물과 삶을 새롭게 보게 한다.

시에서는 평소에 사용하지 않는 특별한 시어나 상징을 사용하고 빗대어 말하거나 역설적 표현을 사용한다. 시는 외계어처럼 낯선 느낌을 준다. 시는 현실과 언어의 관계가 고정된 것이 아니라는 것을 보여주며 닫힌 사고를 유연하게 하고 상상의 유희를 즐길 수 있게 해준다.

40. 언어의 번역은 사고의 시스템을 변경하는 것이다

언어는 민족의 사고와 감성을 담고 있고 언어에는 한 민족의 삶과 역사가 반영되어 있다. 언어의 번역은 단어와 단어를 교환하는 작업이 아니라 하나의 사고 시스템을 다른 사고의 시스템으로 변경하는 것이며 언어 안에 농축되어 있는 세계관이나 감성의 틀까지 재현하여야 하는 것이다.

번역은 두 문화권에 대한 충분한 이해가 있어야 가능하고 의미전달에는 한계가 있으므로 잘못될 경우 번역은 반역이 될 수도 있다.

41. 언어능력은 선천적으로 주어진 인간만의 고유한 능력이다

- 노암 촘스키

인간은 말을 할 수 있는 언어능력을 후천적으로 획득하는 것이 아니라 태생적으로 갖고 있으며 단지 이 언어능력이 향상되어 나갈 뿐이다. 원숭이는 이 내재적 언어능력이 없기에 아무리 외부자극을 가하더라도 결코 언어능력을 획득할 수 없다.

모든 종류의 인간 언어에는 공통된 법칙(공통된 문법, 내재적 언어)이 있고 인간은 한 번도 들어본 적이 없는 문장을 포함하여 무한히 많은 수의 문장을 생성·이해할 수 있다(변형생성문법). 노암 촘스키는 이성주의에 입각하여 인간에게는 무한한 사유능력이 내재해 있으므로 외부 환경을 조작하고 인간 언어에 혼란과 거짓을 불어넣더라도 진실·진리를 향해 다가설 수 있는 이성적 힘이 살아 있다고 한다.

- 경험주의 언어학은 후천적 경험을 통해 언어가 습득되고 원숭이도 훈련시키면 말할 수 있다고 한다. 그러나 노암 촘스키에 의한 이성주의 언어학은 인간은 선천적으로 언어능력을 갖추고 있고 언어를 매개로 진리를 추적하고 경험을 지식의 체계로 전환시킨다.

42. 오웰적 언어가 전 세계를 지배하고 있다 - 노암 촘스키

조지오웰의 소설 『1984년』에 나오는 전체주의 국가 오세아니아는 새로운 언어인 뉴스피크어를 창조하여 자유, 평등이라는 말을 없애고 표현을 단순화함으로써 인간의 사고의 폭을 줄이고 비판능력을 없애버리려고 한다. 이처럼 불순한 외부 환경은 인간의 이성을 왜곡시키고 진실을 향한 인식능력에 장막을 친다.

불순한 외부세력은 전체주의적 정부와 이윤추구에 혈안이 된 기업들이다. 진실처럼 제공되는 허위 정보, 조작된 정보들은 인간이 이성적 능력을 발휘하는 것을 방해한다. 그렇게 많은 자료를 가지고도 인간은 이다지 조금밖에 알 수 없는가에 대한 해답은 여기에 있다.

- 소련 전체주의 정부에 의해 언론이 철저히 통제되면서 아프가니스탄 침공이라는 진실을 가리키는 말은 전혀 사용되지 않았다. 오웰식 언어치환이 이루어진 것이다.
- 베트남전은 자주적으로 자기 문제를 결정할 수 있는 베트남인들의 권리를 침해한 전쟁으로 보는 시각이 있음에도 미국은 미국의 이익이라는 단 하나의 관점으로 언어를 사용하여 자유를 억압하는 공산주의세력의 팽창을 막으려는 '지나친 정의감'과 '박애 정신'으로 오웰식 언어치환을 하였다.
  이스라엘 정부에 일방적으로 유리한 정책인 캠프 데이비드 협정은 '평화절차'라고 불렸으나 원래 이곳의 주인이었던 팔레스타인인들에게는 '추방절차'에 불과했고 이스라엘의 점령을 합법화해주는 것이었다. 또 이스라엘의 점령과 억압에 저항하는 팔레스타인인들에 대해서는 테러리스트라는 언어를 붙이고 그 몇 배의 살상을 가하는 이스라엘 정부의 공격에 대해서는 테러라는 말을 사용하지 않는다.
- 전체주의 사회에서는 폭력과 강제, 감옥을 통해 언론을 감시하지만 서방 세계에서는 언론인과 지식인들이 서방 정부가 제공하는 정보와 논리에 집착하면서 전체주의적 논리에 자발적으로 순응한다. 서방 전체주의는 소련보다 더 강력한 전체주의 통제체제로서 조지오웰도 상상하지 못했던 것이다.
- 오웰식 문제의 원인은 언론인과 지식인, 자본가들의 끈끈한 유착에 있다. 언론기관 사주는 해외전쟁으로 막대한 이득을 얻는 거대기업 회장일 수 있으며 광고 수주 때문에 군수 자본이나 석유자본의 눈치를 보아야 하고 교수들은 연구비, 강연료, 대학 기부금 등으로 자본과 밀착되어 있다.
  결국, 전체주의 정부와 이윤추구에 혈안이 된 기업들, 자본에 밀착된 지식인들의 커넥션이 여론조작, 거짓 정보를 제공함으로써 진실을 감추고 인간의 이성적 능력이 발휘되는 것을 방해하고 있다는 것이다.

43. 언어는 파시스트다 - 롤랑 바르트

언어는 파시스트다. 이 말은 언어의 권력적 성격을 단적으로 나타내는 말이다. 언어는 정보전달에 그치지 않고 사람들 사이의 관계, 지위, 역할, 서열 등을 조절하기도 한다.

특정 계급의 언어를 사용하는 사람들은 사회적 지위가 공고해지고 그 언어를 사용하지 않는 사람들은 차별과 불이익을 당하기도 한다. 언어능력은 단순한 기술적 능력이 아니라 지위의 상징이며 그가 어떤 계급에 속해있는지를 보여준다. 언어는 그것을 사용하는 자의 지위, 신분, 직업과 어울려 시너지 효과를 나타내기도 한다.

44. 인간의 현실은 언어적 현실이다

언어는 커뮤니케이션 수단의 차원을 넘어 현실에서 매우 강력한 영향력을 발휘한다. 신, 천사, 악마는 인간이 언어를 만들지 않았다면 인간의 현실에 영향력을 미치지 못했을 것이지만 언어로 표현되었기에 현실에 영향을 미친다. 언어는 현실을 창조하기도 하고 파괴하기도 한다.

결국, 우리가 바라보는 현실은 어떤 언어를 사용하느냐에 따라 달라지며 추상적 세계가 아닌 구체적 세계, 역사적인 진짜 세상은 그 집단의 언어습관에 의해 형성된다.

45. 인간은 언어의 창을 통해 세상을 바라본다 - 사피어Sapir

홈볼트에 의하면 언어는 그 민족의 가치관을 담고 있고 언어의 차이는 다른 세계관을 반영한다. 사피어는 언어는 우리가 속한 사회에서 우리의 무의식을 형성하고 우리는 그 언어의 창을 통해 세상을 바라보게 된다고 하였다.

사람들은 자신이 사용하는 언어에 따라 사물을 바라보는 관점, 세계관이 달라지게 되고 언어가 사고의 형태를 결정짓는다. 우리는 모국어에 의해 그려진 창을 통해 세계를 바라본다. 언어는 세상을 일정한 시각으로 보게 만드는 프리즘과 같은 역할을 한다는 것이다.

46. 언어는 대중을 잠들게 할 수도 혁명에 참여하게 할 수도 있다 - 고르기아스

언어는 사고를 왜곡시키거나 사물에 대한 인식을 바꾸는 힘을 가지고 있어 대중을 유혹하는 데 사용되기도 한다. 고르기아스의 표현에 의하면 언어는 대중을 잠들게 할 수도 혁명에 참여하게 할 수도 있는 것이다.

언어는 다양한 영향력을 행사한다. 웅변술이나 수사학은 타인에 대한 언어의 영향력과 지배력을 강화하고자 연구하는 학문이다. 소피스트들은 타인을 설득하거나 유혹하는 정치적 수단으로 언어를 사용하였으며 소크라테스와 아리스토텔레스는 소피스트들이 논증보다는 말재주와 감정에 호소하는 방법으로 재판관과 대중을 유혹하려고 한 점을 비판하였다.

47. 언론과 미디어는 막강한 지식권력이다

현대 민주주의 국가에서 언론과 미디어는 진실의 생산을 독점하다시피 하는 대표적인 지식권력이다. 그들의 언어는 일반인이 세상을 바라보는 창을 제공하고 대중은 그것을 통해 세상을 바라보게 되므로 그 영향력은 막대하다. 이 때문에 혁명이나 전쟁 때 권력은 언론기관을 가장 먼저 장악하려 한다.

미디어를 장악하고 있는 강대국은 영화나 드라마를 통하여 그들의 생활양식과 이데올로기를 받아들이게 함으로써 그들의 문화를 동경하게 만들고, 가치관을 따르게 만든다. 따라서 언론과 미디어는 막강한 지식권력이다.

48. 언어는 권력이며 금지와 차단의 그물이다 - 베르나르 앙리 레비

언어는 힘이다. 언어를 독점하는 자는 권력을 갖게 되며 권력의 언어를 거부하는 사람은 사회에서 도태된다. 역사적으로 볼 때 지배자의 언어를 말할 수 있다는 것은 신흥귀족이 되는 조건이었다.

국민에 대한 권력의 통제는 언어를 통해서 이루어지고 지배계층은 언어를 통해 그들의 이데올로기를 대중에게 전파하고 그것을 진실로 받아들이게 한다. 권력은 폭력을 사용하지 않고 언어를 통해 금지와 차단의 그물을 만들어 사회를 통제하는 것이다.

- 강대국의 약소국에 대한 지배는 문화의 지배, 언어의 지배로 이어진다. 언어를 강제하는 것은 단어와 의사소통의 수단을 강요하는 것이 아니라 한 민족의 정신과 세계관을 받아들이게 함으로써 새로운 권력과 이데올로기를 정착시키고자 하는 것이다. 지배자는 자신의 언어와 논리, 자신의 관점으로 세상을 보는 관점과 가치관을 요구하는 것이다.
- 어떤 언어를 말하는가는 어떤 권력 시스템에 속해 있는지를 보여준다. 강자의 언어를 구사하는 자는 권력 질서에서 우위를 차지하게 되며 특수한 언어가 금지되었다는 것은 그 언어를 사용하는 사람들의 자유가 억압받고 사회적 불이익을 받는다는 것을 의미한다.
- 여편네, baby, 암탉이 울면 집안이 망한다 등 여성에 대한 비하적 표현은 남녀 간의 권력관계에서 여성이 역사적으로 억압받아 왔음을 보여준다. 또 음담패설과 성적 대화는 아직도 여성을 향한 남성의 공격이 계속되고 있음을 보여준다.

49. 권력과 지식은 담론 안에서 만난다 - 미셸 푸코

미셸 푸코에 의하면 담론 안에서 권력과 지식은 만난다. 즉, 권력체계는 담론을 통해서 사회를 통제한다. 17세기의 권력은 반사회적이고 비이성적인 사람들을 '광기'라고 분류하여 정상과 비정상의 이원적 담론으로 그들을 배제하였다.

인간의 일상생활은 당연시되는 집단 담론에 의하여 지배받고 있으며 대중은 담론적 지식체계를 무의식적으로 받아들이게 되어 권력에 순응하게 되는 것이다. 언어는 사고와 무의식을 결정하고 담론을 통해 타인을 지배할 수 있는 강력한 권력수단이 될 수 있는 것이다.

권력과 지식의 결탁 사례

- 유태인들은 돈과 권력에 영혼을 파는 자들로서 사회질서를 교란시키기 때문에 말살해야 한다. - 나치스의 인종차별 정책
- 흑인은 인격 자체가 결여되어 있고 교화시킬 가능성이 없다. - 헤겔
- 영국의 인도지배는 낡은 아시아 사회를 파괴하고 서양의 물질적 기초를 수립하는 사명을 수행하는 것이다. - 마르크스
- 영국인이 사는 세계가 넓어질수록 인류에게는 행운이다. - 세실 로즈Cecil John Rhodes
- 미개한 인디언들을 몰아내고 하느님이 할당해 주신 아메리카 대륙을 차지하는 것은 미국인의 명백한 운명이다. - 존 오설리번

50. 인간들은 대부분 단어 때문에 싸운다 - 아나톨 프랑스

단어의 의미는 다의적이거나 모호하다. 말싸움은 언어의 해석문제와 관련이 있는데 사람들은 같은 단어에 대하여 자신이 생각하는 세계관을 부여하고 그것 때문에 싸우는 것이다. 신은 인격체인가 우주의 법칙인가, 자유는 방종이냐 해방이냐 하는 논쟁도 그 예로 들 수 있다.

해석을 둘러싼 싸움은 결국 사유의 싸움이며 그것은 가치관, 상호 간의 이해다툼과 영향력 증대를 노리는 인간들 사이의 치열한 경쟁과 노력을 나타낸다. 그러나 한편으로는 그것은 인간의 비판적 사고와 진리에 대한 갈망을 담고 있으며 사고를 심화시키고 진리를 발견하는 데 도움이 되기도 한다.

제4절 종교

1. 인간은 무질서와 무의미한 상태를 견디지 못하기 때문에 종교를 만들었다

우리가 살아가는 세상이 질서와 의미로 가득 찬 세상이 아니라 무질서하고 무의미하다는 것은 무력감과 두려움을 안겨준다. 그중 가장 두려운 것은 죽음의 공포인데 죽음은 아무도 체험해 본 적이 없기 때문에 삶을 불안하게 만든다.

인간은 무질서와 무의미한 상태를 견디지 못하고 죽음 너머의 세계까지도 질서와 의미로 가득 찬 세계로 만들고자 한다. 인간은 죽음에 대한 공포를 몰아내고 인생의 무상함을 극복하기 위해 초월적 상상의 세계로서 종교를 만들었다. 종교는 세상에 질서와 의미를 부여하는 거대한 기획이다.

- 인간은 이성적 존재만이 아니라 위로와 환상을 필요로 하는 나약한 동물이며 초월성을 갈구한다는 점에서 종교적 동물homo religiosus(호모 렐리기오수스)이다.

2. 신은 시간과 공간 속에 흩어져 있는 정신성이다. 세계에 영혼을 부여하며 흐르는 의식이다 - 스피노자

신은 이 세상 너머에 존재하는 것이 아니라 곧 이 세상이며 자연(만물)은 신이다. 인간은 자연(신)의 일부로서 그 법칙에 의해 움직인다. 인간은 자유롭다고 느끼고 있지만, 그것은 자신의 행위를 결정하는 인과의 사슬을 깨닫지 못하고 있기 때문이다.

모든 자연현상은 인간의 눈에 위험하거나 사악해 보일지라도 사실상 필요한 것이며 모두가 전체를 이루는 중요한 부분이다. 세상의 다채로움에 눈을 감지 않는다면 작은 것에서도 신을 알아볼 수 있다. 인간은 자연(신)에 대한 지식을 통해 그 법칙을 이해하여야 하고 고통, 슬픔 등의 근본적인 원인을 전체 시스템과의 관련하에 생각해 보아야 한다.

- 스피노자는 독선과 광신주의를 경멸하였다. 또 진실과 거짓을 엄격하게 구분하지 않고 진실성의 정도에 차이가 있다고 보았으며 진실은 한 가지가 아닌 여러 가지 가능성 속에 나타날 수 있다고 보았다. 이러한 스피노자의 사상은 유럽 관용정신의 기반이 되었다.

3. 근대 철학자들은 과학에 의한 종교, 과학을 위한 종교를 추구하였다

종교로 인한 분쟁과 파괴의 심각성을 고민하였던 데카르트는 종교적 불관용이 계시에 기초한 불합리한 신의 개념에서 비롯되었다고 생각하여 모든 사람이 보편적으로 수용할 수 있는 합리적인 신을 찾고자 하였다.

데카르트에 의하면 신은 법칙에 의해 우주를 운행시키는 존재이다. 뉴턴 역시 인력을 신의 활동으로 생각하였으며 자연에 대한 탐구는 신의 뜻을 이해하는 종교적 행위였다. 17세기의 철학자들은 종교가 타락한 원인을 계시에 대한 아전인수식 해석을 일삼는 성직자들의 탐욕에서 찾았다. 18세기 계몽주의자들도 인간의 이성으로 이해할 수 없는 기적과 신비를 행하는 불합리한 신을 수용할 수 없었으며 신은 자연을 창조하고 그것이 유지될 수 있도록 자연에 법칙을 부과하는 존재였다.

성직자들의 탐욕을 비판하고 이성과 합리성을 통해 모순되고 왜곡된 교리를 바로잡고자 한 근대 철학은 과학에 의한 종교, 과학을 위한 종교를 추구하였다고 볼 수 있다.

- 자연을 창조하고 자연에 법칙을 부여한 신의 존재는 근대 과학의 기본 가정이었으며 신은 과학에서 절대 필요한 존재였다. 이 때문에 볼테르는 "만일 신이 존재하지 않는다면 인간은 신을 발명해야 했을 것"이라고 말했다.

4. 신앙에 대해서는 이성의 해명이 필요하다 - 존 로크

근대 과학의 영향을 받은 철학자들은 진리는 이성과 경험에 의해 입증되어야 한다고 생각하였기 때문에 인격화된 신이나 신조, 교리, 의례 등을 불합리한 것으로 간주하였다. 이러한 것들은 종교의 우상화와 미신화, 타락과 폭력의 원인이 될 수 있다는 것이다.

인격화된 신은 냉혹하고 잔인한 존재로서 재앙을 일으키기도 하고 전쟁 등 인간의 과오를 정당화시키는 구실이 되어 왔으며 신조, 교리, 의례 등은 사람들을 억압하는 도구가 되어 온 경향이 있다. 인간은 이해할 수 없는 것에 대하여 참된 동의를 하지 않는 존재이고 신앙이라는 것이 어둠을 향해 무조건 돌진하라는 것이 되어서는 안 되기 때문에 로크는 신앙에 대해 이성의 해명이 따라야 한다고 생각했다.

- 인간의 이성 능력이 미치는 한에 있어서는 신앙을 이성적으로 해명하는 것이 바람직할 수 있으나 신비의 영역에 대하여 지식으로 모든 것을 설명하는 것은 사실상 불가능하다. 토인비의 표현에 의하면 이러한 작업은 "신앙에 대한 이성적 해명은 양파껍질을 까다가 속까지 모두 까버리는 것, 그림을 닦다가 빈 캔버스만 남기는 작업"이 될 위험성이 있다.
- 신은 시공간의 제약을 받지 않는 초월적 존재이다. 증명될 수 있는 존재자는 이 세계의 일부일 뿐 신이 아니다. 우리가 존재한다고 믿는 신은 상상적 존재, 비유 또는 상징이므로 신을 증명한다는 것은 의미가 없다. 따라서 신화의 영역에 속하는 종교를 완전히 로고스의 영역으로 끌고 가는 것은 신비를 해체하여 경건한 삶의 기초를 와해시킬 위험성이 있다.

5. 종교의 율법은 강제적이고 폭력적이다

종교의 율법은 신의 계시, 신의 명령으로서 그 자체가 우주의 질서가 된다. 이것은 세계를 하나의 통일된 질서로 묶는 신성한 율법이자 우주의 법칙으로서 절대적이기 때문에 강제적·폭력적 성격도 지니게 된다.

오늘날은 종교전쟁, 종교재판, 고문, 화형과 같은 폭력을 행사하는 것이 어렵기 때문에 각 종교단체에서는 다양한 종교의례와 교육을 통해 계율을 내면화하고 사회화하거나 심리적 폭력을 행사함으로써 종교적 세계질서를 유지하고자 한다.

- 종교는 성스러움을 강조하는데 이것은 경이감, 신비감뿐 아니라 인간에게 두려움을 안겨주기도 한다. 그러나 인간의 이성은 허약하므로 사랑의 실천을 이끌어 내기 위해서는 경전과 율법의 권위가 필요하다는 반론이 있다.

6. 종교는 어떤 방식으로든 권력을 행사한다

근대 이전의 사회에서는 세계질서의 중심인 신의 말을 전하는 개인이나 집단에 권력이 집중되었기 때문에 종교적 위계가 정치적 권력관계를 의미하였다.

그러나 정치와 종교가 분리된 현대 사회에서도 정도의 차이는 있지만, 종교는 여전히 정치적인 영역으로 남아있다. 다만 종교가 행사하는 권력은 전근대 사회와는 다른 방식으로 보다 은밀하게 작동된다.

- 이슬람 사회에서 종교는 공적 영역이 된다.
- 미셸 푸코는 종교는 권력의 도구이자 그 자체가 정치적 권력이 된다고 하였다. 정치적 권력은 종교와 손잡고 인간의 영혼을 정치에 순응하도록 만들고 처벌과 징계, 훈련을 통해 사람들은 길들여지고 훈련되고 통제된다는 것이다. 푸코는 종교를 특정한 삶의 방식을 자발적으로 따르게 만드는 권력의 체계로 이해한다.

7. 종교는 강박 노이로제이며 망상에 불과하다 - 프로이트

프로이트는 인간이 신적 존재에 의탁하는 것은 미성숙의 표시이자 정신 분열적 증세이며 유아기적 강박 노이로제 현상, 즉, 망상에 불과하다고 하였다.

신자는 부모 품을 떠나기를 거부하는 어린아이와 같이 독립성을 거부하고 신적 존재에 의탁하고자 하는데 이러한 심리적 미약함에 종교적 믿음의 근거가 있다는 것이다.

8. 광신주의는 세계 평화에 대한 위협이다

종교는 인간에게 내적 평안을 주고 이타적 덕목을 수행하게 하는 긍정적 역할을 하였으나 그 독단과 편협성으로 인해 인류 역사에 많은 오점을 남기기도 하였다. 자신들만이 진리를 독점하고 있다는 맹목적 믿음, 그리고 이를 타인에게 강요하는 것은 우리 눈앞에서 일상적으로 벌어지고 있는 일들이며 이것은 세계 평화를 위협한다.

- 우상이 죽어야 참된 종교가 있다. 인간이 만든 우상으로서의 신을 해체하고 신과 종교의 참된 의미를 되돌아보아야 한다는 견해도 있다.

9. 미신은 그 시대의 불행지수에 비례한다 - 스피노자

인간의 실존적 나약함과 불안감은 초월적 믿음의 대상을 필요로 한다. 역사를 보더라도 문화가 풍요롭고 번창한 시기보다 재앙이 닥치고 불안이 휩쓰는 사회에서 미신이 창궐하였다. 종교와 미신은 초월적 믿음에 근거하고 있다는 점에서 공통점이 있다.

그러나 종교는 어느 정도의 현실성과 논리성을 갖추고 있고 사랑과 자비, 선한 삶을 강조함으로써 인간성과 도덕성을 수호하는 데 반해 미신은 반인륜적, 사기적 행위도 서슴지 않는다. 미신은 사회적 위기상황에서 더 효력을 발휘하며 인간의 불행을 위로하기보다 오히려 가중시킨다.

10. 신은 현세를 모욕하는 하나의 형식이며 성직자는 삶의 모든 건강한 형식 덕분에 살아가는 기생충 같은 인간이다 - 니체

약자들은 가슴속에 있는 한과 증오를 종교적 믿음을 통해 해소하고자 하며 신앙 속에서 자학적 쾌락을 느낀다. 종교는 인간의 나약한 본능에 호소하여 보상을 약속하고 환상에 빠지게 하며 현실의 문제와 불행을 극복하기 위한 노력을 소홀히 하게 만든다.

종교는 현실을 부정하고 이 세상을 살만한 가치가 없는 곳으로 만들어 버렸다. 따라서 신은 현세를 모욕하는 하나의 형식이다.

니체에 의하면 기독교 윤리는 인간의 본성을 왜곡하고 삶의 가치를 부정함으로써 인간을 나약하게 만들고 삶을 초라하게 만들었다.

기독교의 원죄 사상은 가장 무서운 정신병이며 기독교의 금욕주의는 허무를 열망하는 의지를 갖게 함으로써 유럽을 거대한 정신병원으로 만들었다. 기독교 윤리는 비겁자의 도덕이며 노예의 도덕이다. 이러한 윤리를 전파하는 성직자는 삶의 모든 건강한 형식 덕분에 살아가는 기생충 같은 인간이다.

- 니체는 사고를 폭넓고 유연하게 가지고 자기 힘으로 건강하게 삶을 꾸려갈 것을 주장하였다.

11. 종교는 삶의 가치에 대한 부정이며 약자에 대한 위로이다 - 니체

종교는 냉혹한 세상에서 고통과 슬픔에 빠져 있는 약한 존재들에게 천상의 보상을 약속함으로써 기쁨을 주고 약자를 위로한다. 종교적 믿음에는 현실의 불행을 보상받고자 하는 욕망, 증오심, 나약함이 있다.

종교는 한恨의 결과이다. 종교는 삶의 가치를 부정하고 이 세상을 살만한 가치가 없는 곳으로 만듦으로써 약자들의 불만을 잠재우고 운명에 순응하게 만든다. 니체에 의하면 종교에 의탁하는 것은 자랑이 아니라 수치스러운 일이다.

- 자비와 사랑, 평화의 정신으로 가난한 사람들을 돕고 약자를 위로하는 것은 정념과 욕망을 제어할 수 있는 강자만이 행할 수 있는 미덕이라는 점에서 니체의 사상은 비약이 있다.
- 진정한 종교인은 독단을 배제하고 관용을 추구하며 권력에 대항한다.
- 종교가 삶의 가치에 대한 부정이며 약자에 대한 위로라는 것은 종교에 대한 소극적·부정적 해석이다.

12. 신은 죽었다 - 니체

종교는 인간의 욕망에 근거한 환상이며 신은 인간의 욕망이 만들어 낸 허상이다. 종교인들은 신이라는 허황된 존재를 근거로 현실을 부정하게 만들고 삶을 살만한 가치가 없는 것으로 만들어 버린다.

신은 현세를 모욕하는 하나의 형식이며 기독교적 가치는 무너져 내렸다. 기독교적 가치와 함께 신은 죽었다. 죽은 신은 우리를 구원할 수 없다. 따라서 인간은 노예의 도덕에서 벗어나 자신을 개선하고 환경을 지배하려는 의지를 가지고 진정한 운명의 주인이 되어야 한다.

- 니체는 인간의 능력을 신뢰하였고 인간이 중심이 되는 새로운 가치를 창조할 것을 강조하였다.
- 그러나 신의 죽음과 함께 형이상학적 가치는 사라지고 허무주의와 무의미가 들어서게 되었으며, 자본주의의 발전에 따라 돈이 신을 대체하게 되었다. 인간이 중심이 된 세상 역시 살만한 곳이 못 되었다. 그렇다면 인간도 죽어야 한다.
- 니체는 세계에서 의미를 걷어내고 초월적 이상을 폐기처분하고자 하였다. 그러나 세계가 인간의 통제력에서 벗어나 제멋대로 흘러가는 것도 문제이다. 권력보다 권력의 부재가 더 문제될 수도 있는 것이다.

13. 종교는 인민의 아편이다 - 마르크스

인간이 종교를 만들었지 종교가 인간을 만들지는 않았다. 종교는 자신을 상실한 사람들의 자의식이며 자기감정이다. 종교는 거꾸로 된 세상과 거꾸로 된 자신의 모습을 보여주기 때문에 환상적인 인식에 지나지 않는다.

종교인들은 환상의 힘으로 현실의 고통을 감내할 뿐 불행을 극복하려는 현실적 노력에 인색하다. 종교는 천국에 대한 염원 속에서 현실에서 찾지 못하는 이상과 기대를 충족시킴으로써 착취당하는 민중의 고통을 잠재우고 그들의 관심을 환상으로 돌린다.

종교는 인민의 아편이다. 종교는 천상의 보상을 제시함으로써 약자가 현실의 모순에 저항하지 않고 영원히 약자이도록 하는 보수적 기능을 수행한다. 마르크스는 종교란 결국 개인의 삶이 불행하기 때문에 생기는 것이며 사회적 조건이 개선되면 사라질 것이라고 하였다.

- 무정부주의자인 바쿠닌은 신이 존재한다 하더라도 신을 제거해야 한다고 함으로써 종교의 해악성을 강조하였다.
- 마르크스는 부자가 빈자를 수탈하기를 그치고 노동자가 자신의 노동과 생산물로부터 소외되지 않는 인간화된 이상 사회, 종교 없는 세상을 꿈꾸었으나 그의 이상을 실현하고자 한 공산주의 사회에서는 인간의 신(독재자)이 등장하여 더욱 인간을 억압하게 되었다.

14. 누군가 망상에 시달리면 정신이상이라고 하고, 다수가 망상에 시달리면 종교라고 한다 - 로버트 퍼시그

자연 선택이 오랜 세월 동안 수없이 반복되면 최초의 대상과는 현격한 차이가 생긴다. 이러한 중간과정을 생략한 채 설계자가 있기 때문이라는 설명은 넌센스이다. 자연의 신비나 섭리를 반드시 초자연적인 창조주 인격신의 존재와 결부시켜 이해할 필요는 없다.

- 신은 만들어진 존재illusion(망상, 환영)에 지나지 않는다. - 리처드 도킨스

15. 종교는 진화의 질병이며 무지의 소산이다 - 리처드 도킨스

종교는 강력한 밈meme(유전이 아니라 모방 등에 의해 다음 세대로 전달되는 문화 요소)이다. 신은 만들어진 존재illusion(망상, 환영)이며 인간은 신의 계시를 받지 않더라도 도덕적이고 선할 수 있다.

도킨스는 종교가 없다면 십자군도 마녀사냥도 폭탄테러도 대량학살도, 순진한 사람들의 돈을 우려내는 전도사도 없다고 하였다. 인간은 종교에 의탁하지 않더라도 어려움을 극복하고 살아나갈 수 있으며 신이 없는 세상에서 더 자유롭고 충만한 삶을 살아갈 수 있다는 것이다.

- 샘 해리스는 『종교의 종말the end of faith』에서 신앙은 전혀 교정 가능성이 없는 인간 무지의 한 형태이며 상상에 의존하여 내세의 환상을 위해 행복과 동정심과 정의를 희생시키려는 열정으로 가득 차있다고 비판하였다.
- 종교 없는 세상을 주장하는 위와 같은 견해에 대해서는 인간이 이성을 발휘하여 종교를 몰아내면 그 자리에는 인간의 욕망과 이기심이 자유라는 옷을 입고 들어서게 될 것이고 도덕이 전혀 힘을 발휘할 수 없는 국가가 들어서게 될 것이라는 비판이 있다.
- 신을 몰아내면 그 자리에는 인간의 신(독재자), 물신(돈) 등 더 나쁜 신이 들어오게 된다는 비판도 있다.

16. 시민의 계몽, 민주주의의 확산으로 기성종교는 쇠퇴하게 될 것이므로 사회계약과 법률에 신성함을 부여함으로써 시민으로서의 의무를 다하게 하는 종교가 필요하다 - 루소

계몽사상가들은 불합리한 신앙에 기초하고 있는 무지하고 비이성적인 종교를 신뢰하지 않았다. 루소는 교육의 확대로 시민이 계몽되고 민주주의가 확산되면 기성종교가 쇠퇴하고 그 경우 국가는 법으로 국민을 통치해야 하는데 그것만으로는 부족하기 때문에 사회계약과 법률에 신성함을 부여함으로써 국민으로 하여금 도덕과 시민으로서의 의무를 다하게 하는 시민 종교가 필요하다고 생각하였다.

이러한 사상은 18세기 신대륙으로 건너가 미국의 독립선언, 헌법, 대통령의 연설, 각종 정책에서 나타나고 있는데 국가에 대한 의무를 다하는 것이 신에 대한 의무이고 미개한 인디언들과 유색인종을 교육하여 개화시키는 것이 미국인의 '명백한 운명'이라는 주장 등을 담고 있다. 이러한 시민 종교는 미국의 팽창정책과 제국주의 전쟁을 정당화하는 정치 이데올로기로 작용하기도 하였다. 이것은 종교가 신을 빙자한 자기주장, 위선이 될 수도 있음을 보여준다.

- 시민 종교는 종교 없는 신을 주장하는 자연 종교의 형태에 속한다.

17. 신의 존재를 믿고, 도덕적으로 올바른 삶을 산다면 신의 구원을 받을 수 있다는 평범한 믿음이야말로 순수한 자연 종교의 모습이다 - 허버트 경Edward Lord Herbert

허버트 경은 신이 지닌 최고의 속성은 자비이며 그것은 인류의 구원이라는 신의 보편적 섭리로 나타난다고 하였다. 허버트 경이 주장한 자연 종교는 사악한 사제들에 의해 왜곡되기 전의 인류가 가졌던 순수한 종교의 모습이며 교리와 의례를 구원의 조건으로 내세우지 않는다. 이것은 신의 존재를 믿고 도덕적으로 올바른 삶을 살아갈 것을 요구한다. 또 신은 완전자, 공평한 존재로서 누구를 편

애하지 않기 때문에 특정한 사람에게 허락된 특별계시란 있을 수 없으며 이성을 지닌 인간이라면 누구나 알 수 있는 보편계시만이 있을 뿐이다.

이러한 사고방식에 따르면 신은 자연법칙을 깨뜨리는 위반 기적을 통해 세상 일에 직접적으로 관여하지 않으며 인간은 신이 부여한 양심에 따라 도덕적으로 살아야 하고 그것이 곧 신의 의지에 따르는 종교적인 삶이다. 자연 종교는 종교 없는 신을 믿는 이성의 종교였으며 종교라기보다 철학에 가깝다.

- 자연 종교에는 신비적 요소, 신의 권위, 신과의 영적 교류가 없기 때문에 사람들로 하여금 믿음과 복종, 도덕적 실천을 이끌어 내는데 미흡하고 사람들에게 위안과 믿음을 주어 삶의 고난을 이겨내고 의욕을 불러일으키기에 부족하다는 비판이 있다.
- 기성종교는 자연 종교를 위장된 무신론이라고 비판한다.

18. 종교는 믿는 체하는 놀이이다 - 푸아드뱅

종교를 믿는 것은 신이 있다고 믿는 체하는 게임에 참여하는 것이다. 신이 허구임을 알면서도 믿는 체하는 것은 큰 장점이 있다. 인간은 믿는 체하는 게임the game of make believe에 참여함으로써 도덕적으로 심판하고 질책하고 용서한다. 또이 게임에서 사랑과 지배의 이미지를 만나고 사랑과 희생, 도덕적 책임을 공감하게 되며 결과적으로 삶을 긍정적으로 변화시키는 것이다.

신은 도구적 존재이며 종교는 그 실천이 삶에 유익함과 행복을 주기 때문에 필요하다고 한다. 이러한 주장은 종교를 일종의 삶의 유용한 도구로 보는 도구주의, 실용주의와 맥락을 같이 한다.

- 믿는 체하는 게임으로서의 종교는 진실한 기도와 경외심, 종교적 열정, 헌신과 희생을 이끌어 낼 수 없다는 비판을 받는다.

19. 종교의 정당성은 그것이 우리의 삶을 얼마나 풍요롭게 하는가 하는 유용성에 달려있다 - 윌리엄 제임스

미국의 실용주의 철학자 윌리엄 제임스는 종교를 일종의 삶에 유용한 도구로 보는 도구주의 입장을 취하였다. 신은 알려져 있지 않고 이해될 수도 없으며 그 본질을 묻는 것 자체가 부적절하므로 종교의 정당성은 신의 존재를 입증하는데 달린 것이 아니라 그것이 우리의 삶을 얼마나 풍요롭게 하는가 하는 유용성에 달려 있다는 것이다. 그에 의하면 종교의 목적은 신이 아니라 삶을 더욱 풍요롭고 만족스럽게 하는 것이며 삶에 대한 사랑이 종교의 추진력이다.

- 종교가 도구로서 제대로 기능을 다 하기 위해서는 종교적 열정과 헌신, 희생을 이끌어내는 것이 필요한데 도구주의는 이러한 것들을 이끌어 낼 수 없기 때문에 실제로 종교가 삶의 유용한 도구가 될 수 없게 한다는 비판을 받는다.

20. 종교는 하나의 메타포(은유)이며 개인의 행복추구와 관련된 다양한 사적 담론이다 - 리처드 로티

미국 철학자 리처드 로티Richard Rorty(1931~2007)는 인간은 현실을 개선하고 더 나은 삶을 도모하기 위해서 늘 새로운 메타포(은유)를 창안해야 하는데 종교 역시 인간의 자유로운 하나의 메타포에 지나지 않는다고 하였다.

종교는 하나의 메타포로서 개인의 행복추구와 관련된 다양한 사적 담론이며 세상사에 잘 대처하고 자아를 창조하는데 기여하는, 삶을 살아가는 데 필요한 하나의 방편 또는 문제 해결의 도구가 된다.

- 종교는 일종의 메타포(은유)로서 시, 문학, 드라마와 같이 미학적 요소를 가지고 있으며 인간에게 감동을 준다.
- 로티는 종교를 사적인 영역에 속한 것으로 보아 종교의 다양성을 받아들인다.

21. 종교는 인간의 역사에서 두 가지 생존양식인 성聖과 속俗 중에서 성聖에 속하는 삶의 양식이다 - 엘리아데

종교는 자신의 한계를 깨달은 인간이 구원을 바라는 데서 생겨났다. 인간은 반드시 죽는다는 사실을 알기에 인생의 무상함과 삶의 유한성을 극복하기 위해 초월적 세계를 상상해 내고 그곳에서 영원히 안식을 얻게 된다는 믿음 속에 위로를 얻는다.

종교는 초월적, 신비적 영역에 있으며 성스러움을 강조한다. 성스러움은 경이감, 신비감을 안겨주고 성스럽지 못한 인간에게 두려움을 준다. 기독교의 원죄사상은 인간의 자연스러운 욕망을 비난하고 현세의 삶을 부정함으로써 죄책감과 고통을 안겨주기도 하였다.

엘리아데는 우리가 미신으로 간주하는 야만적인 고대 원시종교에도 기복성 외에 삶의 무의미와 죽음에서 벗어나 삶의 의미와 가치를 찾고 인간의 참된 구원을 지향하는 종교성이 담겨있다고 한다.

이러한 생각에 따르면 비록 현대의 고등종교라고 할지라도 그것이 현세적 삶을 살아가는 데 필요한 도구(사교, 사업 등)로 사용된다면 그것을 종교를 성聖이 아니라 속俗의 관점에서 받아들이는 것이므로 종교는 무지와 탐욕에 뿌리를 두고 사람들을 현혹하는 미신과 광신이 될 수 있다.

- 무속신앙이 종교성을 외면하고 기복성만을 강조하는 것은 무속을 성이 아닌 속의 관점에서만 바라보았기 때문이다. 종교는 성의 영역에 속하는 삶의 양식으로서 삶의 의미와 가치를 찾는 것이어야 한다.

22. 종교적 믿음을 갖고 종교적 의무를 수행하는 것은 합당한 이유와 대가에 대한 희망없이 한 인간의 생명을 신에게 바치는 것과 같은 것이다 - 자크 데리다

하느님은 아브라함에게 외아들 이삭을 제물로 바치라고 하였다. 아브라함은 그 명령을 이행하기 위해 장작 위에 이삭을 묶어 올려놓고 칼로 아들을 찌르려고 하였다.

자크 데리다Jacques Derrida(1930~2004)는 종교적 믿음을 갖고 종교적 의무를 수행하는 것은 행위에 대한 합당한 이유와 대가에 대한 희망 없이 한 인간의 생명을 신에게 선물로 바치는 것과 같다고 하였다.

종교적 의무에는 대가와 희망 같은 것들이 없고 자신이 왜 그런 행동을 해야 하는지에 대한 설명도 없다. 종교는 아무런 이유도 묻지 않고 신을 기쁘게 하기 위해 한 인간의 생명을 신에게 선물로 바치는 것과 같은 일종의 광기라는 것이다.

23. 신앙은 일종의 열정이며 삶에 소금이 된다 - 존 카푸토

종교는 신의 작품이 아니라 인간에 의해 구조화된 인간의 작품이며 기성종교는 인류의 역사 속에서 인간을 구속하고 폭력을 행사해왔다. 종교는 기성종교나 기득권자들의 기존 질서와 논리를 정당화하는 이념적 도구가 되어서는 안 된다.

신은 기득권자들의 세계를 지지하고 후원하는 존재가 아니라 부패한 세상의 질서를 뒤흔들어 새로운 질서를 만드는 존재이며 전복적이고 혁명적인 충격으로 인식되어야 한다. 신은 종교의 교리를 땅으로 내려보낸 것이 아니라 사랑만을 내려보냈다.

신앙은 교리를 이해하는 것이 아니라 무엇을 사랑하는가 하는 신의 질문에 대하여 말이 아닌 몸으로 응답하는 것이다. 최상의 열정은 신앙에서 나오고 열정적 신앙은 삶에 소금이 된다.

- 카푸토John Caputo(1940~, 미국 종교철학자)는 헌금을 내고 교리를 절대 신뢰하고 집회나 의례에 참여하는 것보다 정의를 실천하는 행동이 신을 사랑하는 것이라고 한다. 신의 의미는 종교에 의해 규정

되거나 정의될 수 없는 것이며 사랑을 향한 다양한 실천에서 찾아야 한다는 것이다. 카푸토의 주장은 종교 없는 종교, 교리 없는 종교라는 평가를 받는다.

24. 고통받는 타인의 얼굴은 우리에게 윤리적 책임을 요구한다 - 레비나스

레비나스Emmanuel Levinas(1906~1995)는 인간은 이기적인 존재이지만 고통받는 타인의 얼굴을 대할 때 선善을 발견하게 되고 이기심에서 벗어날 수 있는 전환점이 마련된다고 하였다.

레비나스에 의하면 고통받는 타인의 얼굴은 나의 응답을 요구하고 고통에 대하여 윤리적 책임을 요구한다. 나는 도움을 호소하며 나의 응답을 기다리는 타인에게 책임을 느끼게 되고 이때 타인과 나 사이에는 윤리적 관계가 형성되며 이 호소에 응답할 때 나는 윤리적 주체, 참된 인격적 주체로 거듭나게 된다.

고통받는 타인의 얼굴을 마주할 때 우리는 신의 음성을 듣고 타자를 섬기고 환대함으로써 윤리적 책임을 다하게 되며 예수처럼 대속의 삶을 살게 됨으로써 이 땅에 평화를 가져올 수 있다는 것이다.

- 레비나스는 종교를 에토스ethos(윤리)의 차원에서 이해하고자 한다.
- 레비나스의 타자성의 철학에 대해서는 신앙 없이 고통받는 타자에게서 신의 음성을 듣는 사람이 얼마나 되겠는가, 신의 계시 없이 타인의 시선을 바라보는 것으로 이기심을 버릴 수 있는가, 종교적 열정 없이 타자에 대한 윤리를 실천할 수 있는 힘이 있는가 하는 비판이 있다.

25. 종교는 절망의 언덕위에 세워진 소망의 성이다 - 라인홀트 니버

인간은 불의와 고통 속에 현실의 괴로움이 있더라도 신이 존재한다는 의식 속에 정의를 향한 이상을 품고 초월적 세계에 마음을 열어 두어 삶의 무의미에서 벗어나 희망을 품게 된다.

참된 신앙인의 종교적 열정은 소외된 이웃을 돌보고 세상의 빛과 소금이 되어 주고 있으며 지금도 많은 사람이 종교에서 희망의 불씨를 찾고 있다.

26. 종교는 창조성의 원천으로서 인류의 위대한 자산이다
- 칼 융

인간은 반드시 이성적인 동물이 아니라 환상을 필요로 한다. 인생의 무상함, 유한성을 극복하기 위해 인간은 초월적 상징의 세계로써 종교를 만들어 낸다. 초월성을 꾸는 것은 인간이 동물과 다른 점이며 이것은 창조성의 원천이 된다.

- 종교의 긍정적 측면
  - 종교는 사랑과 자비, 선한 삶을 강조함으로써 윤리적, 이타적, 덕목을 실천하게 한다.
  - 종교는 이기심으로 분열되기 쉬운 인간 사회에 질서를 부여함으로써 사회를 통합하고 결속시킨다.
  - 종교는 현실적 어려움을 극복할 수 있는 초월적 힘과 내적 평안을 준다.
  - 종교는 유한한 존재로서 죽음에 대한 불안을 안고 살아가는 사람들에게 위로가 되어 준다.
  - 종교적 명상이나 기도는 정신건강에 유익하고 인간의 능력을 최대화하는 효과가 있다.
  - 신앙은 이성적 차원을 넘어서는 신비롭고 비밀스러운 영역으로서 이성의 부족한 부분을 메워준다.

27. 종교를 몰아내면 그 자리에는 인간의 신, 돈의 신이 들어서게 된다

이성주의, 계몽주의는 종교를 인간의 합리성을 저해하고 인류를 미혹에 빠뜨리는 미신과 광신으로 규정하고 인류의 진보에 걸림돌이 되는 것으로 생각하였다. 그러나 인간은 자신이 생각하기에 즐거운 것에 의해 고무되는 존재이며 인간의 이성은 욕망을 억제할 수 있을 만큼 강하지 않다.

리처드 도킨스는 종교가 없다면 십자군도 마녀사냥도 폭탄테러도 대량학살도, 순진한 사람들의 돈을 우려내는 전도사도 없다고 하였으나 세상사의 다양한 면을 보지 않고 세상의 모든 악의 원인을 종교의 탓으로만 돌리는 것은 단순한 생각이다. 참된 종교의 긍정적 역할을 도외시하고 사이비 종교, 광신도의 부정적인 열정만 강조함으로써 종교 없는 세상이 더 안전하고 정의롭고 평화로울 것이라는 가정은 근거가 희박하다.

이성과 합리성의 힘을 절대적으로 신뢰하게 되면 결국 인간을 신격화하게 되어 나치 정권, 공산주의 정권처럼 인간이 인간을 억압하게 된다. 나아가 자본주의 체제 하에서는 돈이 세상을 움직이고 사물과 인간에 가치를 부여하게 되어 공동체의 유대관계를 해치고 개인을 파편화시키게 된다. 결국, 이성의 힘으로 몰아낸 종교의 자리에는 인간의 욕망과 이기심이 자리 잡게 되고 인간의 신(신격화된 인간), 돈의 신이라는 더 나쁜 신이 등장하게 된다.

- 인간은 이해관계의 노예이며 도덕적, 합리적 설득에는 한계가 있다. 인간의 이기심은 이성적이 아닌 힘에서만 억제될 수 있다. - 라인홀트 니버

28. 종교는 이성적 삶을 보완해 준다

로고스는 우주의 생성과 운행을 지배하는 원리로서 합리적으로 사고하여 이해할 수 있는 이성을 말한다. 반면 뮈토스는 비합리적이고 설명할 수 없는 신비의 영역에 속하는 신화, 이야기를 말한다. 인간은 이성의 능력으로 자연의 법칙을 이해하고 자연을 정복하고 문명을 이룩함으로써 생존에 성공해 왔다.

그러나 이성적 삶은 인간 존재의 유한성, 인생의 우연성에 기인하는 실존적 불안을 해결해 줄 수 없었기에 사람들은 신화, 이야기, 상상력을 바탕으로 설명할 수 없는 초월적인 힘, 신비적 힘을 믿고 거기에서 영적인 위로와 힘을 얻고 불안한 삶을 헤쳐나갈 수 있었다.

로고스는 머리와 지식의 범주에서 육신에 필요한 양식을 주어 왔고 뮈토스는 가슴과 지혜의 영역에서 영혼에 필요한 양식을 주어 왔다. 종교는 뮈토스(신화, 이야기)의 영역에 속한 것으로서 이성적 삶의 불완전성을 보완해 준다.

29. 종교적 인간은 신화의 시간 속에 산다

신화의 시간은 세속적인 시간에서 벗어난 근원의 시간, 흐르지 않는 시간이다. 사람들은 종교를 통하여 신화의 영역에 발을 들여놓음으로써 영원한 존재의 영역, 성스러운 영역에 진입하게 되고 성스러움을 체험하게 됨으로써 실존의 불안에 대한 위안을 얻는다.

종교적 인간은 인간의 이성으로 만든 법과 제도는 신에 의해 신성함과 권위가 부여되어야 하며 이성과 지식으로 부풀려진 인간의 오만은 신의 분노를 불러서 불행을 자초한다고 믿는다.

소포클레스의 비극 '오이디푸스', '안티고네'는 지식과 행복을 뽐내고 신을 경배할 수 없는 자는 지혜를 얻을 수 없고 오만한 자는 결코 고통으로부터 해방될 수 없다고 경고한다. 로고스에 의해 부풀려진 오만을 떨쳐내고 경건한 마음으로 지혜롭게 살아가야 행복한 인생이 될 수 있다는 것이다. 종교적 인간은 신화의 시간에서 초월성, 영원과 접속하여 신성을 체험하고 경건하게 살아감으로써 지혜롭고 행복하게 살아갈 수 있다.

30. 종교의 참된 의미는 머리로 인식하는 데 있는 것이 아니라 가슴으로 받아들이고 실천하는 데 있다

신이 있는지 없는지는 증명이 불가능하다. 지금까지 우리가 사용해 왔던 신에 대한 이야기는 비유와 상징의 의미로 받아들여야 한다. 이 때문에 종교는 머리가 아닌 가슴으로 받아들이고 삶에서 실천하는데 의미가 있다는 견해가 있다.

이러한 견해에 따르면 인간은 신의 존재를 입증하려고 하기보다는 초월적 타자성에 문을 열고 자연에 내재한 보이지 않는 힘, 초월적·신비적 영역을 받아들이고 경건하게, 사랑을 실천하면서 살아가는 것이 바람직하다. 즉, 종교는 머리로 받아들이고 지식으로 이해하기보다는 가슴으로 가치관, 세계관을 수용하고 헌신과 참여를 통해 자비와 사랑을 실천하는데 그 참된 의미가 있다는 것이다.

- 이러한 견해에서는 예수가 다섯 개의 빵과 물고기 두 마리로 5,000명을 먹인 오병이어의 기적이 사실임을 입증하려고 하기보다 그 사건이 주는 영적인 메시지에 주목하라고 한다. 목숨과 다름없는 식량을 나눈다는 것은 생명을 나누는 것이며 그 기적을 낳은 것은 빵과 물고기가 아니라 예수가 가르친 '사랑'이라는 것이다.

31. 21세기에도 힘을 잃지 않고 중요한 종교적 역할을 감당할 수 있는 신앙은 신비주의적 신앙이다 - 카렌 암스트롱

하이데거에 의하면 신은 하나의 존재자seiendes가 아니라 만질 수도, 볼 수도, 들을 수도 없는 존재sein이다. 인간은 오직 존재자만을 인식할 수 있기에 존재를 정의하거나 설명하는 것은 불가능하다.

인류는 고대부터 자연에 내재한 비인격적인 힘을 믿었고 그것은 브라흐만brahman(산스크리트어로 '힘'을 뜻한다. 우주의 근본원리) 또는 도道라는 이름으로 불리웠다. 이것은 인간의 언어와 이해력을 초월한 실재이며 이성과 경험을 통해 인식될 수 없고 명상과 수행, 실천을 통해서만 다가갈 수 있다.

각 종교는 수행과 실천을 강조한다. 종교는 설명할 수 없는 신비의 영역에 속하는 것이며 이성적 사유로 논증하는 것이 아니라 직관과 감성으로 우주(무한자)에 다가가는 것이다. 카렌 암스트롱은 신비적으로 경험되는 주관적인 체험만이 세속화된 삶에서 헌신을 이끌어 낼 수 있고 세상을 살만한 곳으로 변화시킬 수 있다고 하였다.

- 종교는 이성과 과학이 줄 수 없는 지혜와 양식을 제공함으로써 이성적 삶의 불완전성을 보완해 준다.
- 이성적 사유를 통해 신비와 열정, 미신과 광기, 무지를 몰아내고자 했던 여정은 미신과 광기, 무지를 제거하고 신비와 열정이 남은 초월적 영역인 종교로 되돌아오게 되었다.

제5절 오리엔탈리즘

1. 오리엔탈리즘은 동양과 서양을 나누는 상상 속의 경계선이 의도적으로 그어지고 그것이 수 세기에 걸쳐 존속되어 온 것으로서 편견, 왜곡, 환상의 산물이자 허상이다 - 에드워드 사이드

오리엔탈리즘에 가장 큰 영향을 준 것은 동양을 취급하는 서양인들이 느낀 대립 감각이었다. 서양인들이 동양의 특유한 것으로 인정한 여러 가지 특징들은 열등한 것이 되어 그것이 동양과 서양을 나누는 상상 속의 또는 지리상의 경계선이 되었다. 그것은 의도적으로 그어지고 수세기에 걸쳐 존속되어 온 것으로서 편견, 왜곡, 환상의 산물이자 허상이다.

오리엔탈리즘 속에 나타나는 동양은 서양의 학문, 서양인의 의식 나아가 근대에 와서 서양의 제국지배 영역 속에 동양을 집어넣는 일련의 총체적인 힘의 조합에 의해 틀이 잡힌 표상의 체계이다.

- 동양인들은 비이성적, 비합리적, 전체주의적, 타율적, 비위생적, 비생산적, 소극적이고 동양사회는 정체된 사회, 뒤처진 사회, 바람직하지 않은 사회이다.
- 서양인들은 이성적, 합리적, 민주적, 자율적, 위생적, 생산적, 적극적이고 서양사회는 진보적 사회, 발전된 사회, 바람직한 사회이다.
- 모든 유럽인은 동양에 대하여 말할 수 있는 것에 대하여 필연적으로 인종차별주의자이고 제국주의자이며 거의 전면적으로 자민족중심주의자였다고 해도 무방하다. - 에드워드 사이드 『오리엔탈리즘』

에드워드 사이드에 의하면 오리엔탈리즘은 서양인을 중심으로 비서구 사회의 주민과 문화의 가치를 부정하고 그들을 이질시하고 타자화한 것이며 그것은 동양을 지배하고 종속시키기 위한 암묵적 계획이다.

<오리엔탈리즘의 사고>

동양인	서양인
비이성적	이성적
비합리적	합리적
전체주의적	민주적
타율적	자율적
비위생적	위생적
비생산적	비생산적
소극적	적극적

동양사회	서양사회
정체된 사회	진보적 사회
뒤처진 사회	발전된 사회
바람직하지 않은 사회	바람직한 사회

2. 오리엔탈리즘은 제국주의적 식민지배를 위한 정치적 교의이며 그 바탕에는 백인우월주의와 생물학적 결정론이 깔려있다

- 에드워드 사이드

다니엘 디포의 소설에 나오는 로빈슨 크루소는 서구 문명의 방식으로 섬을 통치하고 원주민 '프라이데이'를 노예로 부리는 제국주의적 인물이다. 영화 '왕과 나'에서는 영국의 일개 백인 여성 한 사람이 동양의 국왕을 꾸짖고 교화시켜 나라의 풍습을 바꿔놓는다.

오리엔탈리즘은 정치적인 힘과 행동에 의해 산출된 것으로서 동양을 서양의 제국지배 영역 속에 집어넣고자 하는 것이었으며 제국주의, 식민주의를 합리화하고 정당화해 온 핵심적 요인이 되어 왔다. 오리엔탈리즘은 의도적으로 만들어진 이데올로기적 산물임에도 이러한 편견과 착각이 진리로 공인받을 수 있었던 것은 제국주의 권력 때문이다.

제국주의 권력은 문화적 헤게모니를 장악하여 자발적 복종을 유도함으로써 통치비용을 절감하고자 하였고 오리엔탈리즘은 제국의 문화적 헤게모니를 구성하는 지식권력의 메커니즘을 통해 자연스럽게 침투하여 제국의 지배를 원활하게 해 주었다. "한국인은 어린아이와 같이 천진하기 때문에 독립할 처지가 못 된다"(선교사 A.J.브라운), "상형문자인 한자는 정신형성이 정지된 상태를 나타낸다"(헤겔), "흑인은 야만성과 분방함, 그대로의 자연인의 모습을 보여주고 있으며 그들은 인격 자체가 결여되어 있고 교화시킬 수도 없으며 그럴 가능성도 없다"(헤겔), "영국의 인도 지배는 낡은 아시아 사회를 파괴하고 서양의 물질적 기초를 수립하는 사명을 수행하는 것이다"(마르크스), "인디언들을 몰아내고 땅을 차지하는 것은 하느님께서 할당해 주신 아메리카 대륙을 온통 뒤덮기 위한 명백한 운명 menifest destiny이다"(존 오설리번).

오리엔탈리즘 속에는 위와 같은 백인우월주의와 생물학적 결정론이 자리 잡고 있으며 유색인종은 그들의 도움 없이는 살아갈 수 없는 힘없고 불쌍한 존재로서 교화, 선교, 가르침, 원조의 대상이므로 미개한 비서구 사회를 식민지화하는 것이 그들 사회를 위한 길이며 백인의 즐거운 사명이라고 하여 침략과 착취를 정당화하였다.

- 오리엔탈리즘은 동양이 서양보다 약했기 때문에 동양을 억누른, 본질적으로 정치적인 교의이고, 그것은 동양이 갖는 이질성을 그 약함에 관련지어 무시하고자 하는 것이었다. - 에드워드 사이드

3. 오리엔탈리즘은 남성적인 세계개념을 촉진하여 성차별주의를 부추긴다 - 에드워드 사이드

오리엔탈리스트들에게 동양인은 후진적, 퇴행적, 비문명적, 정체적이며 비참한 이방인으로서 시민으로서의 인간도 아니고 해결되어야 하고 접수되어야 하는 종속 인종으로서 그 정체성은 서양사회 속의 열등적인 요소인 여자, 빈민, 범죄자, 광인과 결부되었다.

오리엔탈리스트들은 성차별주의적 색안경을 끼고 있었다. 그들의 저작에 나타난 여성들은 무한한 관능의 매력을 발산하고, 다소 어리석으며, 순종한다. 오리엔탈리즘은 동양을 종속시키고자 하는데 그치지 않고 남성적인 세계의 개념을 촉진하였고 성차별주의를 부추겼다.

- 동양인, 여성은 오리엔탈리즘에 의해 어리석음, 관능적, 소극적, 수동적, 비생산적이라는 이미지로 굳어져 발전, 변화, 인간적 운동의 가능성 그 자체를 부정당하고 있다.
- 서양 우월주의는 남성 우월주의를 부추겼고 남성적인 서양이 여성적인 동양을 종속시켜도 된다는 사고를 낳았다.

4. 이주 외국인들을 비하하는 우리의 태도는 오리엔탈리즘을 내면화한 것으로서 복제 오리엔탈리즘이다

아시아에서 서양에 맞설 나라는 일본뿐이고 일본인의 피로 아시아를 지켰으므로 아시아 국가들은 일본에 고마워해야 한다는 일부 일본인들의 시각, 동남아에서 이주해온 외국인들을 비하하는 우리의 태도는 오리엔트 안에서의 또 다른 오리엔탈리즘이다.

서양의 동양에 대한 인식을 내면화하여 서양은 배우고 익혀야 하는 모델이고 제3세계 사람들은 소극적, 후진적, 게으르고 무능한 존재로서 교화, 가르침, 선교, 원조의 대상으로 보는 이러한 태도는 서양의 무분별한 담론을 비판 없이 받아들이고 우리 스스로 타자의 시선으로 자신을 바라본 잘못에서 비롯되는 것이며 그것은 동양이 구성한 동양이라는 복제 오리엔탈리즘으로서 이중의 동양화라는 비판을 받는다.

- 우리 언론에 보도되는 대다수의 다른 아시아 국가들의 모습은 우리의 도움이 절실하게 필요한, 못살고 불쌍한 주변적 인간이다. 이들은 선교와 교육활동, 의료 봉사, 경제지원 등 우리의 각종 시혜를 받고 있으며 수혜자들의 열렬한 반응이 소개된다. 적극적이고 선진적인 '우리'와 소극적이고 후진적인 '그들'로 비치는 것, 이것이 한국적 오리엔탈리즘의 모습이다.

5. 오리엔탈리즘 역시 이분법적 사고에 기초하여 다른 문화를 자신의 관점에서 재단하는 폐쇄성을 보여주고 있으며 다양한 문화의 흐름을 간과하고 있다

미셸 푸코는 서양사회의 이성 중심주의적 사고방식과 이분법적 사고는 비이성적이고 감성적인 것을 이성의 경계 밖으로 몰아냄으로써 새로운 광기의 영역을 만들어 내고 이성과 비이성, 이성과 광기에 대한 분리와 차별을 통해 이성의 지배가 확립되었다고 하였는데 에드워드 사이드는 이러한 미셸 푸코의 이성-광기의 구분에 따라 동양과 서양을 이분법으로 재구성하여 설명하였다.

에드워드 사이드는 피해의식에서 동양은 피해자·피지배자, 서양은 가해자·지배자라는 점을 부각시켜 서구의 문제점만을 지적한다. 그러나 서양이 동양에 대하여 일방적인 공격을 가한 것은 아니고 아랍권의 테러행위가 미국인들의 혐오를 조장시킨 면도 있다.

에드워드 사이드는 르네상스 이후의 영국, 프랑스, 미국과 이슬람 문화권의 관계만을 한정적으로 다루고 있기 때문에 동양과 서양이 서로 주고받는 영향을 제대로 분석하지 못하였다. 결국, 오리엔탈리즘의 사고 역시 이분법적 사고로서 다른 문화를 자신의 관점에서 재단하는 폐쇄성을 보여주고 있으며 문명의 상호의존성, 다양한 문화의 흐름을 반영하지 못하고 있다는 비판을 받는다.

6. 옥시덴탈리즘은 동양에 의해 날조된 서양으로서 오리엔탈리즘과 마찬가지로 왜곡된 면이 있다

옥시덴탈리즘occidentalism은 오리엔탈리즘과는 반대로 동양이 서양에 대하여 가지고 있는 이미지를 말한다. 동양의 관점에서 서양에 대하여 가지고 있는 이미지는 비인간적, 물질주의적이고, 천박하고, 퇴폐적이며 반면 동양인은 인간적이고, 고상하며, 정신적이다. 이는 동양에 의해 날조된 서양이며 이러한 사고 역시 오리엔탈리즘과 마찬가지로 왜곡된 면이 있다.

제6절 축제

1. 축제는 비사회적인 삶을 공동체의 삶에 통합시키는 집단적 표현 양식으로서 사회적인 것이다 - 미르치아 엘리아데(루마니아 신화학자)

축제에서는 효용성보다는 재미를 추구한다. 축제는 놀이가 그 목적이며 놀이의 결정판이다. 축제는 인간의 의식을 지상에서 가장 즐거울 상태로 끌어 올리고자 한다.

축제에서는 본능과 감정에 충실하고 유희를 좇는다. 또 함께 놀고 음식을 나누면서 친밀감을 높이고 서로 의사소통을 함으로써 에너지를 충전시키고 삶의 활력을 찾는다. 축제에서의 일탈 행위, 본능과 감정에 충실한, 유희를 좇는 삶은 비사회적인 것이지만 축제는 개인들을 공동체의 삶에 통합시키는 집단적 표현양식으로서 사회적인 성격을 띠게 된다.

2. 축제의 본질은 위반·일탈에 있다 - 장 뒤비뇨

축제가 지향하는 것은 조화가 아니라 혼돈이며 축제에서는 질서와 이성에 의해 억눌려 있던 에너지를 분출한다. 장 뒤비뇨에 의하면 축제에서는 모든 기호가 변조되고 뒤집히고 파괴된다. 축제의 본질은 위반·일탈에 있으며 축제는 조금 불온해야 한다. 그래야 사람들은 일탈 행위를 통하여 불만을 공식적으로 분출함으로써 스트레스를 해소하고 해방감을 맛볼 수 있기 때문이다.

- 리우 카니발에서는 빈민들도 가장 화려한 의상에 신체 노출까지 감행한다.
- 베니스 카니발에서는 축제 기간에 뽑힌 바보들의 왕에게 무조건 복종해야 한다. 또 축제 기간에는 가면을 쓰고 익명성을 확보하여 일탈 행위에 대한 보복이 없도록 하였다.

3. 축제는 억눌린 에너지를 분출하게 하여 계급 대립을 완화시키고 기존 사회체제에 대한 백신의 기능을 한다

카니발에서는 다양한 패러디와 익살스러운 모방·비하·신성 모독으로 지배적 진리와 권위를 풍자·조롱한다. 축제에서는 일탈 행위를 통하여 불만을 공식적으로 분출하게 함으로써 스트레스를 해소하고 해방감을 맛보게 한다. 또 욕망을 솔직하게 드러낼 기회를 주고 하층민의 무례와 일탈 행위를 눈감아 줌으로써 계급 대립을 완화시키고 기존 사회질서에 대한 백신의 기능을 한다. 이로써 축제는 사회통합에 기여한다.

- 축제는 계급 대립을 완화시키고 기존 사회질서에 대한 백신의 기능을 할 뿐 아니라 일상에 활력을 불어넣고 재충전을 통해 생산성을 높이는 효과가 있다.
- 마르크스주의자들은 축제가 기존의 착취구조를 강화하기 위해 인민의 분노를 호도하는 기만적 허위라고 주장한다.

4. 축제와 시는 일탈이라는 점에서 흡사하다 - 장 뒤비뇨

축제에는 리듬과 비약이 있고 재미가 있다. 카니발의 언어는 뒤집기와 비틀기의 논리로 되어 있고 다양한 패러디와 익살, 비하적 표현을 사용하여 지배적 진리와 권위를 풍자·조롱한다. 시에도 리듬과 비약, 재미가 있고 시적 언어는 문법과 논리에서 벗어나 있으며 다양한 표현으로 사회를 풍자·비판한다.

장 뒤비뇨(프랑스, 인류학자)의 『축제와 문명』에 의하면 축제와 시는 일탈이라는 점에서 흡사하다. 축제는 관습으로부터의 일탈이며 시는 일상의 문법과 논리성으로부터의 일탈이다. 축제는 혼돈 속에 진행되지만, 그 나름의 질서가 있어 엉망진창인 채로 끝나지 않으며, 시적 언어도 말이 안 되는듯한 말들이 모여 새로운 의미를 구축하고 사물과 삶, 세상을 새롭게 보게 만든다.

- 함민복 시인의 '사과를 먹으며'에 나오는 '흙으로 빚어진 사과를 먹는다', '사과가 나를 먹는다'는 표현은 논리적으로 말이 되지 않는다. 그러나 사과는 흙으로 돌아가고 흙이 된 사과는 내가 죽으면 나를 받아들인다고 생각할 수 있기 때문에 위의 시적 표현은 우주 만물이 모두 연결되어 있고 생명 순환의 원리에는 예외가 없음을 보여준다. 이처럼 시는 말이 안 되는듯한 표현으로 우리에게 세상을 보고 느끼는 새로운 시각을 제공한다.

제7절 웃음

1. 웃음은 대상과의 거리감을 통해서 발생한다

웃음은 예상과 다른 결과가 발생하였을 때, 익숙한 생각이나 고정관념과 다른 현상과 마주치게 되었을 때 발생한다.

풍자·조롱에서 나오는 웃음은 거리감을 통해서 발생하며 비판적·적대적이다.

웃음은 부패한 현실, 주류 문화를 비판하는 강력한 수단이 되며 막대한 파급력을 가지고 있다. 이 때문에 독재 사회, 전체주의 사회, 종교의 율법이 지배하는 사회에서는 웃음이 통제의 대상이 되기도 한다.

- 웃음을 자아내는 원인에 대해서는 우월 이론과 대조 이론이 있다. 우월 이론은 상대방보다 우월하다는 인식으로 심적 우위를 점하여 웃음이 생산된다고 하고, 대조 이론은 예상과 결과의 불합리한 대조에 의해 웃음이 유발된다고 한다.
- 상대방을 거리감을 두고서 바라보다가 그의 행동이 만약 자기 일처럼 느껴진다면 그때는 웃음이 나오는 것이 아니라 연민의 감정을 느끼게 된다. 즉, 거리감을 상실하고 그것이 자기 일인 것처럼 감정이입이 된다면 웃음은 슬픔으로 전환될 수 있다.

2. 웃음은 인간이 사회적 동물로서 생존하기 위한 본능적 수단이다

2007년도 플로리다 주립대의 연구결과에 의하면 웃음은 유머에 대한 지적 반응이 아니라 사회적 동물로서 생존을 위한 본능적 수단이라고 한다. 웃음은 집단 내에서 친근감을 형성하고 협력과 지지를 이끌어 내어 결속을 강화한다.

한편 웃음은 어색한 분위기를 깨뜨려 분위기를 부드럽게 하고, 상대방의 공격성과 적개심을 무디게 하거나 부정적 태도를 완화시킨다. 결국 웃음은 사회생활을 유지하는 데 도움이 되며 인간이 사회적 동물로서 생존하기 위한 본능적 수단이 된다.

• 일반적으로 유아기의 웃음은 신체적·감정적이고 아동기 이후에는 정신적·사회적 웃음이 많아지고, 청년기 이후에는 유머가 발달한다고 한다.

3. 웃음은 같은 집단 내에서 동질감, 연대의식을 강화시킨다

웃음은 대상과의 거리감을 통해서 발생하는 것으로서 비판적, 적대적이며 그 대상에게 타격을 입힌다. 그러나 같은 집단 내에서의 웃음은 동류의식, 연대감을 강화시킨다. 풍자·조롱으로 나오는 웃음은 비판의 대상에게는 적대적이지만 같은 집단끼리는 동질감·연대감을 준다. 동질감에서 나오는 웃음은 베르그송이 말한 웃음의 눈덩이 효과snowball effect를 가져온다. 웃음은 같은 집단 내일수록 전염성이 강하며 눈덩이 효과와 결합하여 강력한 사회비판 기능을 수행한다.

4. 웃음은 즐거움과 해방감을 주어 삶의 활력소가 되고 사회를 건강하게 한다

웃음은 엔도르핀을 생성시킨다. 엔도르핀은 뇌하수체에 존재하는 호르몬으로 일종의 진통 효과가 있는 것으로 알려져 있다. 엔도르핀은 잠시나마 현실의 고통을 잊게 하여 스트레스를 줄여준다. 따라서 웃음은 즐거움을 주고 일상의 활력소, 삶의 원동력이 된다.

전체주의 사회, 독재 사회는 비판을 위한 웃음, 건전하고 명랑한 웃음까지 억제하고 비판 정신을 상실한 코미디로 망각을 위한 웃음을 유도하여 정치적 이데올로기에 봉사하도록 한다. 건전하고 명랑한 웃음, 비판적 목소리를 유지하는 웃음은 사회를 건강하게 한다.

• 웃음은 스트레스와 긴장을 완화시키고 육체적·심리적 건강에 도움을 준다.

5. 세계의 어떤 본질적인 측면은 오직 웃음을 통하여 접근할 수 있다 - 미하일 바흐친

유머는 재치와 은유를 통해 웃음을 유발하여 딱딱한 지식을 알기 쉽게 설명하고 새로운 사유를 가능케 함으로써 새로운 지식을 얻는 출발점이 되기도 한다. 위대한 인물이 등장하는 비극과는 달리 희극은 사람을 열등하게 묘사하거나 사람의 약점과 악덕을 보여주어 우스꽝스럽게 하고, 사물을 존재하는 방식과 다르게 표현하면서 광대나 바보의 입을 통해 몰랐던 사실의 실상을 깨닫게 함으로써 진실에 도달하게 한다.

- 미하일 바흐친은 웃음은 엄숙함과 마찬가지로 보편적 문제들을 제기하는 위대한 문학 속에 수용될 수 있으며 세계의 어떤 본질적인 측면은 오직 웃음을 통하여 접근할 수 있다고 하였다.

6. 웃음은 허약함, 부패, 육신의 어리석음이며 타락한 신비에 지나지 않는다 - 중세 기독교 문화

중세 유럽 문화의 특성은 경직된 엄숙함 그 자체였다. 초기 기독교 교회는 웃음은 신이 아닌 악마로부터 온 것이고 신에 대한 불경이라고 하여 웃음을 비난하였고 엄숙함, 죄에 대한 참회, 슬픔을 강조하였다.

예수는 한 번도 웃지 않았고 웃는 사람들은 바보들이거나 현명하지 못한 자들, 비 신앙인, 이교도들이었다. 움베르토 에코의 『장미의 이름』에서 호르헤 수도사는 웃음을 허약함, 부패, 육신의 어리석음이라고 말한다. 그에 의하면 농노는 웃을 때 주인이 된 기분을 느끼며 악마에 대한 두려움에서 해방된다. 웃음은 천박한 것이고 어리석은 사람을 옹호함으로써 악마의 불꽃을 튀겨 세상을 불 지를 수 있는 위험한 것이며 서민을 위해 타락한 신비에 지나지 않는다.

- 구약과 신약에서는 웃음을 부정적으로 평가하였다. 기독교의 율법은 공포, 신에 대한 두려움으로부터 부여된 것인데 웃음은 신에 대한 두려움, 악마에 대한 공포로부터 벗어나게 하여 영혼을 타락시킨다는 것이다.

제8절 이미지

1. 이미지는 현실을 은폐하고 변질시킨다

○ 이미지는 어떤 목적을 가지고 계획 하에 만들어진 것으로 인공적이며 사람들을 믿게 만들기 위해 사용자, 전문가의 의견을 삽입하기도 한다.

○ 이미지는 메시지 전달을 분명하게 하기 위해 구체적이고 단순해야 한다.

○ 이미지는 홍보전문가, 광고제작자 등이 제작하여 수용자들을 수동적으로 만들고자 한다.

○ 이미지는 영속적이지 않고 순간적이다.

위와 같은 이미지의 특징으로 볼 때 이미지는 있는 그대로를 자연스럽게 보여주는 것이 아니라 조작되고 만들어진 가짜이며 환상을 만들어 낸다.

광고는 이미지를 만들어 소비자를 세뇌시키고 소비자에게 최면을 걸어 물건을 사게 하며, 정치인들은 표를 얻기 위해 선거홍보물을 통하여 자신의 이미지를 과대 포장한다. 광고가 만드는 이미지, 정치인들의 선거홍보물 등은 현실을 은폐하고 변질시킨다.

2. 사실이든 환상이든 이미지는 실체가 되었다. 이미지의 목적은 현실을 압도하는 것이다 - 다니엘 부어스틴

우리가 TV에서 보는 연예인의 이미지는 허상이며 사람들은 이미지의 베일에 가려진 실재를 깨닫지 못한다. 이미지는 실재하는 사람이나 물건보다 더 많은 정보전달력을 가지고 있기 때문에 우리는 사람, 사진, 사물 등을 이미지로 판단한다. 이미지는 큰 영향력을 행사하고 있으며 이제 현실과 독립된 하나의 실체가 되어버렸다.

대중매체가 보여주는 이미지는 가상의 실재로서 진짜를 보조하는 가짜가 아니라 진짜보다 더 진짜 같은 위치를 차지한다. 이미지는 실재가 아니라 가상의 실재임에도 더 진짜처럼 느껴지며 현실을 압도한다. 우리가 보고 있는 것은 실재가 아니라 미디어와 권력에 의해 만들어진 이미지일 수도 있으므로 우리는 이미지의 가상성을 파악하고 그것에 매몰되지 않도록 해야 한다.

- 광고는 조작된 이미지를 보여주지만, 그것이 반복되면 대중은 이를 수동적으로 받아들이게 되고 이미지가 실제와 다르다는 것을 알면서도 물건을 산다. 예컨대 마이클 조던처럼 자신이 공중을 걷는 모습을 상상하며 운동화를 산다.
  자본주의 사회에서는 새로운 이미지를 계속 만들어 새 상품을 팔아야 한다. 조작된 이미지는 특히 소비와 관련되면서 자본주의의 병폐를 드러낸다. 다니엘 부어스틴은 『이미지와 환상』에서 조작된 가짜 이미지를 따르고 신뢰한다는 점이 미국의 사회병리 현상의 주요 원인이라고 진단하였다.

---

3. 현대의 세계는 이미지가 난무하여 실재를 찾을 수 없는, 현실과 가상현실의 구분이 모호한 세계이며, 가상현실이 실재를 대체하는 세계이다 - 장 보드리야르

현대 세계는 대중매체와 복제기술의 발달로 가상의 실재, 복제물이 끊임없이 생성되어 실재인 것처럼 보인다. 미디어와 권력은 계속해서 가공된 이미지를 전달함으로써 세상을 거대한 가상의 세계로 만든다. 이 세계에서는 진짜 현실이 사라지고 이미지로 치장한 가상의 현실이 그 자리를 차지하게 된다.

장 보드리야르에 의하면 현대의 세계는 이미지가 난무하여 실재를 찾을 수 없는, 현실과 가상현실의 구분이 모호한 세계이며, 가상현실이 실재를 대체하는 세계이다.

- 걸프전은 일어나지 않았다.
  장 보드리야르는 걸프전쟁 당시 "걸프전은 일어나지 않았다"고 하였다. 대중매체는 전쟁을 컴퓨터 게임과 같은 화면을 통해 보여주었는데 미사일이 투하되어 목표물이 파괴되는 장면은 무섭고 비참한 것이지만 안방에서 TV를 보는 사람들은 컴퓨터 게임속의 가상현실처럼 받아들인다. 우리가 본 것은 걸프전의 실체가 아니라 방송과 미국에 의해 만들어진 이미지, 즉, 시뮬라크르만 소비했을 뿐이라는 것이다. 이로써 전쟁의 참상은 잊히게 되는데 장 보드리야르에 의하면 "시뮬라시옹의 전략은 지나치게 많은 것을 보여줌으로써 사실은 아무것도 보여주지 않는다"는 것이다.
- 지도가 세계를 덮고 있다.
  장 보드리야르는 지도가 세계를 덮고 있다고 하였다. 지도는 우리가 직접 경험하는 영토가 아니라 하나의 가상 공간이다. 이것은 현실로 경험하는 세계는 가상의 세계이며 현대인의 생활은 가상의 지배를 받고 있음을 뜻한다.

4. 사람들은 이미지의 마법에 걸려 기호의 세계에 갇히게 되고 이미지보다 못한 현실에 오히려 실망감을 느끼게 된다

- 장 보드리야르

하이퍼리얼리티hyperreality는 실재보다 더 실재 같은 초실재, 극실재이며 현실과 또 다른 현실(파생 실재)이다. 디즈니랜드는 하이퍼리얼리티의 전략으로 만들어진 가상 실재의 대표적인 사례이며 이는 사실이라고 믿게 하기 위한 상상의 세계이다.

전쟁영화는 실재 전쟁보다 더 생생하고 드라마틱하다. 진짜보다 더 매혹적인 가짜들이 출현하는 세계에서 리얼한 것은 리얼하지 않게 되고 사람들은 사이버 공간에서 이루어지는 가상 체험을 현실처럼 받아들이게 되고 현실을 망각하게 된다. 사람들은 이미지의 마법에 걸려 기호의 세계에 갇히게 되고 가상현실과 실재를 구별하지 못하고 사이버 중독, 혼돈에 빠지거나 이미지보다 못한 현실에 오히려 실망감을 느끼게 된다.

- 멜론바를 먹고서 진짜 멜론은 맛이 없다고 느낄 수도 있고 사이버 여행보다 진짜 여행이 더 재미없게 느껴질 수도 있으며 사람들은 격투기 게임보다 밋밋한 현실, 가짜보다 못한 진짜에 지루함과 실망감을 느끼게 될 수도 있다.
- 가상의 지배에서 벗어나기 위해서는 우선 가상이 지배하는 현실을 인정해야 한다. 문제 해결의 단서는 현실을 깨닫는 데서 출발한다. 대중매체가 전달하는 정보, 습관화된 전통과 규칙들을 가상의 놀이라고 생각하고 아무런 전제 없이 다시 생각해 보는 것, 깨어있는 삶, 사유하는 삶이 가상의 세계에서 벗어날 수 있는 길이다.

5. 가상현실이 지배하는 시대에 사는 현대인들은 이미지 관리에 신경을 쓸 수밖에 없다

장 보드리야르에 의하면 현대 세계는 대중매체와 복제기술의 발달로 시뮬라크르(모사된 이미지, 복제물)가 끊임없이 생성되어 실재인 것처럼 행동하고 가상현실이 실재를 대체하고 현실을 지배한다.

우리는 가짜가 더 진짜 같은 세상, 가상현실이 지배하는 세상, 이미지를 소비하는 사회에 살고 있으며 이 때문에 남에게 어떻게 보이는지에 신경을 쓰고 유행에 떨어지지 않으려고 하고 남에게 웃으며 대하려 하는 등 이미지 관리에 목숨을 건다.

- 모조품 소비

  현대사회에서 사람들은 소비를 통해 자신을 표현하고 가치를 드러내고자 하며 소비는 좋은 이미지를 유지하기 위한 수단이 된다.

  모조품을 소비하는 사람들은 소유의 의미에 관심이 없고 자신이 가지고 있다는 사실만 중요하게 여기며 모조품의 거짓 합치 효과false consensus effect를 통해 좋은 이미지를 유지하려고 애쓰기 때문에 능력이 안 되면 모조품이라도 사게 된다. 즉, 모조품 소비는 소비사회에서 좋은 이미지를 유지하기 위한 안간힘이다.

6. 현대의 무한경쟁에서 살아남기 위해 기업들은 제품의 차별화된 디자인으로 이미지를 부각시켜야 한다

『보랏빛 소가 온다』의 저자 세스 고딘은 시골길을 지날 때 상상도 못 했던 보랏빛 소가 나타난다면 고개를 돌리고 쳐다보게 되는 것처럼 이미지를 소비하는 구매자들은 보다 세련되고 예뻐서 갖고 싶을 정도로 눈에 확 들어오는 새로운 그 어떤 것에 매력을 느낀다고 한다. 이처럼 이미지는 소비자들의 중요한 선택 기준이 된다.

오늘날 디자인은 단순히 외관을 드러내는 것이 아니라 이미지를 형성하기 때문에 기업들은 이미지를 부각시킬 수 있는 새로운 디자인을 고안하고 차별화하고자 한다. 이미지를 부각시킬 수 있는 광고는 제품에 새로운 의미를 부여하게 되고 소비자들은 제품의 성능과 무관하게 그것을 새로운 제품으로 인식한다. 차별화된 디자인으로 이미지를 효과적으로 노출시키는 것은 현대의 무한경쟁에서 살아남는 마케팅 기법이 될 수 있다.

7. 현대인들은 자기가 원하는 삶을 살지 못하고 타인이 원하는 이미지를 보여주면서 가식의 삶을 살아간다

영화 '트루먼쇼'의 주인공 트루먼 버뱅크는 보험회사에 근무하는 평범한 샐러리맨이고 그 자신은 그렇게 믿고 있지만, 사실은 그의 생활이 24시간 생방송 되는 프로그램 트루먼 쇼의 주인공이며 그는 거대한 세트장 안에서 살고 있다.

트루먼은 그를 둘러싼 모든 것이 가짜라는 것을 알게 되고 마침내 세트장 밖으로 탈출한다. 트루먼은 사람들에게 즐거움을 주기 위해서 만들어졌으며 그의 삶은 대중의 구경거리에 지나지 않았다. 사람들은 자신의 이익을 위해 그의 사생활을 침해하고 그의 인생을 가지고 놀았다. 대중 역시 매스미디어가 제공하는 자극적 오락거리와 감각적 쾌락에 중독되어 아무런 죄의식 없이 동조하며 남의 사생활을 엿보고 즐기며 별생각 없이 살아간다.

트루먼의 삶은 타의에 의한 강제적 선택이었고 자신의 모든 것은 타인에게 보여주기 위한 것이었다. 그의 인생은 실제 생활이 아닌 쇼가 되어버렸다. 그의 모습은 타인이 원하는 이미지를 보여주고 타인이 좋아하는 일을 하면서 보이지 않는 거대한 세트장 안에서 강요된 웃음을 지으며 가식의 삶을 살아가는 현대인의 자화상이다.

트루먼이 세트장을 벗어나기 어려웠던 것처럼 인간이 자유 의지로 진정 자기가 원하는 삶, 독립적인 삶을 산다는 것은 용기와 결단, 모험심을 필요로 한다.

- A와 B는 쇼윈도 부부다. 그들은 방송에 출연하며 잉꼬부부로 행세하고 있으나 실제로는 서로 각자의 love life를 가지고 있으며 상대의 사생활을 존중해 준다. 이들은 주변의 시선 및 자녀들을 위해 이혼은 하지 않는다.

---

8. 세상은 이미지로 구성되어 있다 - 베르그송

이미지는 인간의 감각과 무관하게 그에 앞서 존재하는 자립적 물질이 아니라 인간의 감각에 의해 만들어진 것이다.

사물은 무한한 이미지로 구성되어 있으나 인간은 신체적 한계 때문에 사물이 지닌 무한한 이미지를 다 파악할 수가 없다. 예컨대 자동차의 부품은 2~3만 개씩 되지만 우리는 차체의 모양, 색깔, 네 개의 바퀴 등으로 이미지를 떠올린다. 이 때문에 사람들은 무수한 이미지 중 일부를 종합하여 만든 이미지(표상)로 전체적인 이미지를 형성한다.

베르그송은 세상에 존재하는 모든 것은 이미지이며 인간의 신체, 감각, 사유활동도 이미지의 작용에 불과하다고 하였다.

- 베르그송에 의하면 인간은 보는 각도, 기분에 따라 세상의 이미지를 변경할 수 있다. 카메라의 앵글에 따라 풍경은 다르게 보이고 인간이 어떤 각도에서 어떤 프레임을 짜느냐에 따라 이미지는 달라진다.
- 이미지는 상징이다. 다이아몬드를 소유하려는 자가 욕망하는 것은 실체가 아닌 상징이며 허구의 기호이다. 인간의 무의식적 욕망은 상징을 만들어 내고 세상은 이미지, 상징으로 넘치게 된다. 인간은 자신이 욕망하는 것의 실체가 무엇인지도 모르고 그것을 향해 돌진한다.
- 자상한 아버지가 악덕 사용자일 수도 있다. 이미지(기호)와 실재의 불일치는 트라우마를 만든다.

제9절 광고

1. 광고는 현재 갖고 있는 모든 것에 대해 불만을 품도록 하는 기술이다

광고는 소비자의 기호에 대하여 강조한다. '지금 당신이 가지고 있는 물건은 당신이 선호하는 세련된 기호에 어울리지 않으며 그것은 당신의 기호가 될 수 없다'는 메시지를 보낸다.

제임스 트위첼은 광고는 인간의 본성 안에 있는 욕심을 이끌어 낼 뿐 광고가 우리를 타락시키는 것은 아니라고 하였다. 광고에 이끌려 순간적인 욕망으로 구매한 상품은 쓸모없는 것이 되어 자리만 차지하게 된다.

소비자들은 이러한 현실을 자각하고 소비의 객체가 아닌 주체가 되어야 하며 광고에 현혹되지 않고 내게 필요한 것이 무엇인지, 내가 진정 원하는 것이 무엇인지를 생각해서 소비해야 한다.

- 장 보드리야르는 광고의 목적은 사용가치를 증대시키는 것이 아니라 탈취하는 것이라고 하였다. 광고는 현재의 유행을 소멸시키고 갱신을 촉구함으로써 사물의 가치를 탈취하고 새로운 소비를 유도한다는 것이다.

2. 광고는 현실을 은폐하고 상품소비를 신화로 변질시킨다

상품 생산자들은 물건을 사는 것이 풍성함과 즐거움이 있는 일종의 축제로 인식되는 것으로 부추긴다. 광고는 화려한 이미지와 미사여구로 현실을 은폐하고 마치 그 상품을 얻으면 그 광고모델 또는 그 스타일을 누리는 집단의 일원이 된 것처럼 느끼게 만든다.

- 광고업자는 사물과 사건을 연출하고 이야기를 꾸며내는 신화적 세계의 오퍼레이터이다. 광고는 진위를 초월해 있다. - 장 보드리야르

3. 광고는 욕망을 생산하고 관리하는 메커니즘이다

자본주의 사회에서 우리는 광고의 홍수에 살고 있다. 제임스 트위첼은 "상업주의 광고는 물이고 우리는 물고기"라고 하면서 "물고기에게 사고력이 생긴다 해도 물에 대해서 생각하게 되기는 힘들 것"이라고 하였다.

오늘날 소비행위는 자신의 존재의미를 드러내는 정신적·문화적 행위이기 때문에 광고는 욕망을 생산, 관리하고 라이프 스타일에 대한 기호의 강조, 기대 수요의 조작, 각인효과 등을 통해 새로운 유행과 소비패턴을 만들어 소비를 강요한다.

- 광고는 사고 싶게 만드는 커뮤니케이션의 수단이며 사라는 메시지를 조직적으로 생산한다. 사실 소비자의 기호라는 것도 어떻게 보면 소비자가 창조한 기호가 아니라 광고주에 의해 만들어진 기호이고 소비자는 만들어진 기호를 선택할 수 있을 뿐이므로 그것은 소비자의 자발적이고 순수한 기호로 보기는 어렵다.

4. 광고는 당신을 미래의 주인공, 특별한 사람으로 만든다

광고는 이미지와 미사여구를 동원하여 소비자에게 멋진 사람, 상류층의 일원이 될 수 있다는 신호를 보내고, 그 물건을 사면 미래의 주인공, 세련된 취향을 가진 성공한 사람이 되어 미래가 달라지고 꿈을 이루게 되어 행복하게 될 것이라는 환상을 심어주어 지갑을 열게 한다.

5. 광고는 사회적 맥락이 반영되는 그 시대의 삶의 기호이다

광고는 상품을 통해 그 시대의 소비자가 추구하는 욕망을 나타낸다. 광고에는 그 시대 사회 구성원들의 욕구와 이상, 그 시대의 흐름이 반영되어 있다. 광고는 시대의 상징이자 기호이며 소비사회의 속성과 현대인의 일상성을 이해할 수 있는 하나의 척도가 된다.

- 광고는 현대의 가장 주목할만한 매스미디어다. 광고는 사물을 예찬하고 광고 메시지가 들어 있는 코드에 동화될 것을 강요한다.

6. 광고는 인간을 소비자로 만든다

광고는 차별화를 위해 상징과 이미지를 만들어 내고 자극적 표현, 현란한 수사로 기대 수요를 조작하고 욕망을 부추긴다. 또 생활에 반드시 필요하지도 않은 상품을 꼭 가져야 할 생활필수품으로 생각하게 만들어 인간을 소비자로 만든다. 또 광고는 자신의 능력 이상의 것을 사게 만든다. 금융광고는 지금 사고 나중에 갚으라고 광고한다. 광고에 이끌려 즉각적인 만족감을 추구하다 보면 가계부채로 지탱되는 거품경제가 형성된다.

7. 오늘날 광고의 주된 임무는 이미지를 생산하고 관리하는 것이다

오늘날의 소비는 정신적·문화적 행위로서 인간이 자신을 표현하는 형식이자 기호이다. 현대인에게 중요한 것은 상품이 아니라 상품이 표현하고 있는 이미지이므로 이미지를 소비하는 시대에 있어 광고의 주된 임무는 이미지를 생산하고 관리하는 것이다. 특히 광고가 예술을 이용하는 것은 그 제품이 마치 고급문화와 관련이 있는 것처럼 소비자를 현혹시키기 위해서이다.

제임스 트위첼은 "광고가 끝없이 예술을 탐하는 이유는 자본주의가 낳은 천박함이라는 그 태생적 한계를 극복하기 위한 것이다"라고 하였다.

8. TV 광고는 이미지를 통하여 무의식적으로 소비를 강제한다

TV 광고는 최신 트렌드가 무엇이고 어디에서 살 수 있는지, 맛집이나 여행지는 어디인지, 어디에 가서 어떻게 돈을 써야 하는지를 알려준다. TV는 소비의 교과서이자 욕망의 매뉴얼이며 소비 대상을 시각화하여 효과적인 이미지로 보여줌으로써 무의식적으로 소비를 강제하는 능력이 있다.

- 광고를 보면 꼭 사야 할 것 같고, 별 차이 없는 상품이 의미 있는 차이를 가진 것 같고, 오늘만 할인하기 때문에 당장 사야 할 것 같은 생각이 든다.

9. 사람들이 과장광고를 믿는 이유는 자신의 물건에서 다른 물건과 구별되는 의미를 찾고 싶어 하기 때문이다 - 제임스 트위첼

제임스 트위첼은 "사람들은 기만당하기를 좋아한다"고 하면서 사람들이 광고를 믿는 것은 자신의 물건에서 억지로라도 의미를 찾고 싶어 하기 때문이며 그러한 심리는 복권을 살 때 복권이 이루어줄 꿈을 원하는 심리와 유사하다고 하였다.

제10절 유행

1. 유행은 유행에 뒤떨어질 수밖에 없도록 만들어진다

유행은 사람들로 하여금 돈을 더 많이 쓰게 하기 위하여 만들어진 것으로 자주 바뀌기 때문에 몇 달만 지나면 구식이 되어 버리고 사람들이 환호하던 패션도 조금만 지나면 비웃음거리가 된다.

- Fashion is made to become unfashionable.
  유행은 유행에 뒤떨어질 수밖에 없도록 만들어진다.

2. 유행은 유도된 전염병이다

유행은 사람들로 하여금 돈을 더 많이 쓰게 하기 위해 경제적 이익을 노린 소수에 의해 조작되고 기획된 것이다. 광고는 화려한 이미지와 미사여구로 현실을 은폐하고 새로운 유행과 소비패턴을 낳고 유행이라는 전염병을 퍼뜨린다.

- A fashion is nothing but an induced epidemic.
  유행은 유도된 전염병이다.

3. 유행은 예측하는 것이 아니라 기획하고 공모하는 것이다

디자이너와 의류회사들은 대중이 어떤 스타일을 좋아하게 될지 예측하는 것이 아니라 무엇을 유행시켜 팔아먹을 것인지를 기획하고 공모하는 것이다. 유행은 자본주의 체제가 만들어 낸 소비의 질서이며 대중은 이것을 시대의 흐름으로 착각하고 이 질서에 따른다.

- 유행은 상품을 조직적으로 폐기하는 데 가담한다. - 장 보드리야르
- There is never a new fashion but it is old.
  패션은 새로운 것이 없고 다 오래된 것이다.
- Fashion is a form of ugliness so intolerable that we have to alter it every six months.
  패션은 참을 수 없이 추한 것이어서 6개월마다 바꿔주어야 한다. - 오스카 와일드
- Every generation laughs at old fashion, but follows religiously the new.
  모든 세대는 예전 패션을 비웃지만 새로운 패션은 종교처럼 받든다. - 헨리 데이비드 소로우

4. 죽은 물고기만이 물결을 따라 흘러간다

유행은 획일화, 몰개성화를 초래한다. 소비가 스스로의 욕망에 따라 주체적으로 이루어지지 않고 무비판적으로 유행에 따른다면 물결을 따라 흘러가는 죽은 물고기처럼 살아가는 것이 된다.

Only dead fish swim with the stream.
죽은 물고기만이 물결을 따라 흘러간다.

5. 유행은 동류집단 사이의 균질성, 하류계층과의 차별성을 부각시키기 위해 생겨난다 - 게오르그 짐멜

유행은 동질성과 친화를 나타내면서 다른 집단과의 차별성을 드러내고자 하는 잠재의식으로서 침묵의 유대관계를 형성한다. 하류계층이 유행을 모방하여 차별성이 없어지게 되면 상류계층은 차별화를 위해 다시 새로운 유행을 추구한다.

6. 사람들은 다른 사람들과 비슷해지고자 하는 심리에서 유행을 따라 소비한다

요란스럽게 연주하는 밴드를 태운 마차wagon가 지나가면 사람들은 무슨 일인지 정확히 모르면서도 그 마차를 구경하며 따라가게 되는데 이러한 현상을 소비문화에 빗대어 표현한 용어가 밴드 왜건 효과band wagon effect이다.

이처럼 사람들은 다른 사람들과 비슷해지고자 하는 심리에서 유행을 따라 소비한다. 또 사람들은 대중적으로 널리 알려진 상품이나 서비스를 소비하면서 타인에게 인정받고 그가 속한 집단에서 소속감을 느끼고자 하는데 기업에서 상품을 홍보할 때 특정 연예인을 모델 삼아 진행하는 것은 바로 이 효과를 노린 것이다.

소비자들은 유명 스타가 나오는 광고를 보고 스타처럼 멋있고 세련되게 보이고 싶은 마음이 생기기 때문에 스타가 쓰는 상품을 소비하고자 하는 욕구가 생겨나기 때문이다.

- affluenza는 풍요를 뜻하는 affluence와 유행성 독감을 지칭하는 influenza가 합성된 신조어로 이는 비정상적인 소비 태도를 일컫는 말이다. 이 병에 걸리면 새집을 사고, 차도 최신형으로 바꾸고 직장에서 수입이 크게 올라도 흥이 오르지 않는다. 이 병은 고통스럽고 전염성이 있는 신종 병으로서 쇼핑 중독증, 빚 걱정, 낭비 등의 증상을 수반하며 치료가 매우 어렵다.

제11절 속도 문명

1. 질주하는 세계는 사람들에게 불안과 공포로 다가온다

앤서니 기든스는 과학기술·경제의 세계화가 가져온 오늘날의 세계를 일컬어 질주하는 세계runaway world라고 하였다. 세계화는 거스를 수 없는 대세가 되어 인류의 삶을 엄청난 속도로 바꿔 나가고 있다는 것이다. 세계화는 세계를 단일 시장으로 통합하여 무한경쟁으로 내몰아 삶의 양식까지 변화시켰고 전통적인 결혼, 가족제도까지 붕괴시켰다.

한편 미국의 경제학자 에드워드 러트웍은 무서운 속도로 달려가는 자본주의를 터보 자본주의라고 표현하면서 변화의 무시무시한 템포는 혼란과 불안을 증대시켜 많은 사람에게 악몽이 되었다고 하였다. 이러한 환경은 속도에 적응하지 못한 사람들에게 불안과 공포로 다가와 사회적 소외감을 느끼게 한다.

- 세계화를 통한 자본주의의 확산은 환경 오염, 유전자 변형식품 등 제조된 리스크를 증대시켰다.
- 상품의 빠른 변화는 소비 세계에 대한 세대 간의 융화를 어렵게 하였다.
- 디지털 환경의 변화는 어른들을 문맹으로 만들고 이에 적응하지 못하는 사람들을 도태시킨다.
- 빠른 속도로 인하여 자연과의 일체감은 사라지고 자연 속에서의 존재감, 지역 특성이 사라지고 삶이 표준화되었다.
- 이상의 시 '오감도'에서 13인의 무서운 아이들은 도로를 질주한다. 공포는 질주를 낳고 질주의 무서운 속도는 다시 공포를 낳고, 공포는 또다시 질주를 낳는 악순환이 계속된다.
- 속도는 생산성과 효율성을 높이고 자본주의와 산업사회의 고도성장에 기여하였다. 그러나 현대 산업사회는 곡선의 비효율성을 최소화하고 직선의 세계를 구축함으로써 선착순이라는 비인간화, 속도숭배 의식과 문명의 폐해를 초래하였다.

2. 현대인들은 빠른 속도에 적응하여 뒤처지지 않는 삶을 살기 위해 노력하지만, 한편으로는 사회에 적응하지 못하여 소외되거나 사회로부터 도피하기도 한다 - 앨빈 토플러

앨빈 토플러는 저서 『미래의 충격future shock』에서 현대사회에서는 많은 사람들이 빠른 속도에 적응하여 뒤처지지 않는 삶을 살기 위해 노력하지만, 한편으로는 사회에 적응하지 못하여 소외되거나 스스로 사회로부터 도피하기도 한다고 하였다.

빠른 속도는 사람들의 습관, 생활신조, 생활양식 등에 폭넓은 영향을 미치는데 앨빈 토플러는 어떤 히피족이 일반 사회에서 뛰쳐나와 한가로운 생활을 하거나 좀 더 다른 생활을 찾고 있는 까닭은 기술 문명의 가치에 대한 혐오감도 한 원인이 되지만 빠른 속도에 적응하지 못하여 견딜 수 없는 정도의 생활 페이스에서 무의식중에 도피하려는 마음 때문이라고 한다.

- 현대인들은 속도에 적응하기 위해서 그 삶이 즉흥적으로 되고 물질적 풍요만을 추구함으로써 삶의 본질적 가치를 잃어버리고 있다는 것인데 앨빈 토플러는 이것을 미래의 충격future shock으로 표현하고 있다.

3. 속도의 충돌은 발전에 장애가 된다 - 앨빈 토플러

앨빈 토플러는 저서 『부의 미래revolutionary wealth』에서 오늘날의 경제위기는 시간을 생각 없이 함부로 다룬 것에 기인한다고 하면서 선진 경제에는 선진 사회가 필요한데 선진 경제에 걸맞은 시스템을 갖추지 못하고 사회와 제도가 뒤처져 있을 때는 부를 창출하는 잠재력이 제한된다고 하였다. 즉, 속도의 충돌은 발전에 장애가 된다.

속도는 기업(100마일) > 시민단체(90마일) > 노조(30마일) > 정부(25마일) > 학교(10마일) > 정치 조직(3마일) > 법(1마일)의 순서로 빠른데 학교와 정치 조직, 법이 사회 변화에 가장 뒤처진다. 그는 재판에 수년이 소요되는 것은 인터넷 시간과의 대결에서 사법이 패한 것이라고 하면서 관료주의, 타성적 조직, 근시안적 규제는 발전이 아닌 혼란을 초래한다고 비판하였다.

앨빈 토플러는 속도에 적응하지 못하면 결국 도태될 수밖에 없으므로 변화의 흐름을 읽고 항상 준비하는 자세로 살아가야 한다고 하였다.

4. 목표와 방향이 분명하지 않은 맹목적 속도는 파국에 이르게 된다

남아프리카의 칼라하리 사막에 사는 스프링벅이라는 산양의 무리는 평상시에는 20, 30마리씩 떼를 지어 다니며 풀을 뜯어 먹다가 어떤 때는 점차 수가 늘어나 몇만 마리에 이르는 거대한 무리가 되어 버리는 경우가 있다. 이들은 서서히 전진하면서 풀을 모조리 뜯어 먹는다. 그러면 행렬의 뒤쪽에 있는 양들은 먹을 풀이 없어지게 되어 앞으로 비집고 들어가려 하고 결과적으로 동료 양들을 떠미는 꼴이 되고 만다.

이 힘과 움직임은 파도처럼 앞으로 계속 전해져서 앞에서 걷던 양들을 뛰게 하고 앞에서 뛰니까 뒤에서도 따라서 뛰게 한다. 뒤에서 뛰어오니 앞에서는 더욱 필사적으로 달음박질할 수밖에 없고 모두가 전속력으로 질주하다가 절벽 아래로 떨어져서 집단자살을 하는 것처럼 떼죽음을 당하게 된다.

- 현대사회에서 속도는 시간이고 돈이며 속도가 빠를수록 이익이 증가한다. 그러나 속도보다는 방향이 중요하며 목표와 방향이 분명하지 않은 맹목적 속도는 파국에 이르게 된다.

5. 속도 이데올로기는 파시즘이고 다국적 기업은 파시스트 권력이다 - 제이 그리피스Jay Griffith

제이 그리피스는 저서 『시계 밖의 시간a sideways look at time』에서 속도 이데올로기를 파시즘에 비유하였다. 그에 의하면 속도 이데올로기로 무장하고 있는 다국적 기업은 다른 경쟁자들을 물리치고 사업에 방해되는 환경, 사람들을 파괴하고 자신이 정한 기준과 스타일, 입맛에 맞출 것을 강요한다.

제이 그리피스는 이러한 다국적 기업을 파시스트 권력이라고 표현하면서 다국적 기업은 일체의 이데올로기적 반대를 허용하지 않으며, 시장의 한 선두 주자가 다른 경쟁자들을 몰락시켜 궁극적으로 전 지구적 지배를 추구하고 자신의 앞길에 방해되는 환경이나 사람들을 파괴하고 획일화를 강요하는 전체주의라고 비판하였다.

- 속도는 남자들의 뜨거운 막대기에 가스를 충전시키면서 성적 권력의 언어로 속삭인다. 속도를 높여라! 영국의 한 고속철도 광고는 마치 그 자체가 시간의 순결한 처녀막을 뚫기라도 할 것처럼 기차라는 남근이 시계 다이얼의 둥글고 얇은 막을 강타하며 질주하는 모습을 나타내고 있다. - 제이 그리피스 『시계 밖의 시간』 중에서

6. 속도는 아름다움을 보는 시각을 박탈한다 - 빅토르 위고Victor Hugo

들가에 핀 꽃들은 더는 꽃이 아니라 색깔의 얼룩들 내지는 빨갛고 흰
줄무늬들일 뿐이며 점이라고는 없고 모든 것은 선이 되어 버린다.
전답들은 노란 빛줄기가 되어 버리고,
클로버 풀밭은 길고 녹색 빛이 나는 땋은 머리처럼 보인다.
도시들, 교회의 탑들 그리고 나무들은 춤을 추고 있고
미친 듯이 지평선과 뒤섞인다.

- 빅토르 위고의 편지 중에서

빅토르 위고는 달리는 기차의 차창에서 바라보는 풍경은 얼른 나타났다 사라지는 하나의 그림자, 유령, 번개와 같다고 하였다. 이처럼 지나친 속도는 형태와 아름다움을 파악할 수 없게 한다.

- 슈테른베르거는 "유럽의 창을 통해 보이는 전망은 그것이 지닌 심층적인 차원을 완전히 상실했다. 그것은 빙 둘러 서 있으며 어디나 채색된 평면뿐인 하나의 동일한 파노라마 세계의 일부가 되어버렸다"고 표현하였다.

7. 속도는 공간과 시간을 경험 속에서 말살시킨다

- 볼프강 쉬벨부쉬

볼프강 쉬벨부쉬는 저서 『철도여행의 역사』에서 속도는 새로운 공간을 개척하였지만, 그 사이 사이의 공간과 풍광을 없애고 출발지와 도착지만 있게 함으로써 여행의 즐거움과 관조·감상의 여유를 상실케 하였다고 하였다.

빠르게 달리는 열차 속에서 장소들은 개별성과 독립성을 상실하고 교통이라는 단일 체계의 한 연결점에 불과하게 되었고 여행자들은 상품순환이라는 운송체계 속에서 운반되는 탁송화물과 같이 여겨지게 되었다. 결국, 기술의 발전은 장소의 연결과 상품순환을 쉽게 하였으나 공간과 시간을 경험 속에서 말살시키고 진정한 삶의 기쁨과 여유, 소통을 방해하게 되었다는 것이다.

- 빠른 속도로 상품이 순환되는 속도 문명사회에서 세계는 거대한 백화점이 되었다.
- 하이네는 "철도를 통해 공간은 살해당했다"고 표현하였다. 속도로 인해 우리는 공간을 빼앗기고 풍광을 감상할 기회를 박탈당한다.

8. 속도는 기술혁명이 인간에게 선사한 엑스터시의 한 형태이다
- 밀란 쿤데라

밀란 쿤데라에 의하면 발로 뛰는 사람은 언제나 자신의 육체 속에 있으며 끊임없이 발바닥의 물집, 가쁜 호흡을 생각하고 자신의 체중, 나이를 느끼며 자신과 인생의 시간을 의식하지만, 오토바이를 타고 달리는 사람은 기계에 속도와 능력을 위임하고 있기 때문에 그의 고유한 육체는 관심 밖에 있게 되고 그는 비신체적 속도, 순수한 속도 그 자체, 속도 엑스터시에 몰입하게 된다.

인간의 능력을 기계에 위임하고 기계의 속도에 의존하게 되면 인간은 자신의 시간과 본성의 기쁨을 잊어버리게 된다는 것이다.

9. 과학기술은 이성의 산물이며 이성은 행복을 위해 신과의 오랜 투쟁 끝에 인간이 얻어낸 훈장과 같은 것인데 어째서 인간은 본성의 기쁨을 과학기술의 속도감과 교환하게 된 것일까? - 밀란 쿤데라

밀란 쿤데라는 소설 『느림la lenteur』에서 "인간은 신과의 오랜 투쟁 끝에 이성을 발견하고 과학기술의 발전으로 속도를 확보하여 좀 더 여유로운 삶을 살 수 있으리라 기대하였지만, 기계의 속도에 의존하게 되면서 자신의 인생과 시간을 의식하지 못하고 속도 그 자체에 몰입하게 되었다"고 하였다.

기술의 발전으로 속도를 얻어낸 인간은 더 많은 시간을 확보할 수 있을 것으로 기대하였으나 반대로 스스로의 이성에 발목이 잡혀 더 합리적으로 살아야 하고 시간을 확보하기 위해 더 바삐 움직여야 하고 자신의 삶을 더 희생하고 있다는 것인데 이로써 자유로운 개체로서 나의 시간은 존재하지 않게 되었고 나의 시간을 확보하기 위한 더 빠른 노동과 더 빠른 경험만이 우리를 기다리게 되었다는 것이다.

- 오늘날은 교통수단이 발달하였지만, 교통체증으로 말을 타고 다닐 때보다 이동시간은 줄어들지 않았다. "날아가는 화살은 멈춰있다"는 제논의 역설에서 보는 바와 같이 세상은 겉모습만 변화하며 진실은 멈춰있고 그 본질에 있어서는 크게 달라진 것이 없는 것처럼 보인다.

10. 과속은 인간의 자율적 능력을 빼앗고 불공평을 초래한다

이반 일리히는 저서 『에너지와 공정성energy and eguity』에서 고도 산업사회는 에너지 과소비로 자연 파괴를 가속화하였고, 인간의 자유와 자율적 능력을 빼앗아 사회적 불공평을 확대하였다고 주장하면서 사람들이 속도에 매달리는 이유는 더 많은 재화를 갖기 위해서인데 속도가 일정한 한계를 넘어서면 실질적인 생활시간이 박탈되고 상상력도 마비되어 버린다고 하였다.

이반 일리히에 의하면 자동차는 인간의 불평등을 낳았고 인간의 이동성을 산업적으로 규정된 도로 상에 한정하여 옭아맸다. 또 미국 에너지 사용량의 45%는 수송수단이 소비하고 연료 대부분은 가속화하는데 사용되며, 속도를 높이기 위한 에너지 사용은 자원 고갈, 공해, 자연 파괴로 이어진다.

이반 일리히는 거대 기술은 사고의 규모도 커지고 복합 기술에 내재된 불확실성으로 인해 위험성도 높기 때문에 적정 기술로서 인간의 지배·통제하에 있고 적정한 속도를 갖춘 자전거야말로 새로운 문명의 대안이라고 주장하였다.

11. 모던modern은 속도의 광기에 사로잡힌 시대이며 속도는 노동자의 자유와 자율성을 빼앗는다

찰리 채플린의 1929년 작품 '모던 타임스modern times'에 나오는 주인공 찰리는 공장의 조립선 앞에 서서 컨베이어 벨트가 움직이는 속도에 따라서 동일한 동작을 반복한다. 손이 몇 초만 늦게 움직이면 전체 작업이 엉망이 되기 때문에 주인공은 해고되지 않기 위해 제대로 숨도 쉬지 못하고 기계의 속도에 맞추어서 손을 움직인다. 일이 끝나 조립선을 떠나서도 저절로 움직이는 손은 급기야 앞에 가는 여자의 옷에 달린 단추를 조이려고 달려든다.

공장생활에 잘 적응하지 못하는 찰리는 갖가지 사건에 휘말리며 취직과 해고를 반복하고, 정신병원과 감옥을 전전하다가 우연히 만난 고아 소녀와 새로운 길을 찾아 떠난다. 이 영화는 자신의 몸이 의지대로 움직이지 않고 기계의 리듬에 의해 지배되며, 노동자는 자기 삶의 주인이 되지 못한 채 산업사회의 부속품으로 전락하게 되는 노동자의 모습을 보여준다. '모던'은 속도의 광기에 사로잡힌 시대이며 속도는 인간의 자유와 자율성을 빼앗는다.

12. 우리가 속도를 숭배하며 바쁘게 살아가는 이유는 언젠가 느리게 살기 위해서이다

하인리히 뵐의 '노동윤리의 몰락에 관한 일화'에 따르면 지중해의 바닷가에서 고기를 잡는 어부에게 도시에서 온 관광객이 "왜 이곳에서 한가하게 게으름을 피우며 낚시질을 하고 있는가"하고 물었더니 어부는 관광객에게 "도시에서 돈을 많이 벌어서 그다음에 어떻게 할 것이냐"고 반문하였다. 도시에서 온 관광객은 "언젠가는 바닷가에 와서 살면서 한가하게 낚시질이나 하면서 지내겠다"고 하였다. 결국, 도시의 관광객이 꿈꾸는 생활을 어부는 지금 누리고 있었던 것이다.

우리가 속도를 숭배하며 노심초사 초조해하며 바쁘게 살아가는 이유는 언젠가는 느리게(여유 있게) 살기 위해서이다. 우리는 이러한 역설과 모순 속에 살고 있다.

13. 아킬레스는 거북이를 따라잡을 수 없다 - 제논

제논의 역설Zenon's paradox에 따르면 고대의 가장 유명한 운동선수인 아킬레스와 거북이의 달리기 시합에서 거북이가 일정 거리를 앞서 출발한다면 아킬레스는 절대로 거북이를 따라잡을 수 없다.

아킬레스가 거북이를 따라잡았을 때는 거북이는 그사이에 얼마간이라도 더 앞으로 나가 있기 때문이라는 것이다. 모든 것이 시간 절약과 속도로 귀결되는 현대사회에서 우리는 시간을 더 확보하기 위해서 노심초사하지만 빠른 속도로 시간을 더 확보할수록 더 빨리 움직여야 하는 이유가 또 생기게 된다.

모든 것이 빨라지고 편리해졌음에도 더 여유가 없어졌고 인류는 지금까지 이렇게 바쁘게 살았던 적이 없다. 역사는 진보를 향하여 숨 가쁘게 달려왔지만, 인류가 더 행복해지지 않았다는 느낌은 제논의 역설을 실감케 한다.

14. 날아가는 화살은 멈춰있다 - 제논

파르메니데스(BC 540~470)는 세상의 모든 변화와 움직임은 눈속임, 거짓, 환상이고 이 세상에 진정으로 존재하는 것은 변함없이 존속한다고 하였다. 제논은 날아가는 화살은 멈춰있다는 역설을 통해 움직이는 겉모습과 멈춰있는 진실에 대한 파르메니데스의 명제를 증명하려고 하였다. 교통수단이 발달했지만, 모두가 자동차를 타고 다니게 되면서 말을 타고 다닐 때보다 이동시간은 줄지 않았다.

과학기술의 발달로 인간의 노동력으로 해야 할 일이 줄어들었음에도 여유 시간은 늘어나지 않았고 분명 모든 것이 더 빨라지고 편리해졌음에도 세상이 각박하게 되어 삶의 질이 더 나아진 것처럼 느껴지지 않는다. 빠른 속도로 변함없이 움직여도 본질적 가치는 별로 달라진 것이 없다는 것을 깨닫는다는 제논의 역설은 우리가 무엇을 지향하며 살아가야 할 것인가를 생각게 한다.

- 기계의 빠른 속도는 인간의 예민한 감각을 무디게 하고 비인간화를 초래하며 자연환경훼손, 전자파 발생, 패스트푸드로 인한 비만 등 많은 문제를 야기하여 삶의 질을 악화시켰다.

15. 고도성장의 원동력 되었던 우리의 '빨리빨리' 문화는 미래의 성숙한 사회로 이행하는 데 걸림돌이 될 수도 있다

속도는 일 처리를 빠르게 하여 경쟁력을 높이고 우리에게 더 많은 경험과 여가를 제공할 수 있으며 신속한 의사결정으로 산적한 문제를 빨리 해결할 수 있게 한다. 그러나 빠른 속도는 자연 속에서의 일체감·여유를 빼앗고 인내심과 생각을 숙성시키는 기회를 앗아가 성찰하며 내면을 충실하게 하는 데 방해가 되기도 한다.

우리나라의 '빨리빨리' 문화는 전쟁의 폐허를 딛고 고도성장을 이룩하여 단기간에 산업화와 민주화를 달성하게 된 원동력이 되었다. 그러나 속도, 성과, 효율성만을 중시하는 삶의 방식은 사회생활의 기초인 남에 대한 배려를 상실케 하여 삭막한 세상을 만들었고 '빨리빨리' 문화는 앞으로는 우리의 장점이 아니라 고질적 병폐가 되어 미래의 성숙한 사회로 이행하는데 짐이 될 수도 있다.

속도는 상황에 따라 미덕일 수도 악덕일 수도 있으므로 상황을 정확히 진단하고 미래를 내다보는 통찰력과 지혜를 갖추는 것이 필요하다.

- 모두들 꼬꼬댁 거린다. 조용히 둥지에 앉아 알을 품는 자가 누가 있으랴? - 니체

16. 식물은 저마다 다른 시기에 꽃을 피우고 다른 속도로 자라면서 함께 어우러져 풍성한 숲을 이룬다

식물은 저마다 다른 시기에 꽃을 피우고 다른 속도로 자라면서 함께 어우러져 아름다운 숲을 이룬다. 한편 돌고래떼는 같은 속도로 헤엄친다. 이렇게 하는 것이 물의 저항을 덜 받고 적의 공격을 피할 수 있을 뿐 아니라 의사소통이 잘 되어 먹이 획득과 종족보존에 유리하기 때문이다. 이렇듯 자연의 속도는 모두 다르다.

생태적 속도는 그 종種의 특성에 맞게 생존에 유리하도록 스스로의 속도를 조절한다. 이것은 자신의 속도에 맞추어 공동체의 구성원이 각자의 개성을 발휘하여 어우러져 살아갈 때 조화롭고 건강한 사회를 이룰 수 있다는 사실을 보여준다.

17. 남들과 보조를 맞추기 위해 자신의 봄을 여름으로 바꾸어야 한단 말인가? - 헨리 데이빗 소로우

헨리 데리비드 소로우Henrry David Thoreau(1817~1862)는 스스로 꿈꾸는 자신만의 삶을 살기 위해 월든의 숲으로 들어가 통나무집을 짓고 콩을 심어 키우며 살았다. 그는 "사과나무가 떡갈나무와 같은 속도로 자라야 한다는 법은 없다. 남과 보조를 맞추기 위해 자신의 봄을 여름으로 바꾸어야 한단 말인가?"라고 반문하면서 다른 이들에게 보조를 맞추고 성공에 집착하여 조급해하며 무모하게 일을 추진하고 쫓기듯이 살아가는 도구적 삶에서 벗어나 자신의 속도에 맞추어 살아가면서 삶에 있어서 진정 소중한 것을 찾으라고 하였다.

자신의 음악에 맞추어 걸어가지 않고 다른 고수의 북소리에 맞추어 성공을 좇아 성급하게 뛰어가다가 헛된 현실이라는 암초에 걸려 우리의 배를 난파시켜서는 안 된다는 것이다.

18. 우리는 속도에 집착하기보다 관조의 여유를 가지고 무엇을 위한 삶인가를 끊임없이 성찰하는 태도를 가질 필요가 있다

자본주의 사회에서는 재산을 많이 소유하고 이익을 추구하는데 가치를 두고 있고 욕망을 끝없이 재생산한다. 더 빨리 많은 것을 소유해야 성공하는 것이 되고 속도에 적응하지 못하면 경쟁에서 낙오되기 쉽다. 그러나 이제 사람들은 욕망을 자극하고 계속 소비를 해야 유지될 수 있는 소비자본주의는 한계에 이르렀다는 인식을 하게 되었다.

정극인의 가사 상춘곡에 나오는 소요음영(천천히 거닐며 나직이 시를 읊조리는 것), 미음완보(나직이 읊조리며 천천히 걷는 것)는 정신적 여유와 평온을 되찾게 해준다. 우리 고전 시가에 나오는 이러한 안빈낙도 의식은 물질적 욕구를 하찮게 여겨 거기에 얽매이지 않을 수 있고, 진정한 마음의 여유와 편안함을 준다. 이러한 정신적 여유 속에서 비로소 인간다움에 관한 성찰이 가능하며 진정한 즐거움과 행복을 누릴 수 있는 것이다.

19. 느림은 부드럽고 우아하고 배려 깊은 삶의 방식이며, 나 자신을 잃어버리지 않는 능력이며, 오래된 포도주처럼 향기로운 삶이다

- 피에르 쌍소

현대인들은 복잡하고 분주한 생활 속에서 마음의 여유를 잃고 쫓기듯 살아가기 때문에 인생에서 놓치는 것이 많다. 이러한 상황 속에서 정신의 건강을 위해 삶의 방식을 바꾸어 보는 것이 필요한데 피에르 쌍소는 저서 『느리게 산다는 것의 의미』에서 느림을 도태나 일탈이 아닌 여유로움이라는 관점에서 생각할 필요가 있다고 하였다.

피에르 쌍소에 의하면 느림은 "시간을 급하게 다루지 않고 시간의 재촉에 떠밀려 가지 않겠다는 단호한 결심에서 나오는 것이며, 삶의 길을 가는 동안 나 자신을 잃어버리지 않을 수 있는 능력과 세상을 받아들일 수 있는 능력을 키우겠다는 확고한 의지에서 비롯되는 것"이다. 피에르 쌍소는 세상의 물결이나 바람에 휩쓸리지 않고 애정결핍에서 나오는 끊임없는 소유욕과 같은 광기와 무지에서 벗어나 자신의 북소리에 맞추어 감성과 시적인 영감이 넘치는 삶, 살아 숨 쉬는 것을 느낄 수 있는 삶을 살라고 한다.

그에 의하면 느림은 개인의 성격 문제가 아니라 부드럽고 우아하고 배려 깊은 삶의 방식이며 나 자신을 잃어버리지 않는 능력이며 오래된 포도주처럼 향기로운 삶이다.

20. 느림은 망각과 욕망에 제동을 걸고 자신의 시간을 우아하고 기품있게 만든다 - 밀란 쿤데라

현대인들은 바쁘게 돌아가는 일상 속에서 궁극의 목적을 잊고 더 많은 것을 소유하고 더 좋은 것을 소비하기를 원하며 살아간다. 현대인들은 무언가를 얻기 위해 속도를 추구하지만, 방향을 모르는 질주는 파국을 부른다. 밀란 쿤데라에 의하면 느림의 정도는 기억의 강도에 정비례하고 빠름의 정도는 망각의 강도에 정비례한다. 빠른 속도, 신속한 결과와 효율적 일 처리만 중시하는 삶에는 속보와 질주만 있을 뿐 산책과 명상, 진지한 사유가 없고 인생의 감미로움도 없다. 느림은 천천히 생을 산책하면서 망각, 욕망에 제동을 걸고 자신의 시간을 우아하고 기품있게 만든다.

- 밀란 쿤데라의 소설에서 『느림』에서 느림은 삶의 본질을 회복하는 연결고리가 된다. 밀란 쿤데라는 속도를 늦추고 한발 물러나 자신이 왜 살아가는지, 현재의 삶에 얼마나 만족하며 행복을 느끼는지에 대하여 자신을 돌아보게 함으로써 '느림' 안에서 행복의 어떤 징표를 찾을 수 있음을 보여준다.
- 어찌하여 느림의 즐거움은 사라져 버렸는가? 아, 어디에 있는가, 옛날의 그 한량들은?… 총총한 별들 아래 잠자던 그 방랑객들은? - 밀란 쿤데라 『느림』 중에서
  밀란 쿤데라는 우리 세계에서 한가로움은 빈둥거림으로 변질되었다고 하면서 고요한 한가로움은 신의 창을 관조하는 것이며 그것은 따분함이 아니라 행복이라고 하였다.

21. 치타 슬로 운동은 질주하는 세계에 저항하여 인간의 속도, 삶의 질을 추구함으로써 라 돌체 비타(달콤한 인생)를 잃어버리지 않기 위한 운동이다

이탈리아어 치타 슬로citta slow는 슬로 시티slow city라는 뜻으로 느린 도시, 느린 삶, 슬로푸드를 지향한다. 치타 슬로 운동은 질주하는 세계에 저항하여 인간의 속도, 삶의 질을 추구함으로써 라 돌체 비타la dolce vita(달콤한 인생)를 잃어버리지 않기 위한 운동이며 공동체, 문화, 미각, 일, 자연 등의 진정한 가치를 찾고 인간의 속도로 문명을 꽃피우고자 한다.

슬로 시티에서는 지역 고유의 문화와 전통을 지키고 자전거 타기를 일상화하며 자연환경을 보존하고자 한다. 또 슬로푸드 운동으로 좋은 음식, 깨끗한 음식, 제철 음식, 올바른 음식을 지향하고 전통적이고 다양한 음식 문화를 계승·발전시키고자 하며 맛의 표준화에 반대하고 대규모 패스트푸드점, 대규모 슈퍼체인을 거부한다.

- 슬로 시티에서는 지역의 생활에 행복, 재미, 생태주의를 도입하고 느림을 도시의 경쟁력, 미래의 성장동력으로 삼고자 한다.
- 한국은 김치, 장류 등 오랜 슬로푸드 문화를 갖고 있어 세계적 경쟁력을 갖추고 있다.
- 한국은 신안(증도면), 장흥(유치면), 완도(청산면), 담양(창평면)이 슬로 시티 국제연맹에 가입되어 있다.

22. 우리에게는 가만히 멈추어 서서 바라볼 시간이 필요하고, 아무것도 생산하지 않고 정말 건전한 세상을 만드는 방법을 기획할 시간이 필요하다 - 폴 라파르그

사유재산과 자본의 개념이 성립되기 전(16세기 이전)의 유럽의 전통 농경사회는 생계유지를 위해 필요한 기간에만 일하고 나머지 시간에는 다양한 놀이와 휴식을 즐겼다고 한다. 이때는 노동과 휴식이 엄밀하게 구분되지 않고 있었는데 근대 산업사회에 이르러 기계화, 대량생산이 보편화 되게 됨에 따라 노동강도가 더욱 강해졌다. 나아가 근면과 절제, 금욕을 강조하는 프로테스탄티즘의 윤리에 따라 게으름과 느림은 죄악시되었으며 한가하게 여유를 즐기는 것은 빈둥거림이 되었다.

현대사회는 빛의 속도로 유통되는 정보와 지식을 따라잡기 위해 가공할 속도에 자신의 영혼을 맡기고 살아가야 한다.

폴 라파르그는 『게으를 수 있는 권리』에서 "우리에게는 가만히 멈추어 서서 바라볼 시간이 필요하고, 혼자서 자기 일을 몸소 창조적으로 행할 수 있는 시간, 외부에서 주어지는 즐거움을 주체적으로 즐길 수 있는 시간, 아무것도 생산하지 않고 우리의 모든 근육과 감각을 사용할 시간, 정말 건전한 세상을 만드는 방법을 기획할 시간이 필요하다"고 하였다.

- 모든 일을 게을리 하세, 사랑하고 한잔하는 일만 빼고….
  - 폴 라파르그 『게으를 수 있는 권리』 중에서

제12절 세계화

1. 세계화는 국경의 장벽 파괴를 의미한다

세계화가 진행될수록 상품, 노동, 서비스, 자본, 정보, 문화 등의 장벽이 허물어지고 세계의 모든 요소가 자유롭게 이동하게 되며 세계가 하나의 생활권, 문화권으로 통합되게 된다. 이로써 국경 없는 세계가 형성되어 상품, 기준, 가치관 등이 전 지구적 기준으로 대체된다. 교통·통신의 발달로 세계는 압축되었고 이동·교류의 증대로 국가 간의 상호의존성은 더 심화되었다.

2. 세계화의 핵심내용은 시장과 자본의 세계화이다

세계화는 경제와 경영분야에서 사용되기 시작한 용어로서 그 핵심적인 내용은 시장과 자본의 세계화이며 세계화는 지구 전체를 하나의 시장으로 만들고 하나의 경영단위로 삼아 포괄적 기업활동을 하는 것이다. 경제적 세계화가 심화될수록 정치와 문화 등 다른 분야의 세계화도 심화된다.

- 자유로운 기업활동과 규제 철폐, 자유 무역을 주장하는 신자유주의의 확산, 선진 강대국에 유리한 방식으로 세계 경제를 바꿀 필요성 등이 세계화의 배경이 되었다.
- 글로벌 경제화는 쇠퇴와 비도덕화의 과정이기도 하다. 광고와 소비중심의 문화는 우울증, 불안감, 심신 불만족, 정서·행동장애, 학교폭력, 총격사고를 증가시켰다. 그것은 행복을 가져다주기보다 건강한 정체성의 근본을 훼손하고 공동체를 파괴하였으며 문화적 열등의식을 조장하였다.

3. 세계화에 따라 위험도 세계화되었다

상호의존성이 과도해진 결과 세계 각국은 새로운 위험에 직면하게 되었다. 1990년대 태국과 인도네시아 등에서는 급격한 환율변동으로 외환위기를 맞이한 바 있는데 아시아 시장에 불안을 느낀 외국 투자자들이 우리나라에서 자본을 서둘러 회수하게 되면서 자본 부족, 외화 부족으로 우리나라는 IMF 구제금융을 받게 되었다. 이것은 상호의존성의 증대로 한 나라에서 일어난 사건이 전 세계에 영향을 끼칠 수 있음을 보여준 사례이다. 세계화에 따라 위험도 세계화되었다.

- 위험이 세계화됨에 따라 환경 오염 문제, 기아, 전쟁, 핵무기 등의 문제는 오늘날 개별국가의 노력만으로는 해결하기 어려우며 국가 간의 협조하에 해결해야 한다. 세계화로 인해 문제 해결을 위한 국제적 협력도 증대될 수밖에 없다.

4. 세계화는 문화적 다양성을 파괴한다

국제위성 네트워크, 인터넷, CNN과 같은 세계적 통신매체들은 전 세계인에게 유사한 관심과 문화를 공유하게 해 준다. 그러나 세계화가 진행됨에 따라 선진 강대국의 문화가 다른 나라들의 고유한 문화를 잠식하여 문화의 획일화를 초래할 우려가 있다. 할리우드 영화나 대중음악은 풍부한 자본력을 바탕으로 전 세계에 보급되고 있고 맥도날드와 코카콜라는 세계인의 입맛을 바꾸었다. 다국적 기업은 상업적 이익의 관점에서 문화를 전파하고 소비자의 무의식을 지배함으로써 고유하고 다양한 문화를 파괴하게 된다.

- 세계화로 인해 각 나라의 문화교류가 활발해지고 다양한 문화를 접하게 됨으로써 다양한 취향과 욕구를 충족시킬 수 있고 상호이해를 넓히고 세계 시민으로서 더불어 살아가는 방법을 배우게 된다는 이점도 있다.
- 세계화로 인해 역사가 우리의 의지와 무관하게 흘러가고 속도에 적응하기 위해 더 나은 세계를 향한 인류의 이상을 잃어버린 것은 큰 문제이다. 세계화된 자본주의는 역사에 대한 인간의 통제력을 빼앗고 합목적성을 무력화시킨다.

5. 세계화는 위기이자 기회이다

경제적 활동영역이 한 나라를 벗어나서 국제적으로 확대됨에 따라 경쟁이 치열해지고 국내시장이 잠식되어 위기를 초래할 수도 있지만, 우리나라의 재화와 서비스, 문화상품을 전 세계에 수출하여 유리한 기회가 될 수도 있다. 국제경쟁력을 갖춘 상태 하에서의 세계화는 경제발전과 문화의 다양성을 확보할 수 있는 방법이 될 수도 있다.

- 고비용·저효율의 경제시스템, 지나친 정부규제와 노동쟁의, 파업 등은 국제경쟁력을 저하시키는 요소가 된다. 세계화를 기회로 활용하기 위해서는 경쟁력을 강화하고 열린 사고를 해야 하며 국제적 협력을 이루어 나가야 한다.

6. 진정한 세계화는 공동체적 윤리를 통해서만 가능하다
- 피터 싱어

공동체의 범위가 전 세계로 확대되었고 국가 간의 통합이 문제되고 있는 세계화의 흐름 속에서 국민국가 중심적 시각은 세계질서를 힘의 논리에 따라 재편하게 될 수도 있다.

세계화 시대에는 자기중심적 사고, 자문화 중심주의에서 벗어나 세계 속에 살아가는 모든 존재를 고려하는 세계윤리를 갖추어야 한다. 환경 오염, 자원 고갈, 빈곤, 민족 간의 갈등 등은 어느 한 나라의 노력만으로 해결될 수 없으며 모든 사람이 개방적 사고와 열린 자세로 문제에 대처해야 한다. UN, 세계무역기구 등 국제기구와 그린피스, 국경 없는 의사회 등 비정부기구의 활동은 국제적 협력을 통해 지구의 문제를 해결하려는 노력을 보여준다.

- 피터 싱어는 국민국가 중심적 시각을 대체할 수 있는 새로운 패러다임으로 '전 지구 공동체적 윤리'를 내세운다. 이것은 자민족, 자국 중심이 아니라 세계 전체의 공동이익을 목표로 한다.

7. 물질문화의 세계화보다 정신문화의 세계화가 더 중요하다

할리우드 영화를 보고 명품을 구입하고 물질문명을 즐기는 것은 서구의 물질문화만 받아들인 것에 지나지 않는다. 서구의 화려한 물질문명 뒤에는 이성·합리성·실용주의라는 서구의 철학과 사상, 지혜가 있다. 외국의 문화를 수용하기 위해서는 물질문명의 이면에 있는 정신문화를 이해하고 장점을 수용하여야 하며 고유의 전통과의 조화 속에 문화의 진보를 꾀함으로써 진정한 정신문화의 세계화를 이루어야 한다.

- 세계를 움직이는 것은 자본과 기술의 힘이 아니라 마음과 자연이다. 상호존중의 토대 위에서 다양성을 유지하면서 풍요롭고 평화로운, 조화로운 발전을 도모하여야 하며 공동체와 지역경제를 재건하고 마음과 자연을 회복하여야 한다.
- 글로벌 시대의 의미는 강자만이 살아남고 강자만이 훌륭하다는 의미가 아니라 강자와 약자가 나름의 개성과 기능을 가지고 살아가는 시대, 개성과 다양성이 존중받는 시대라는 의미로 이해되어야 한다.
- 셰어share는 시장점유율을 의미하였으나 나누어 가진다는 의미로도 사용된다. 이처럼 글로벌 시대도 성숙·진화되어야 한다.

8. 맥도날드는 세계화의 한 표상이다

맥도날드는 손님에게 제공할 음식에 정성이 들어 있지 않은 인스턴트 식품을 판매하며 직원이 제공해야 할 서비스를 고객에게 전가시킨다. 전 세계에 수많은 체인점을 가지고 있는 맥도날드는 빠름을 중시하는 가치관과 서구식 음식 취향을 전파한다. 맥도날드의 운영방식에는 세계화를 주도하는 미국식 사고, 즉, 신속성, 효율성, 합리성이 바탕에 깔려있다.

- 음식 준비에 시간과 정성을 쏟고 여유를 가지고 음식을 즐기는 문화는 세계화의 추세에 따라 신속성, 효율성으로 대체되었다.

9. 경제적 세계화는 제국주의적 세계화에 가깝다

거의 모든 가치가 화폐를 기준으로 매겨지고 경제성장을 사회발전과 동일시하여 각자가 이익추구를 위해 남을 짓밟으려고 하는 상태에서 세계화는 힘의 논리에 의해 지배될 가능성이 크다.

과거 식민지국들의 산업구조는 1차 산업 중심으로 되어 있었고 독립한 후에도 부가가치가 낮은 생산품을 수출하고 부가가치가 높은 공산품을 수입해야 하는 무역구조에 처하게 되었다. 과거의 제국주의 국가들은 현대사회에서도 중심부의 기능을 수행하는 가운데 식민지국들은 자유 시장경제 속에서 또다시 주변부가 된다. 따라서 세계화 특히 경제적 세계화는 제국주의와 유사한 점이 많다.

- 세계화의 경제적 이점
  - 세계화는 비용을 최소화하고 경쟁을 통해 효율성을 극대화하고 자원의 최적 배분을 가져온다.
  - 세계화는 시장 통합과 시장 광역화를 통해 규모의 경제를 실현시킨다. 그러나 이러한 이점은 자본과 기술경쟁력을 갖춘 나라가 누릴 수 있으며 저개발 국가들의 처지는 상대적으로 더 열악해질 수도 있다.

10. 세계화는 전 세계에서 진행 중인 가장 큰 게임이다 - 피터 버거

세계화는 선택할 수 있는 것이 아니라 어쩔 수 없이 받아들여야 하는 현실이다. 세계화는 도시에만 국한된 게임이 아니라 전 세계에서 진행 중인 가장 큰 게임이다.

그러나 국가 간의 힘의 불균형이 협상에서의 변수로 작용하기 때문에 세계화가 반드시 합리적이고 효율적인 방향으로 나아간다고 단정하기는 어렵다. 세계화는 현대사회의 게임의 법칙이며, 이 게임에 참여하지 못하는 국가는 도태될 수도 있다. 세계화가 연착륙하기 위해서는 지역 고유의 특성과 global standard가 조화·균형을 이루어야 한다.

- 세계화는 취향이나 선택의 문제가 아니라 살아남기 위해 어쩔 수 없이 따라야 하는 세계의 흐름, 숙명이 되었다. 세계화로 인하여 역사가 더 나은 방향으로 나아가고 인류가 더 자유롭고 행복해진다는 보장은 없다.

11. 세계화는 앵글로 아메리카 문명의 헬레니즘 단계이다

- 클라우디오 벨리즈(칠레, 역사학자)

그리스는 제국주의적 힘을 갖추지 못했음에도 주변 세계가 그리스 문명에 동화되었다. 세계화를 헬레니즘에 비교한 것은 세계화를 제국주의적 현상으로 설명하지 않겠다는 의미가 내포되어 있다.

- 세계화는 완전경쟁과 효율성에 기반하고 있고 강대국이 압도적인 힘을 통해 자신의 문화를 강요하지 않고 있기 때문에 제국주의적 현상이 아니라고 보는 견해이다.
- 세계화는 고유의 문명이 전 세계에서 통할 수 있는 보편성을 획득하여 전 세계적 수준으로 도약함으로써 인류의 수준을 향상시키는 방향으로 나아가야 한다.

12. 세계화는 문화적 차원에서 다원주의의 위대한 도전이다

- 피터 버거

문화적 세계화는 커다란 선물을 주는 것도 아니고 중대한 위협도 아니다. 그것은 어느 한 가지로 쉽게 요약할 수 없다. 세계화는 현대화의 연장이며 문화적 차원에서 권위주의적 전통이 붕괴되고 신념·가치관·생활양식의 다원성을 추구하는 위대한 도전이기도 하다.

- 세계화의 근본정신은 획일화와 무관하다. 세계화는 특수성을 기반으로 하되 자신의 공동체에 국한되지 않고 세계적 수준으로 발전하여 인류 전체와 공유할 그 무엇이 되는 것이어야 한다. 예컨대 위대한 예술작품은 개별적 특수성에 머물지 않고 세계 모든 사람의 심금을 울린다.

13. 세계화는 영세 농민들에게 재앙으로 다가오고 있다

- 피터 버거

제3세계 국가들은 쌀과 야채 같은 주식 작물만을 집중적으로 재배하면서 자급자족 생활을 해왔다. 그러나 세계화가 진행되면서 커피, 코코아, 담배, 향수원료, 피클용 오이, 관상용 화초 등 환금 작물을 앞다투어 재배하기 시작하여 공급과잉으로 가격이 폭락하여 빈곤에 시달리게 되었다. 또 신농법, 신종자, 비료 등이 전통적인 재래식 농법을 대체하게 되어 오랫동안 환경에 적응해온 고유 종자를 몰아내고 전통적 농업과 농경사회의 공동체 문화에 큰 변화를 초래하였다. 세계화는 저개발 국가의 농업문화를 파괴하고 있으며 그 결과는 영세 농민들에게 재앙으로 다가오고 있다.

- 산업형 농업생산, 농업 생산체계의 균일화, 한정적 품종생산, 살충제 과다사용, 환경호르몬 사용, 유전자 변형 작물로 인한 유전자 오염 등은 새로운 위험을 초래한다.

14. 세계화는 강대국 중심의 세계화, 미국 중심의 세계화이다

WTO나 IMF 같은 국제기구는 예치금에 따라 투표권이 결정되므로 국제기구의 중립성이 의문시된다. 세계화는 강대국 중심, 미국 중심의 세계화이며 세계화로 인해 약소국가들은 보호막 없이 외부 충격에 노출되어 대외 의존도가 심화되고 선진국에 종속되거나 하청 공장의 역할로 전락하게 된다.

- 일방주의는 인정과 평화를 저해한다. 세계화는 획일화가 아니라 민족·국가의 다양성과 차이를 인정하고 존중하는 공존의 양식이 되어야 한다.

15. 초국적 금융자본은 개발도상국 제도의 허점을 이용하여 세계화의 과실을 가져간다

초국적 금융자본을 움직이는 투자금융회사들은 주식과 채권 등 금융자산에 투자함에 있어 개별국가의 법망을 피해갈 수 있는 탁월한 노하우를 갖추고 있다. 예컨대 이들은 법인을 설립할 때 세금이 적은 남태평양 국가를 선택한다. 이들은 자본을 생산투자에 쓰지 않고 투기자금으로 활용하여 기업사냥 등을 통해 치고(이익을 챙기고) 빠짐으로써 세계 경제를 도박판으로 만들고 금융시장을 교란시켜 경제불안과 위기를 초래하기도 한다.

- 2003년도에 소버린이라는 투기자본은 SK를 공격하여 경영권에 위협을 가함으로써 2년 5개월 만에 막대한 차익을 남겼다.
- 1999년 미국계 타이거펀드는 SK텔레콤 지분 7%를 확보한 뒤 회사에 적대적 M&A 위협을 가한 후 주가가 상승하자 6,300억 원의 시세차익을 남기고 빠져나갔다.

16. 세계화는 민주주의와 삶의 질에 대한 공격이다

- 한스 페터 마르틴, 하랄트 슈만

선진국은 저개발국에 투자하고 저임금 노동력을 고용한다. 또 제품과 시장개발이 이루어지고 성숙단계에 접어들어 더는 높은 수익을 기대하기 어려운, 성숙단계에 접어든 산업을 후진국으로 옮겨 기술이전을 해 준다. 후진국으로 이전된 산업은 환경 오염을 유발하고 높은 노동강도를 요하고 위험을 초래하는 산업인 경우가 많다.

후진국에서는 많은 일자리가 창출되고 이미 개발된 기술을 이전받아 단기적으로 빠른 경제성장을 이룰 수 있으나 전문인력 부족과 인프라가 미흡하여 선진국을 따라잡는 것은 영원히 불가능해지고 고부가가치를 창출할 수 있는 사업은 언제나 선진국에 편중된다. 자본의 자유로운 이동과 시장의 세계화는 선진국에 유리하게 작용하고 선진국에 자본과 힘이 집중되게 하여 20대 80의 사회, 즉, 양극화를 낳게 된다.

- 세계화의 덫(한스 페터 마르틴, 하랄트 슈만)
  - 세계화는 자연법칙이나 기술진보에 의한 것이 아니라 선진국 정부의 경제 전략적 정책의 결과로서 투기자본이 실물경제에 치명적 위험을 초래한다.
  - 세계화의 물결에서 낙오된 사람들의 외국인 혐오증, 분리주의 등은 잠재적 위협요소가 될 수 있다.
  - 오늘날 국가 간에 잘 이루어지고 있는 국제 협력은 조직범죄와 자본주의 기업활동뿐이다.

---

17. 테러리즘은 세계화의 혜택을 누리는 사람들에 대한 보이지 않는 절망감의 표현이다 - 장 보드리야르

세계화는 다양성과 개성을 용납하지 않으며 모든 것을 동질화하고 용해시킨다. 세계화의 폭력성은 모든 방법을 동원해서 등가 원칙을 내세워 수많은 문화를 굴복시키고 세계의 질서에 따르지 않으면 도태될 것이라고 위협한다. 이러한 상황에서 자신의 가치를 잃어버린 문화는 다른 문화에 대하여 특히 서구에 대하여 증오심을 품을 수밖에 없다.

그것은 박탈이나 착취에 대한 증오심이라기보다 굴욕감에 대한 증오심이다. 장 보드리야르는 9·11테러는 굴욕감을 응징한 것이며 세계 권력에 테러로서 갚을 수 없는 상처를 준 것이라고 평가하였다. 선진 강대국은 마치 선善의 제국인 것처럼 기술 등 모든 혜택을 베푸는 것처럼 하고 저개발 국가들은 일방적으로 도움을 받아야 하는 무자비한, 노예와 같은 상황에 놓이게 된다. 이러한 상황에서 굴욕을 당한 사람들, 모욕을 당한 사람들은 절망할 수밖에 없다.

장 보드리야르에 의하면 테러리즘은 세계화의 혜택을 누리는 사람들에 대한 보이지 않는 절망감의 표현이다.

제13절 정보화 사회

1. 인간은 사회적 필요에 의해 정보기술을 개발하고 네트워크망을 구축하였다. 그러나 이제는 정보기술이 인간생활을 강제하고 사회를 재구성한다 - 마누엘 카스텔스

정보기술은 사회적 필요성에 의해 개발되었다. 예컨대 인터넷망은 핵전쟁이 일어날 경우 소련이 미국의 통신을 방해하거나 파괴하는 것에 대비해서 미국 국방부 첨단기술 계획국이 1960년대에 내놓은 대담한 계획에서 출발했다. 즉, 미국 사회의 군사적 필요성이라는 사회적 요인이 인터넷을 탄생시켰다.

미국 국방부의 전자통신망을 구성하는 수천 개의 컴퓨터 소통망으로 존재했던 아르파넷이 전 지구적 차원의 수천만 대의 개인용 컴퓨터(pc)의 망인 인터넷으로 확산되면서 인터넷은 군사적 용도가 아니라 상업적, 문화적, 경제적, 정치적 지형을 혁신하는 강력한 도구로 성장하였다.

이러한 변신을 의식적으로 요구하지는 않았지만, 인터넷은 두 발로 우뚝 선 채 사회를 자기의 모습을 따라 재구성하라는 강력한 메시지를 보낸다. 이제는 사회가 인터넷 기술에 적응해야 한다.

2. 정보기술 혁명으로 거대한 생산력이 창조되고 있지만 어떤 곳에서는 빈곤의 블랙홀이 새롭게 탄생하고 있다 - 마누엘 카스텔스

정보화 사회에 적응할 수 있는 기술과 지식, 컴퓨터 등의 수단을 갖지 못한 사람들은 열악한 처지에 놓이게 되고 사회적 불평등이 심화된다.

- 슬럼가의 확산과 실업의 증대는 범죄를 부르고 범죄조직은 세계적으로 확대된다.
- 저개발국은 하청기지로 전락하고 자원을 약탈당하거나 경제기반이 무너질 수 있다.
- 세계적 금융기관들은 카지노화 되고 있고 투기자본은 경제를 교란시켜 새로운 패배자들을 양산한다.

3. 네트워크가 자아를 단절할 때 자아는 새로운 연결을 탐색하게 된다 - 마누엘 카스텔스

레이몬드 바글로우는 “머리의 뒤에는 컴퓨터 키보드가 매달려 있다. 이것은 프로그램화된 머리다. 이것은 세계적인 구조 속에서 고립되어 탈출할 수 없는 고독감을 표현한다”라고 표현하였다. 광속으로 작동되는 정보기술 네트워크에 포함되느냐 배제되느냐가 사회적 지위를 결정하는 네트워크 사회에서 권력과 부와 지구적 네트워크로부터 배제된, 자기 상실에 빠진 자아는 새로운 연결을 탐색하게 된다.

- 컴퓨터 문맹, 커뮤니케이션 빈곤지역, 기회가 줄어드는 세계의 사람들 등 네트워크에서 단절된 상처받은 자아는 대안을 찾아 방황하며 배제자를 역으로 배제하고자 한다. 이상한 사이비 종교가 자아 상실을 고민하는 사람들 속을 파고들고, 종교적 근본주의가 문맹과 빈곤, 지역적 소외감에 시달리는 사람들 속으로 파고드는 등 문제가 이어진다.
- 국수주의, 극단적 페미니즘, 생태주의, 사이비 종교, 종교적 근본주의 등은 네트워크 시대라는 새로운 시대가 제기하는 사회적 과제에 인류사회가 응답하지 못함으로써 발생하는 자아의 반란이며 사회적 과제를 해결하지 못하는 이상 불가피하게 따라다닐 수밖에 없는 무서운 유령이다.

---

4. 정보시대는 자연과의 전쟁이 끝난 후 새로운 역사, 새로운 존재의 시작이다 - 마누엘 카스텔스

정보는 우리 사회조직의 핵심적인 요소가 되었고 네트워크 간의 메시지와 이미지 흐름이 우리 사회구조의 기본적인 맥락을 구성하게 되었다. 인류는 처음에는 살아남기 위해, 그 이후에는 정복하기 위해 수천 년에 걸쳐 자연과의 전쟁을 해왔다.

정보시대는 자연과의 전쟁이 끝난 후 새로운 존재, 새로운 시대의 시작이다. 이 시대에는 완전히 새로운 형태의 문화적 패턴과 사회조직, 사회적 상호작용이 있게 된다.

- 역사가 인류와의 행복한 화해로 끝맺는다는 보장은 없고 오히려 그 반대가 될 수도 있다. 그것은 우리가 어떻게 하느냐에 달려 있다.

5. 제3의 물결은 고도의 과학기술로 지탱되고 있음과 동시에 반 산업주의라는 특징을 지닌 새로운 체제를 탄생시켰다 - 앨빈 토플러

인류 역사에 획기적 변화를 가져온 첫 번째 물결은 농업혁명으로서 유목민으로 떠돌거나 수렵과 사냥을 했던 인류의 선조들을 정착시켰다.

두 번째 물결은 산업혁명으로서 자급자족을 위한 생산에서 벗어나 시장판매를 목적으로 하는 대량생산, 대량판매 체제를 열었다.

제3의 물결은 고도의 과학기술로 지탱되고 반 산업사회라는 특징을 가진다. 제3의 물결은 자원을 황폐화시키면서 약탈적 방식으로 이용했던 산업사회와는 달리 각양각색의 재생 가능한 에너지 자원을 기반으로 새로운 생활양식을 만들어낸다. 컴퓨터를 이용하여 자동화 기계에 작업을 지시하고 컴퓨터 생산시스템을 창조하고 관리할 수 있는 창의적이고 지적인 층을 필요하게 되며 전자주택, 재택근무 등 직장과 주택이 한 몸으로 결합된 새로운 생활형태가 등장하게 된다.

매일 쏟아지는 새롭고 다양한 정보, 변화 속도의 가속화, 정보의 복잡화와 상호 연결성의 강화 등은 정보의 흐름을 혁신하고 수평적이고 자유로운 정보이동,

융통성과 교류의 증대가 불가피하게 되었다. 정보의 독점과 일방적 흐름은 유지될 수 없고 중앙 집중적인 관료적 위계질서 또한 약화되며 세계적인 교류와 융합이 확대되면서 민족국가 역시 약화된다.

- 앨빈 토플러는 정보화 사회로 표상되는 이 물결에 적응하지 못하는 경제주체들은 도태될 것이라고 하였다. 제3의 물결 시대에 가장 중요한 문제는 정보와 미디어, 지식의 장악이다. 지식과 정보는 오늘날 가장 중요하면서도 지배적인 상품이 되고 지식·정보의 생산·유통·소비과정이 권력의 축으로 등장한다.
- 제3의 물결은 탈표준화, 탈중앙집권화의 실험이다. 앨빈 토플러에 의하면 우리는 시대에 뒤떨어진 정치구조뿐 아니라 문명 그 자체를 재구축한다는 사업에 참여할 수도 있고 지금은 고인이 된 혁명가들과 마찬가지로 창조자가 되어야 할 운명을 지니고 있다.

6. 신경제는 정보화, 지구화, 네트워크화되어 있다

- 마누엘 카스텔스

기업, 국가 등의 생산성과 경쟁력은 지식기반의 정보를 효율적으로 생성, 가공, 적용하는 능력에 달려있다. 생산, 소비, 순환의 핵심적인 활동과 그 구성요소인 자본, 노동, 원자재, 경영, 정보, 기술, 시장도 네트워크를 통해 지구적 규모로 조직되어 있다. 그것은 정보기술 혁명이 신경제 창조를 위해 물질적 기반을 제공했기 때문인데 이로써 기술, 지식 및 관리와 경영이 네트워크화되고 상호의존도가 높은 경제가 출현하게 되었다.

- 지역, 국가, 기업의 생산성과 경쟁력은 지식기반의 정보를 효율적으로 생성, 가공, 적용하는 능력에 달려있다.
- 새로운 정보기술은 온라인 관리, 국제적인 조립 라인 구축, 상품과 서비스의 초국적 생산네트워크 구축, 고속 거래를 가능하게 하여 생산성을 높이고 기동성 있는 경영을 가능케 하였다. 산업경제는 정보화·지구화되지 않으면 붕괴될 운명에 처하게 된 것이다.

7. 새로운 커뮤니케이션 시스템은 전통적인 공간과 시간개념을 대폭 변화시켰다 - 마누엘 카스텔스

지역성은 역사적·문화적·지리적 의미로부터 분리되고 장소와 공간을 대체하는 네트워크망을 따라 흐르는 정보 흐름의 공간 속에서 재통합된다. 시간이 하나로 프로그램될 수 있을 때 과거·현재·미래는 동일한 메시지에서 상호작용하며 시간 구분은 무의미해진다.

특정 가능하고 예측 가능한 시간의 개념은 사라지고 시간을 초월한 시간이라는 새로운 개념이 등장한다. 근무시간과 퇴직 시점이 완전히 변화되고 몇 살까지가 청년이고 몇 살부터가 노인인지도 과거의 시간 개념으로 규정할 수 없게 된다. 네트워크 금융거래 특히 선물과 옵션들의 금융투기는 어느 시간에 사들이고 어느 시간에 파느냐는 문제가 되어 버린다. 인간 생활의 근본적 차원인 시간과 공간 개념의 재편은 새로운 문화를 낳는다.

- 정보화 사회의 문화적 특징은 지역의 역사적 특수성이 사라지고 획일화되는 것이다.

8. 우리는 점점 더 많은 인간 경험이 네트워크에 대한 접속의 형태로 구매되는 새로운 시대를 맞이하고 있다 - 제레미 리프킨

정보통신 기술에 기반을 두고 있는 네트워크 경제는 생산, 소비, 순환의 핵심적인 활동이 지구적 규모로 조직되어 있다. 상업영역이 확대되면서 이제까지 상업적 영역에서 자유로웠던 문화영역이 상업영역으로 흡수되면서 우리는 점점 더 많은 인간 경험이 사이버 공간 안에서의 다각화된 네트워크들에 대한 접속의 형태로 구매되는 새로운 시대를 맞이하고 있다.

세계 각지의 모든 삶의 형태, 문화는 발굴되어 상업적으로 가공되어 상품화되고 상업문화로서 획일화되고 동질화된다. 따라서 이 새로운 시대에는 문명의 생명수인 문화적 다양성을 지키고 끌어올릴 수 있는 지속 가능한 방법을 찾아내는 것이 중요한 과제가 된다.

9. 접속의 시대는 새로운 유형의 인간을 몰고 온다. 그들에게 익숙한 세계는 이념적 세계가 아니라 연극적 세계이다 - 제레미 리프킨

정보통신에 기반을 둔 접속의 시대, 젊은이들은 전자상거래와 사이버 공간에서 이루어지는 사업에 아무런 거부감이 없으며 문화·경제를 구성하는 수많은 시뮬레이션 세계에 잘 적응한다. 그들에게 익숙한 세계는 이념적 세계가 아니라 연극적 세계이다. 그들의 의식은 노동 정신보다 유희 정신에 기울어져 있다. 그들에게 접속은 이미 생활의 일부가 되었으며 오락산업, 환상과 유희의 산업, 체험산업이 급속히 부상하고 있다. 탈근대는 물리적 자원을 가공·변형하는 데서 벗어나 부드러움과 가벼움, 느낌을 중시한다. 이성적이고 분석적 사유가 지배하는 의식은 의심받고 성적 욕망, 몽상, 환영에 이끌리는 무의식이 전면에 나서서 현실은 사실상의 현실이 아닌 하이퍼 현실(초현실)이 된다.

지하세계에 갇혀 있던 환상은 찬양을 받으며 표면으로 떠오른다. 그것은 거꾸로 된 세계, 진짜와 가짜가 전도된 세계이다. 컴퓨터 화면 앞에서 채팅과 전자오락에 시간을 쏟아붓는 젊은이들의 수가 늘어나고 그들은 다중 인격자에 가까워지고 있으며 그들의 의식은 가상세계나 네트워크에 어울리기 위해 짧은 토막의 파편들로 이루어져 있다. 접속의 시대 문화양상의 특징은 유희와 환상, 다중 인격이다.

- 사람들이 실제로 접하는 현실 세계는 빠르게 움직이고 정신없이 바뀌고 있으므로 이런 현실을 제대로 수용하려면 사람의 의식도 좀 더 발달하고 유연하며 찰나적으로 변할 필요가 있다는 견해도 있을 수 있다.

10. 인간의 상거래와 사회활동이 사이버 스페이스의 영역으로 이동하면서 사람들은 이제까지는 상상할 수 없었던 크나큰 단절을 경험한다 - 제레미 리프킨

정보와 서비스, 의식과 살아 있는 경험을 거래하는 이 새로운 세계에서 인간은 관심을 공유하는 사람들로 이루어진 네트워크 교점이라는 의식으로 살아갈 것이고 상호관계의 그물망에 포함될 수 있는 권리가 중요해지게 된다.

인류는 디지털이라는 경계선을 중심으로 두 부류로 나뉘게 되어 사이버 스페이스에 접속할 수 있는 사람과 그렇지 않은 사람들 사이에 거대한 골이 파이게 된다. 접속은 개인의 자아실현과 발전을 약속하는 입장권이 되었고 들어가지 못하는 사람을 구별·분리하게 된다.

새로운 전자 네트워크 세계에 능동적으로 참여할 수 있는 자금과 학식, 시간이 부족한 사람들은 서로의 관심사를 공유하면서 사업과 교제의 네트워크를 공고히 쌓아가는 부유층과는 달리 고립되고 소외되어 점점 고달파지고 가난하게 살아갈 위험성에 직면해 있다. 가진 것 없고 기댈 곳 없는 사람은 접속의 시대에도 낙오된다는 것이다.

- 지역 공동체 문화와 각 지역의 문화적 다양성을 지켜나가야 인류 문명을 온전하게 유지시킬 수 있다.

11. 접속의 시대에는 물질이 비물질에 밀려나고 시간을 상품화하는 것이 공간을 차지하는 것보다 더 중요하게 된다 - 제레미 리프킨

인간의 상거래와 사회활동이 사이버 스페이스의 영역에서 이루어지는 이 새로운 세계에서는 물질이 비물질에 밀려나고 시간을 상품화하는 것이 공간을 차지하는 것보다 중요해진다.

산업시대의 생활방식을 규정지었던 소유관계와 시장개념은 점차 실효성을 잃어가고 있다. 21세기의 인간은 관심을 공유하는 사람들로 이루어진 네트워크의 교점이라는 의식으로 살아갈 것이며 상호관계의 그물망에 포함될 수 있는 권리가 중요한 의미를 갖게 된다.

- 접속의 시대에는 생산물을 시장에서 직접적으로 교환하는 경제는 움츠러들고 기존 시장은 정보와 지식의 네트워크에 자리를 내준다. 정보와 지적 자산에 의존하는 네트워크 경제가 활성화되고 정보와 지적 자산에 접속할 수 있는 권리가 사고파는 핵심 부분으로 떠오른다.

12. 사이버 스페이스에서 이루어지는 상거래의 핵심은 연결성이다 - 제레미 리프킨

인터넷 경제는 고속으로 성장하였고 막대한 매출을 올리고 일자리를 만들었다. 사이버 스페이스에서 이루어지는 상거래의 핵심은 연결성이다. 전자네트워크로 연결되면 국경선과 장벽은 허물어진다.

산업시대의 시장에서는 주체성과 자율성을 가진 판매자와 구매자가 독립된 상태에서 따로따로 거래했지만, 사이버 스페이스 경제는 기업들을 거미줄 같은 상호의존성의 관계망으로 끌어들인다. 글로벌 미디어 기업은 국경선을 넘어 통신망을 전 세계에 깔고 있고 인류의 사업범위와 교제 범위는 전 세계로 확대되었다.

- 세계 통신·방송상의 규제 완화와 상업화가 가속화 되면서 영토에 기반을 둔 국민국가의 지위는 약화되고 인터넷을 매개로 하는 가상세계 안에서 어울리면서 관심을 공유하는 사람들이 늘어나게 된다.

13. 우리는 디지털 통신기술과 문화상업주의의 새로운 시대로 진입하고 있다 - 제레미 리프킨

디지털 통신기술과 문화상업주의는 새로운 경제 패러다임의 강력한 쌍두마차다. 인간이 공동의 의미를 발견하고 세계를 공유하던 수단이었던 통신은 디지털 기술에 의해 상품화되었다. 통신의 모든 형태가 상품화된다는 것은 개인과 공동체의 살아 있는 경험, 문화생활을 구성하는 수많은 영역을 상품화하는 결과로 귀착된다. 새로운 통신기술이 일상생활을 지배하게 됨에 따라 한 번도 시장에 흡수당한 적이 없었던 문화, 인간이 공유하는 경험까지도 점점 경제 영역으로 빨려 들어가고 있다.

- 모든 형태의 커뮤니케이션이 상품화된다는 것은 커뮤니케이션과 불가분의 관계에 있는 문화도 필연적으로 상품화된다는 것을 의미한다. 이 때문에 미래의 기업은 사람의 생활 전체를 설계하고 관리하는 역할을 떠맡게 될 것이라고 예측하는 미래학자들도 있다.
- 상품화된 문화가 네트워크 접속망을 따라 전 세계적으로 동시에 보급되어 문화를 문화공연과 상품의 형태로 식민지화하려는 추세가 가속화되고, 사이버 스페이스에서의 인간 활동 대부분이 상업적 영역으로 옮기게 되면 상업주의가 인간의 삶과 정신을 장악하여 전통적 인간관계나 공동체 문화가 훼손되고 자기실현이라는 목표는 타격을 입게 된다.
  이러한 사회에서는 인간들끼리 살을 맞대고 어울리고 체험을 통해 교감하는 능력이 위축되고 손쉽게 일시적으로 맺을 수 있는 관계, 상품화된 체험, 가상현실이 현실을 대체하게 되어 인간성 상실의 우려가 있다.
- 네트워크에 대한 접속은 지리적, 시간적 제약을 뛰어넘어 과거에 관계를 맺을 수 없었던 사람들끼리 새롭게 관계를 맺을 기회를 제공하기로 하고 수평적 의사소통을 할 수 있는 장점도 있다. 온라인과 오프라인을 상호보완적으로 활용하면 훨씬 폭넓고 풍부한 인간관계를 맺을 수도 있다.

14. 현대사회는 전자 정보기술을 이용하여 더욱 철저하게 인간을 관리·통제하는 통제사회이다 - 질 들뢰즈

미셸 푸코는 근대 사회는 거대한 감시장치로서 회사, 군대, 병원, 학교, 공장 등이 감시장치의 역할을 하고 있다고 하였다. 근대 사회는 각종 검사, 시험평가 등으로 인간을 길들이고 개인을 감시하며 노동자들은 컨베이어 벨트의 기계 리듬에 따라 뒤처지지 않게 일해야 한다. 미셸 푸코에 의하면 근대사회는 감금사회, 징계사회이다.

질 들뢰즈는 미셸 푸코의 감금사회, 징계사회에서 더 나아가 이를 통제사회라고 주장하였다. 통제는 훈육과 규범화로 대표되는 길들임을 통해 이루어진다. 봉급은 성과급 등의 방식으로 크기가 조절되고 도전과 경쟁으로 유도하여 죽어라고 일하게 만든다. 통제는 연수와 평생교육이라는 이름으로 영원히 계속되며 통제의 사슬은 계속된다.

기업에서는 작업량과 이메일, 웹서핑 내역이 체크되고 CCTV와 같은 첨단 감시장치, 이런저런 차단기를 통과하기 위해서는 전자 카드를 가져야 하기 때문에 개인의 이동이 제한된다. 휴대폰, 위치추적장치 등에 의해 개인의 위치가 파악되고 범죄자에게는 위치추적장치나 전자 발찌가 채워진다. 결국, 정보사회는 전자 정보기술을 이용한 감시장치와 통제프로그램을 통하여 철저하게 인간을 관리·통제한다.

- 파놉티콘panopticon은 벤담이 고안한 원형감옥으로서 일망감시시설을 말한다. 미셸 푸코에 의하면 근대 사회는 거대한 감시장치로 파놉티콘의 역할을 하고 있고, 질 들뢰즈에 의하면 현대사회는 전자 파놉티콘이 되어 감시·통제를 보편화한다. 질 들뢰즈는 전자 정보사회의 통제력에 주목하였다.

15. 전자미디어의 등장은 지구촌이라는 새로운 공동체의 출범을 알린다 - 마셜 맥루언

마셜 맥루언은 "미디어가 메시지다"라고 함으로써 미디어는 우리의 감각기관의 확장이며 이것이 개인과 사회에 미치는 영향이 지대하다고 하였다. 기술이 발전하면 전체적으로 새로운 환경이 조성되는데 전자 시대는 사회의 여러 기능을 하나로 통합시켜 압축시켜 놓았다. 이로써 세계는 지구촌이라는 하나의 촌락이 되었다.

- 마셜 맥루언에 의하면 모든 매체와 테크놀로지는 우리 삶의 규모와 유형을 변화시키는데 그 이유는 그것이 곧 매체의 메시지이기 때문이다. 각 시대가 의존하고 있는 기술과 미디어의 속성이 그 시대의 메시지, 문화를 규정한다는 마셜 맥루언의 견해는 과도한 기술결정론에 입각해 있다. 그러나 마셜 맥루언의 주장은 미디어가 사회적으로 미칠 파장에 대하여 날카롭게 분석하였다는 평가를 받는다.

16. 정보사회에서는 쓰레기 정보, 허위 정보가 스모그처럼 미디어 공간을 어지럽힌다 - 데이비스 셍크

정보사회에서는 스팸메일, 문자, 전화, 광고 등 불필요한 정보가 지나치게 많이 유포되는데 데이비드 셍크는 쓰레기 정보, 허위 정보가 스모그처럼 미디어 공간을 어지럽힌다고 하여 이를 데이터 스모그라고 하였다.

자본주의 사회에서는 이윤추구를 위한 쓰레기 정보가 양산된다. 정보 과잉은 강박관념과 주의력결핍 등을 초래하기도 한다. 또 여러 개의 작업을 동시에 처리하는 멀티태스킹multitasking(다중작업) 능력에는 한계가 있으므로 과잉정보는 혼란을 초래한다. 결국, 정보 과잉은 사색, 성찰의 기회를 박탈하여 삶의 여유를 없애고 삶의 질을 저하시킨다.

- 데이비드 셍크는 데이터 스모그에 대한 처방책으로 TV를 끄고 휴대폰, 인터넷 사용을 줄이는 데이터 단식, 가치 있는 정보만을 섭취하는 정보 다이어트가 필요하다고 한다. 미국의 TFA 구호는 'Turn off TV, Turn on life'라고 하는데 TV를 끄고 인생을 켜라는 것이다.

17. 정보사회는 국가 권력의 괴물화를 촉진하는 요인이 될 수도 있다

조지 오웰의 소설『1984』에서는 빅브라더에 의해 매체를 통한 대중조작, 세뇌, 텔레스크린을 통한 감시·통제가 이루어지는 암울한 사회를 묘사하였다. 이처럼 특정 계층이 정보를 독점하게 되면 개인의 소비패턴과 생활양상을 파악할 수 있고 위치추적이 가능하다. 개인이 하는 식사, 주유, 지하철 이용, 휴대폰 통화 등 모든 행위가 감시망에 잡힌다.

이러한 테크놀로지에 의한 정보독재는 주도 인물이 없거나 주체가 불분명하여 어디에서 무엇을 막아야 할지 모르고 효율성과 편의성에 길들여진 인간이 기술을 쉽게 포기하기도 어려우므로 막을 방법이 없다는 것이 문제이다. 이러한 정보사회는 국가 권력의 괴물화를 촉진하는 요인이 될 수도 있다.

18. 정보가 많아질수록 의미는 작아진다 - 장 보드리야르

휴대전화, 인터넷 등 소통수단의 발달로 현대인들은 더 많은 사람과 마음을 열고 타인과 소통할 것이라고 기대한다. 그러나 자본주의 사회에서는 그레샴의 법칙에 의해 이윤 추구를 위한 쓰레기 정보가 양산되고 있고 불필요한 정보가 범람하고 있다. 정보가 많아질수록 그 의미는 작아지는 것이다.

디지털 시대는 익명의 시대이며 개성 없는 가짜 목소리만 존재하고 진실성과 감정의 교류가 없는 피상적 접속은 고독을 심화시킨다. 정보와 소통수단은 많으나 진정한 소통은 없고 정보와 소통의 의미는 오히려 작아지게 된 것이다.

제14절 위험 사회

1. 근대화의 성공은 현대 산업 문명에 의한 새로운 위험을 낳았다 - 울리히 벡

이성과 합리성에 기반을 둔 산업사회는 근대화 과정에서 삶의 근거와 생존기반을 파괴하여 위험 사회를 낳았다. 위험은 근대화의 실패에서 온 것이 아니라 근대화의 성공에서 온 것이다.

근대화, 산업화가 이룩한 현대문명에는 위험이 구조화되어 있다. 대량생산, 유전자 조작 상품의 생산, 군사력 증강, 원자력 발전소의 사고, 핵무기 개발, 생태계 파괴 등은 산업화, 과학기술에 기반을 둔 기술 문명이 초래한 위기이다.

- 서구 사회의 근대화는 자연의 위협을 극복하였으나 그 과정에서 타자를 소비하고 상실했으며 위험요소가 증가하면서 사회 자체를 자멸로 몰고 갈 우려를 낳았다.

2. 오늘날 위험은 특별한 것이 아니라 일상화되었다 - 울리히 벡

오늘날 위험은 특별한 것이 아니라 일상화되어 있으며 위험은 비정상적인 것이 아니라 이제 정상성에 속하는 일이 되었다. 위험이 일상화된 이유는 안전을 고려하는데 비용이 너무 많이 든다는 무반성적 사유 때문인데 우리가 자본주의 사회와 고도 기술 문명, 거대 기술체계에서 사는 한 위험은 피할 수 없다.

- 생명공학, 인공지능 등 최첨단 기술에 의한 예측할 수 없는 위험들이 곳곳에 산재해 있고 신기술과 함께 날마다 드러나는 새로운 위험이 인간의 욕망과 결합하여 인간을 위협한다.

3. 오늘날 위험 사회가 맞고 있는 위험은 양적으로나 질적으로 전혀 다른 종류의 위험이다 - 울리히 벡

오늘날 위험 사회가 맞고 있는 위험은 양적인 크기에서 이미 전 지구적이고, 생태적 위험과 고도 기술의 위험은 질적으로도 전혀 다르다. 그것은 산업사회에서의 빈곤의 위험, 작업장 내 건강의 위험과는 양적, 질적으로 현저히 다르다. 예컨대 원전 사고는 사고 시점, 사고 장소에 한정되지 않고 시간이 지난 뒤에 태어나거나 멀리 떨어진 곳에 사는 사람에게 나타나기도 하는 것처럼 고도 기술로 인한 새로운 위험은 그 발생지에 한정되지 않고 국경을 넘어 전 세계로 확산되며(위험의 세계화) 이 행성의 모든 생명체를 위협한다.

현대의 위험은 불확정적이고 예측과 계산이 불가능하기 때문에 위험을 산정하기 위한 표준, 사고와 보험, 의료적 예방조치들은 현대적 위험에 들어맞지 않는다. 위험은 산업사회의 방식으로 예측하기 어렵고 인간이 관리할 수 있는 수준을 넘었기에 현재의 많은 신기술, 유전자 조작식품 등에 대하여 보험회사도 그 계약을 거부한다.

- 산업사회에서 계산 가능하고 예측 가능한 것으로 보았던 위험은 계산 불가능하고 예측 불가능한 것으로 바뀌었다. 울리히 벡과 앤서니 기든스는 이러한 위험을 제조된 위험manufactured risk이라고 하였다.

4. 위험을 생산하는 사람들과 그렇지 않은 사람들 사이에는 새로운 적대관계가 형성된다

위험 사회가 발전함에 따라 위험으로 이익을 얻는 사람과 그로부터 피해를 보는 사람들 사이에 적대감이 형성된다. 지식의 사회적 중요성이 커지고 지식을 구성하는 과학과 연구, 그것을 퍼뜨리는 대중매체, 미디어의 권력이 커진다.

위험의 원인, 범위, 정도를 둘러싸고 투쟁이 벌어지고 정치인들은 사고와 피해에 대한 책임을 시스템이 아니라 개인에게 지움으로써 압력을 줄이고자 한다. 위험을 만들어 내고 관리하는 사람들은 병도 주고 약도 주면서 영향력을 확대시켜 나가고 위험에 대한 지식을 확산시키며 해석하는 자들의 기회와 영역은 확대된다.

5. 지구적 위험 공동체는 위험에 대한 부정과 몰인식 속에서 태동하고 있다 - 울리히 벡

계급사회는 물질적 필요를 만족시키는 사회이며 강자와 약자, 굶주림과 잉여, 궁전과 오두막이 가시적으로 확연히 구분된다. 그러나 위험 사회에서의 위험은 비가시적이고 예측·계산이 불가능하다.

부富의 생산논리가 사회를 지배하게 되면 필요성이 위험성을 억제하고 이것은 위험과 위해가 자라고 만개하는 문화적·정치적 토양이 된다. 기술의 필요성, 위험 제거에 큰 비용이 든다는 것은 위험의 인식을 억제한다. 부인된 위험은 빨리 그리고 잘 자란다. 부인된 위험은 위험 사회를 태동시키는 동력이며 지구적 위험 공동체는 위험에 대한 부정과 몰인식 속에서 태동하고 있다.

6. 빈곤은 위계적이지만 스모그는 민주적이다 - 울리히 벡

산업사회에서는 부유한 사람들이 위험한 상황에 더 적게 노출되었고 위험이 경제적 궁핍 등 분배 부족에 기인하는 경우가 많았기 때문에 상위계층은 위험에 노출되는 빈도가 낮았다.

그러나 근대화 과정에서 생긴 환경 오염, 원자력 발전소의 사고 등 위험 사회의 위험은 시공간적 제한을 벗어나므로 오늘날은 부자나 권력자 그 누구도 안전하지 않다. 즉, 위험은 평등화되었다.

- 실업, 산업 재해 등은 열악한 작업환경 속에서 일하는 노동자들에게 주로 발생한다. 자연재해든 환경재난이든 지금도 늘 가난한 사람들이 주로 그 피해를 보게 된다. 위험이 평등화되었다고는 하나 아직도 위험은 사회경제적 지위에 따라 다르게 분배된다.
- 오늘날은 위험이 사회적으로 구조화됨에 따라 '위험의 분배'라는 새로운 패러다임이 필요하다.

7. 위험은 벽장에서 나와서 사회적·정치적 논쟁에서 중심적 위치를 차지하게 되었다 - 울리히 벡

산업사회에서는 부富의 생산논리가 위험risk의 생산논리를 지배하였으나 위험 사회에서는 이 관계가 역전된다. 위험이 지구화됨에 따라 위험은 공적인 비판과 탐구의 주제가 되었고 위험은 벽장에서 나와서 사회적·정치적 논쟁의 중심적 위치를 차지하게 되었다.

19세기에는 빈곤의 위험, 숙련노동에 가해자는 위험, 건강의 위험과 관련된 사회갈등이 대부분이었으나 현재의 생태적 위험과 고도 기술의 위험은 질적으로 새로운 것이다. 위험 사회에서는 '나는 배고프다'가 아니라 '나는 두렵다'는 불안의 공동성에서 유대가 생겨나고 정치적 힘이 생겨나게 된다.

- 위험은 일상의 사소한 문제들을 정치적으로 변모시키고 위험의 원인, 범위, 정도, 긴급성, 피해 보상을 둘러싸고 투쟁이 벌어진다.
- 산업사회의 위험을 낳은 과학기술이 배타적인 전문가나 집단, 기업에 독점되어서는 안 되며 이에 대한 대중의 통제와 비판이 중요하다. 시민의 적극적 참여, 대항 담론, 대항지식의 형성이 필요하다.

8. 계급사회에서의 이상은 평등이지만 위험 사회에서 중요한 것은 안전이다 - 울리히 벡

계급사회는 그 발전과정이 항상 평등의 이상을 실현하는 것과 관련이 있다.

그러나 위험 사회에서 원동력이 되는 규범은 안전safety이다.

사회 변화의 실질적·적극적 목표는 부, 평등에서 안전으로 대체되었다. 위험사회는 소극적이고 방어적인 성격을 지닌다.

위험사회는 좋은 것을 획득하는 것보다 최악의 것을 방지하는 데 관심을 둔다. '나는 배고프다'가 아니라 '나는 두렵다'가 사회 작동의 원리가 된다.

9. 오늘날의 근대화는 산업사회를 해체하고 있으며 다른 근대성이 형성되고 있다 - 울리히 벡

근대화가 19세기의 봉건사회의 구조를 해체하고 산업사회를 생산한 것과 똑같이 오늘날의 근대화는 산업사회를 해체하고 있으며 또 다른 근대성이 형성되는 중이다. 울리히 벡과 앤서니 기든스는 이러한 근대화를 산업사회의 테두리를 넘어서는 '성찰적 근대화'라고 표현하고 있다.

성찰적 근대화는 위험에 대항하는 관심과 그에 대한 지식이 생겨났기 때문에 진행되는 것이다. 즉, 근대화가 만들어 낸 위험, 환경 파괴, 불안정성에 대한 지식이 매개가 되어 발생한다. 위험을 전면적으로 인식하고 그에 대응하는 시스템들을 정치적·사회적 결정을 통해 만들어 가는 것, 근대 산업사회가 만들어 낸 위험한 결과들에 대한 새로운 대응체계를 만들어 가는 것이 성찰적 근대화이다.

- 근대성에 대한 시민들의 비판의식, 사회에 대한 자기반성, 위험에 대한 활발한 토론이 성찰적 근대화를 이끈다.

제15절 웰빙

1. 오늘날의 웰빙 열풍은 현재 잘 있지 못하다는 것을 반증한다

자본주의 사회는 돈의 가치를 우위에 두고 욕망과 소비를 부추겨서 인간성을 황폐하게 만든다. 의식주는 돈으로 해결해야 하므로 늘 불안하고 초조하다. 또 이윤을 추구해야 하므로 많이 생산하고 많이 소비하도록 하여 자연을 망가뜨린다. 오늘날 사람들이 웰빙을 추구하는 것은 현재 상태가 잘 있지 못하다는 것을 나타낸다.

2. 웰빙은 잘못된 삶, 가벼운 삶에 대한 반성으로서 진정한 삶(참살이)을 의미한다

사람들은 웰빙에 대하여 위험을 피하기 위하여 친환경 식품이나 비싼 유기농 식품을 먹고 몸에 좋은 것을 가려서 소비하는 것, 다이어트와 운동을 통해 날씬한 몸매, 근육질 몸매를 만들고 외모를 가꾸는 것으로 생각하는 경향이 있다. 그러나 웰빙은 잘못된 삶, 가벼운 삶에 대한 반성으로서 진정한 삶(참살이)을 의미한다.

비싼 음식을 먹고 더럽거나 해로운 것, 스트레스를 피하여 차별화된 삶을 살자고 하는 욕망 역시 상품의 생산자에 의해 부추겨진 것이며 그러한 상품 또한 환경훼손을 통하여 얻어지는 것들이 많다. 또 외모 가꾸기 열풍은 외모지상주의와 결탁하여 억압적 기능을 수행한다. 물질 중심, 소비중심, 외모 중심의 웰빙은 오히려 정신을 황폐하게 만들고 좋은 삶을 꾸려 나갈 수 없게 한다.

3. 라다크 사람들은 주의 깊은 자원이용을 통해서 땅과 긴밀하게 어울려 살아감으로써 비교적 높은 생활 수준을 가진 사회를 창조해낼 수 있었다 - 헬레나 노르베리 호지 『오래된 미래』

라다크는 강수량이 적은 히말라야의 고지대에 위치하고 있어 농사에 부적합하고 자원도 부족하여 생존에 가혹한 환경을 이루고 있다. 라다크 사람들은 보리와 밀을 경작하고 여름에 고지대 초원에서 양과 소, 야크 등을 기른다. 이들은 자연환경과의 조화와 균형 속에 살아간다. 이들은 땅에 위협이 될 정도로 집을 짓지 않고 자연을 해치지 않는 범위에서 집을 짓는다.

나무는 땔감으로 사용하지 않고 건축, 악기, 도구 제작에 이용되고 땔감으로는 짐승의 마른 똥이 이용된다. 인분은 거름으로 사용되고 집집마다 퇴비를 만들어 쓰레기는 재순환 된다. 이들은 검소한 방식으로 살아가면서 적은 것에서 많은 것을 얻어낸다. 이들은 자원을 주의 깊게 이용하고 절대 오용하지 않음으로써 그리고 땅과 긴밀히 어울려 살아감으로써 비교적 높은 생활 수준을 가진 사회를 창조해낼 수 있었다. 라다크 사람들은 석기시대의 기술만을 이용하고도 살아남았을 뿐 아니라 실제로 번영을 누려왔다.

- 검소하다는 것은 인색한 것과 다르다. 검소함은 적은 것에서 많은 것을 얻어내는 것이며 검소함은 번영을 누리는 근원이 된다. - 헬레나 노르베리 호지
- 항상 자연을 그리워하며 주말마다 산이나 공원을 찾는 현대인의 삶이 더 풍요롭다고 할 수 있는지는 의문이다. - 헬레나 노르베리 호지

4. 라다크에서는 경쟁이 아니라 협력이 사회의 토대를 이루고 있고 모든 계층이 어우러져 여유 있게 살아가는 공동체의 문화가 살아 있다 - 헬레나 노르베리 호지『오래된 미래』

헬레나 노르베리 호지는 삶의 질이라는 관점에서 볼 때 라다크 사람들은 산업화 이전의 사회에서 우리가 생각하는 것보다 잘산다고 하였다. 라다크는 사회의 모든 구성원 사이에 높은 수준의 협력이 있고 부유한 사람과 가난한 사람, 남성과 여성, 늙은이와 젊은이 사이에 거의 차이가 없으며 누가 무슨 일을 하는가 하는 것은 매우 유연하다.

노동에는 유희가 섞여 있고 가족, 친구들, 증조 부모에서 증손자들까지 들에서 서로 돕고 노래 부르며 잡담을 한다. 노동은 전문화가 이루어지지 않았기 때문에 작업이 단조롭고 지루한 경우가 별로 없다.

협력은 삶의 모든 영역에서 찾아볼 수 있으며 집안일을 나누어서 하고 짐승 풀 먹이는 일은 돌아가면서 할 뿐 아니라 아이들은 또래 집단으로부터 격리되는 일이 없으며 자기들보다 나이 많은 사람들이 제공할 수 있는 도움과 지원을 받는다. 사람들은 언제나 온갖 나이에 속한 사람들에 둘러싸여 상호작용하면서 평생을 보낸다. 이러한 공동체 문화는 잘 사는 것(웰빙)의 매우 중요한 요소가 된다.

- 가족애, 이웃과의 협동, 나이와 관계없이 모두가 어우러져 살아가는 사회에서는 소외가 없고 여유와 유희가 있다. 경쟁이 아니라 협동이 관습 속에 배어 있는 공동체 문화, 공생의 사회는 삶에 기쁨과 행복을 준다.
- 현대사회에서는 타인의 이익이 자신의 손해라고 여기고 끊임없이 경쟁한다. 현대인들은 속임수를 써서라도 이익을 남겨야 경쟁에서 이긴다는 생각에서 불행하게 된다. 물질을 매개로 관계를 맺고 경쟁이 사회의 토대를 이루는 현대사회는 삶의 질에서 많은 한계를 드러낸다.

5. 서구의 문물은 라다크 사람들을 행복하게 만든 것이 아니라 바쁘고 힘들게 만들었다 - 헬레나 노르베리 호지『오래된 미래』

헬레나 노르베리 호지의『오래된 미래』에 의하면 시장경제 체제가 도입되지 않은 라다크에서는 돈이 필요가 없었고 굳이 번영할 필요가 없었다. 라다크 사람들은 자기들이 가진 것을 자랑스러워했고 스스로 부유하게 산다고 생각하고 있었다. 그러나 관광객들과 접촉하면서 젊은이들은 자신들을 가난하고 박탈된 존재로 생각하기 시작했다.

딴 나라 사람들은 일도 하지 않고 여행하면서 많은 돈을 쓰고 멋지게 사는데 부모들과 어른들은 추한 모습으로 일하고 산다고 생각한다. 그들은 스스로를 부끄럽게 여기게 되었다. 젊은이들은 마을을 버리고 도시로 가서 온갖 현대 세계의 장식품들을 사기 위해 바쁘게 일해야 한다. 서구의 문물은 라다크 사람들을 행복하게 만든 것이 아니라 더 바쁘고 힘들게 만들었다는 것이다.

- 문명은 필요 없는 생활필수품을 끝없이 늘여가는 과정이다. - 마크 트웨인
- 도시는 문명이 주는 흥분, 매혹, 편의라는 마취제로 살아가는 것이다. - 헬렌 니어링, 스콧 니어링

6. 서구식 산업문화는 상호의존 사회를 공격하고 삶의 질을 떨어뜨렸다 - 헬레나 노르베리 호지『오래된 미래』

라다크 사람들은 자연과의 조화와 균형 속에 살아왔고, 경쟁이 아니라 협동이 토대를 이루고 있는 공생의 사회를 이루고 번영을 누리며 살아왔다. 그러나 서구의 물결이 유입되면서 돈의 가치를 중시하게 됨에 따라 서로를 존중하고 인정했던 라다크 사람들의 마음에도 균열이 생기게 되었고 불화가 싹트기 시작했다.

기계가 모든 일을 다 해 준다고 생각하면서 인간이 위대하다는 의식을 갖게 되고 그들이 숭배하던 자연을 지배의 대상으로 인식하게 되었고 가공된 흰 빵과 수입한 흰 쌀을 먹고 콘크리트 상자 속에서 사는 것이 현대적이라고 생각하게 되었다. 또 간염 발생률이 높아지고 위장병이 만연하는 등 건강상태가 악화되고 사람들의 정신적 태도도 변하고 알코올 중독, 폭력도 증가하였다.

헬레나 노르베리 호지는 자연과의 조화와 균형 속에 서로 협력하며 살아가던 공동체 사회인 라다크는 세계화의 물결 속에 오히려 삶의 질이 떨어지게 되었다고 한다.

7. 서구의 문물에 기반을 둔 현대의 생활방식은 옛날 방식보다 더 비경제적이다 - 헬레나 노르베리 호지 『오래된 미래』

옛날 사람들에게 일은 주로 육체노동이었고 정신노동으로부터 오는 스트레스는 거의 없었다. 그러나 도시의 현대적 생활방식은 간염과 위장병의 발생률, 스트레스를 높인다. 또 사람들은 치열한 생존 현실에서 도피하고자 알코올에 기대고 폭력도 증가한다.

옛날 사람들은 짐을 지고 고지를 오르면 되지만 서구인들은 돈을 내고 무거운 배낭을 메고 여행을 한다. 옛날 사람들은 일하면서 놀이와 운동을 동시에 하였지만, 현대인들은 일부러 돈까지 써가면서 헬스클럽 등에서 운동을 하고 다른 곳에 가서 유희를 즐긴다. 대가를 치르지 않고 재미를 느낄 수 있는 일을 현대인들은 엄청난 돈을 쓰면서 한다.

옛날 사람들은 집을 흙과 나무, 돌로 만들어 태양에너지를 흡수하고 생태 파괴나 토양 오염을 야기하지 않았으나 현대인들은 막대한 자원을 사용하여 땅에 위협을 가할 정도로 큰 건물을 콘크리트로 만들어 냉난방, 조명을 위해 과다한 에너지를 사용하고 토양과 대기오염을 야기한다. 옛날 사람들은 자연환경과 조화와 균형 속에 살아가 따로 산을 찾을 필요가 없었으나 현대인들은 항상 자연을 그리워하며 살아가며 주말에는 산이나 공원을 찾는다.

헬레나 노르베리 호지에 의하면 현대의 생활방식은 옛날 방식보다 비경제적이다.

- 가공된 흰 빵을 먹고 콘크리트 상자 속에 사는 현대인의 삶이 현대적인 것이 아니라 에콜로지와 통밀 빵, 돌집에 사는 것이 오히려 더 현대적이다. - 헬레나 노르베리 호지
- 헬레나 노르베리 호지에 의하면 라다크의 생활은 석기 시대의 삶처럼 오래된 것이지만 그것은 풍요로운 삶으로서 미래의 삶의 기준이 될 수 있다.

8. 라다크 사람들은 자기들이 서로서로, 또 땅에 의존하고 있다는 것을 잘 알고 있기 때문에 사회는 조화롭게 유지되고 있다

- 헬레나 노르베리 호지『오래된 미래』

라다크 사람들은 놀라울 만큼 삶의 기쁨을 누리며 살고 있다. 그들의 웃음은 깊은 평화와 만족감과 연결되어 있다. 이들은 한 사람의 이익이 다른 사람들에게 손해가 되지 않으며 남을 돕는 것이 자기에게 이익이 된다고 믿는다. 그들의 얼굴에는 항상 미소가 있으며 화를 내지 않고 살아가는 방법을 익혀 왔다. 분쟁이 생기면 항상 중재자가 있고 문제가 생기면 지혜롭게 해결하는 법을 알고 있다.

라다크 사람들은 정서적으로 건강하고 안정된 생활을 하며 상황에 따라 흔들리지 않는 삶의 기쁨을 누리는데 이러한 생활태도는 복합적이고 전체적인 사고방식, 상호의존성에 기초한 세계관에서 나온다. 자신이 훨씬 더 큰 어떤 것의 한 부분이며 다른 사람과 주위의 모든 것과 연결되어 있다는 것, 자기들의 땅에 자신이 속해있다는 것을 알고 있기 때문에 사회는 조화롭게 유지되고 있다. 그들은 자연의 변화나 별의 움직임을 감지하고 그들의 삶의 터에 결속하고 거기서 항상 만족하며 살아간다.

- 고립되고 객관적으로 측정할 수 있는 것만이 가치를 가진다고 보는 과학적 사고방식이 행복을 가져오는 것은 아니다.
- 개발이라는 것은 인공적인 체제로 땅 표면을 덮어버리는 증기 롤러 같은 것이다. 이것은 다양한 땅이나 인간 문화와 관련이 없으며 지상의 모든 생명의 상호의존성에서 벗어난 것이다. - 헬레나 노르베리 호지
- 현대문명은 돈의 가치를 우위에 두고 사람들 사이에 불화를 야기하여 아름다운 공동체를 파괴한다. 또 쓰레기와 환경 오염으로 삶의 터전을 더럽힌다. 자연과 조화를 이루면서 자연을 느끼고 필요한 만큼 자연으로부터 얻는 것은 전통문화의 생태적 개발모델로서 지속 가능한 문명, 진정한 웰빙의 방향을 제시해 준다.

9. 삶에 진짜 필요한 것은 단순함, 건강, 평화로운 마음이다
- 헬렌 니어링, 스콧 니어링

헬렌 니어링과 스콧 니어링 부부는 자본주의와 이윤추구의 경제, 도시 문명이 주는 편의에서 벗어나 자연 속에서 독립적이고 자족적인 삶을 살고자 뉴욕을 떠나 버몬트 숲 속으로 가서 살았다.

그들은 먹고 사는 데 필요한 돈 이상을 벌려고 하지 않았고 기본 생활수단이 마련되면 사회활동, 독서, 글쓰기, 작곡 같은 취미생활 등 다른 일에 관심을 돌려 열중했다. 그들의 삶에 진짜 필요한 것은 단순함, 건강, 평화로운 마음이었다. 그들에게 있어 돈은 철저한 교환의 수단일 뿐 축적의 수단이 아니었고 그들은 돈의 논리 밖으로 나아가 꿈과 이상을 함께 나누는 인간다운 삶을 추구했다.

- 돈을 신 모시듯 하면 돈이 악마처럼 인간을 괴롭힌다. 무소유를 추구하는 사람들의 외적인 사물에 대한 비의존성은 행복한 삶을 위한 엄청난 자산이 될 수 있다.

10. 부자가 되기보다는 육체와 정신의 조화 속에 만족을 누리며 바르게 사는 사람이 되어야 한다

웰빙은 소유상태와 관련지어 획일적으로 논할 수 없고 물질적 조건의 지나친 욕구는 삶을 황폐화하고 반인륜적 범죄를 부르기도 한다. 물질은 웰빙을 위한 수단에 그쳐야 한다. 잘 먹고 잘 생기기보다는 균형 있는 식사와 운동을 통해 건강을 유지하고 노동을 통해 자아를 실현하고 성취감과 행복을 맛볼 수 있어야 한다.

문화·예술에 대한 이해, 자연을 관조하는 여유, 선행과 미덕의 실천은 삶을 한층 더 풍요롭게 한다. 우리는 육체와 정신의 조화 속에서 행복한 삶을 누릴 수 있으며 잘 있기, 부자가 되기보다는 바르게 사는 사람, 잘 사는 사람이 되도록, 풍족한 사회보다는 살만한 세상이 되도록 노력해야 한다.

11. 먹거리의 선택은 개인의 취향의 문제가 아니라 환경, 농업, 공동체에 영향을 미치는 사회적·경제적 행위다

산업의 논리로 생산된 먹거리는 이윤을 목적으로 만든 것으로 획일성, 효율성, 환금성이 중요시 되고 가축의 행복이나 소비자의 건강, 환경보존에는 관심이 없다. 대규모 식품산업은 자원을 고갈시키고 과소비를 초래하여 인간과 지구를 파괴하고, 맛의 표준화는 자연의 풍요로움과 다양성을 훼손한다.

자연의 속도에 맞추어 생산한 제철 식품, 전통 음식은 자연 친화적 생활방식, 식사의 즐거움, 여유, 건강을 주고 전통적 소농을 보호하고 고유의 문화와 전통, 독창성과 다양성을 유지할 수 있게 한다. 음식은 이제 개인의 취향의 문제가 아니라 산업화, 세계화로 위협받고 있는 모든 가치의 상징이며 먹거리의 선택은 환경, 농업, 공동체에 영향을 미치는 사회적·경제적 행위다.

- 현대의 위험한 음식 문화
  - 과일의 착색과 코팅은 부패를 촉진시킨다.
  - 섬유질을 제거하고 도정, 정제된 곡식은 영양소가 부족하고 소화흡수를 빠르게 하여 당뇨병의 위험성을 높인다.
  - 과자 등에 포함된 화학첨가물은 면역력 저하, 발육장애를 초래한다.
  - 가축, 물고기에 투여된 항생제는 병원균에 대한 내성을 길러주어 세균을 강하게 만든다.
  - 패스트푸드는 지방질, 고열량이며 함께 마시는 콜라와 함께 비만을 초래한다.

제16절 지식, 진리탐구

1. 인간은 만물의 척도 - 프로타고라스

굶주린 자의 눈에 보이는 세계는 배부른 자의 것과는 다르다. 추위에 떠는 자에게는 바람이 시리나 떨지 않는 자에게는 그렇지 않다. 누구의 감각이 옳은 것인지는 알 수 없고 감각으로 인지되는 것들은 나름대로 다 진실이다. 모든 인간은 각자의 기준과 전제조건으로 만사를 판별한다는 점에서 자기 나름대로는 만물의 척도이다. 인간의 감각과 기분은 시시각각으로 변하는 것이므로 객관적 진리는 존재하지 않는다.

- 인간이 만물의 척도라는 것은 인류 전체가 보편적 인식의 틀로 자연을 체계화할 수 있다든가, 인간이 자연 위에 군림해야 한다는 의미로는 해석하지 않는 것이 보편적이다.
- 소피스트들은 인간의 시각은 모두 다르고 인간에 따라 진리는 상대적일 수 있다고 주장하여 보편타당한 진리를 인정하지 않았다. 그러나 소크라테스 이후 서양 철학에서는 소피스트들을 도덕의 파괴자로 간주하였고 주관적인 것을 진리와 별개로 인식하여 왔으며 절대 진리의 부정은 선善을 부정하는 것으로 보아 윤리적으로 매우 위험하다고 생각하였다.

2. 진리는 존재할 수 없다. 존재한다 하더라도 알 수 없고, 안다 하더라도 전달할 수 없다 - 고르기아스

회의주의자들은 모든 것을 의심하였고 진리가 있다는 것 그 자체를 부인하였다. 자신이 진리를 알고 있다고 믿는 것은 독단이고 무엇에 대한 판단은 개인의 편견을 표명한 것에 지나지 않으며, 무엇이 진리라고 말하는 경우 그것은 근거 없는 속견을 절대화하는 것이다. 가정된 전제는 증명할 수 없고 우리의 감각은 사람 또는 상황에 따라 상대적일 수밖에 없으므로 믿을 수 없다는 것이다.

회의주의자들에 의하면 모든 것은 상대성과 개연성만 있을 뿐 확실한 것은 아무것도 없다. 또 말은 사물 자체와 동일하지 않은 기호에 불과하므로 말로 전달한다 하더라도 다른 사람이 전달자의 지식과 동일한 지식을 얻는다는 보장이 없기 때문에 지식은 전달될 수 없다. 회의주의는 모든 것에 대한 판단을 유보한 채 끝없이 의심하면서 진리를 탐구하는 것만이 올바른 길이라고 믿었고 보편적 진리를 거부하였다.

- 회의주의는 소피스트의 상대주의적 관점을 계승한 것으로서 오류를 경계하여 끝없이 의심함으로써 독단론에서 벗어나고자 한 점에 의의가 있다. 탐구 정신을 잃어버리고 어떤 교의에 만족하거나 불변의 실체와 원리, 영구적인 해답을 찾는다면 독단론이나 광신론에 빠지게 되어 극단으로 치닫게 된다.
  그러나 끝없이 의심하는 것이 진리를 탐구하기 위한 사유의 방법이 아니라 그 자체가 목적이 되어 버린다면 우리는 막연한 추측 이외에는 아무것도 할 수 없게 될 수도 있다.
- 몽테뉴의 건전한 회의주의
  몽테뉴에게 있어서 회의는 진리의 인식을 불가능한 것으로 여기는 것이 아니라 어느 한 관념이나 학설에 머무르지 않고 계속 탐구 정신을 갖게 하는 지식인의 자세이다. 회의는 독단론이나 광신론에 빠지는 것을 방지하고 작은 문제들을 좀 더 깊이 있게 고민하게 하며 인간의 삶을 좀 더 풍부하게 해 준다.

---

3. 어떤 주제에 대하여 질문과 대답을 해 나가다 보면 누구나 인정할 수 있는 옳은 것에 도달한다 - 소크라테스

소크라테스는 어떤 주제에 대하여 질문과 대답을 해 나가다 보면 누구나 인정할 수 있는 옳은 것에 대하여 도달한다고 하였다. 이것은 인간은 누구나 무엇이 옳고 그른지, 잘못되었는지를 처음부터 알고 있기 때문이라는 것이다. 즉, 인간에게는 이성이 있기 때문에 로고스logos(논리, 언어)를 구사하면서 시행착오를 거듭하다 보면 객관적·보편적 진리에 도달하게 된다는 것이다. 소크라테스는 위와 같은 사고를 기반으로 하여 다음과 같이 특유의 대화법을 활용하였다.

① A가 어떤 사실을 주장한다 → ② 소크라테스는 그에 대해 직접 논박하지 않고 다른 주장을 제시하여 A의 동의를 얻는다 → ③ A가 자신의 주장을 부정하는 결론을 이끌어 낸다.

이와 같은 방식으로 소크라테스는 진실한 결론을 이끌어 내고 무지를 깨닫게 하였다.

- 대화를 통하여 다른 것 중에서 공통점을 찾아내어 정리하고, 정리한 것 가운데서 차이를 발견하여 구별해 나가는 과정에서 무지, 착각, 억지에서 벗어나 진정한 지식에 이를 수 있다.
- 에로스는 진리에 대한 사랑, 무엇을 알고자 하는 열정으로서 무지에서 지혜로 나아가는 길이다. 플라톤은 에로스는 더 높은 정신적 가치를 추구해 나가야 하며 이데아(진리)에 대한 사랑으로 승화되어야 한다고 하였다.

4. 우상은 영혼의 빛을 왜곡시키고 편향된 사고를 가져온다
- 베이컨

베이컨은 바른 판단을 저해하는 위험요소를 우상idol이라고 칭하고, 우상은 고르지 못한 면을 가진 거울처럼 영혼의 빛을 왜곡시키고 편향된 사고를 가져오기 때문에 우상을 배격함으로써 고정관념, 편견에서 벗어나 참된 지식을 얻고자 하였다.

베이컨이 말한 네 가지 우상은 다음과 같다.

- **종족의 우상**

  인간의 감각기관이 사물의 척도인 것으로 착각할 때 생기는 것으로 인간이라는 종족의 본성에서 유래하는 편견을 말한다(예: 새가 노래한다).

- **동굴의 우상**

  사람들은 자신의 사회적 지위, 환경, 읽은 책의 내용, 지적 취향에 따라 자신의 동굴에 갇혀 있고 자신의 좁은 관점에 집착하여 우물 안 개구리가 되어 생각하는 데서 오는 편견을 말한다.

- **시장의 우상**

  언어라는 기호는 불완전하여 많은 문제와 오해를 야기하는데 이러한 언어사용에 따른 편견을 말한다. 이 우상의 덫에 걸리면 마치 그 언어에 해당하는 실재가 있다고 믿기 쉽다(예: 용, 귀신, 신, 이데아 등).

- **극장의 우상**

  그럴듯하게 꾸며진 연극에 환호하는 관객들처럼 전통과 권위를 무조건 신뢰하고 받아들이는 것을 말한다. 나름의 일관성을 갖추고 잘 가공되어 포장된 진실은 사실인 것처럼 믿게 된다(예: 신학, 그럴듯한 논문, 유명한 권위자의 주장 등).

- 베이컨은 아리스토텔레스의 3단논법 같은 연역적 방법은 그 전제에 포함된 오류를 발견할 수 없고, 잘못된 전제에서 잘못된 결론이 도출될 수 있는 위험성이 있기 때문에 모든 것은 사물을 관찰하는 데서 출발하여 실험하고 경험함으로써 분명한 진리를 찾을 수 있는 귀납법을 더 신뢰하였다. 베이컨은 경험론의 선구자이다.

5. 가장 높은 단계의 지식은 직관지直觀知이며 신(자연)의 본성으로부터 개별 사물들에 대한 인식, 전체에 대한 종합적 인식으로 나아가야 한다 - 스피노자

스피노자는 지식을 속견俗見으로서의 지식, 공통 관념이 만들어 내는 지식, 직관지直觀知의 세 단계로 분류하였다. 속견으로서의 지식은 감각을 통해 얻는 지식으로 환경과 상황에 따라 변할 수 있으며 정확성을 결여하고 있다. 공통 관념이 만들어 내는 지식은 감각이 아니라 이성, 과학적 탐구를 통하여 얻게 되는 지식이다. 여기서부터 인간은 과학으로 나아갈 수 있다.

직관지直觀知는 신(자연)의 본성으로부터 개별 사물들에 대한 인식으로 나아가는 것으로서 가장 높은 단계의 지식이다. 이론적 탐구만으로는 부분적이고 파편적인 진리만을 얻을 수 있을 뿐 큰 진리를 온전하게 볼 수 없으므로 진리에 이르기 위해서는 자연의 본성으로부터 깊이 사유하고 성찰하여 전체를 아우르는 면을 종합적으로 파악하는 태도가 필요하다.

6. 마음은 진리로 열려있는 문이며 진리는 마음의 작용으로 알 수 있다 - 파스칼

파스칼은 "내 몸은 세상에 대한 나의 관점이다"라고 하였다. 나는 감각을 통해 세상을 인식할 수 있는데 감각은 한정된 것만을 인식할 수 있고 주관적이므로 그것만을 기준으로 판단하게 되면 오류나 환상에 빠질 위험이 있고 선입견으로 인해 진리를 바로 보지 못할 위험성이 있다는 것이다. 이 때문에 파스칼은 신체의 감각을 경계하고 주관적 관점을 벗어나 마음의 작용으로 세상을 바라보아야 한다고 하였다. 파스칼이 말한 마음은 이성으로 설명되지 않는 직관적인 통찰력을 가리킨다. 누구를 좋아한다든가, 자신에게 아무런 이익도 없는 자선활동을 하는 것은 머리로 생각하는 이성으로는 잘 이해되지 않는다. 파스칼에게 마음은 진리로 열려있는 문이며 진리는 마음의 작용, 즉, 비이성적이고 직접적이며 직관적인 통찰을 통하여 파악할 수 있다.

- 파스칼의 생각은 이성의 한계를 깨닫고 직관적이고 주관적인 것의 중요성을 발견하였다는 점에서 그 의의가 있다.
- 불교에서의 직지인심直指人心은 자신의 마음을 직관하여 깨달음을 얻는 것이다. 선禪의 궁극적인 목적은 깨달음을 얻는 것이며 그러기 위해서는 마음이 그 본성을 보아야 한다. 마음의 근본을 깨우쳐 직관적인 깨달음으로 부처의 경지에 이를 수 있다는 것이다.

7. 진리를 발견하기 위해서는 직관에 의하여 얻은 의심할 수 없는 지식에서 출발해야 한다 - 데카르트

직관은 의심할 것이 전혀 없는 지적인 통찰로서 경험을 통한 인식과 반대되는 개념이다.

경험적 인식은 종종 착각을 일으켜 혼란을 가져오지만, 직관은 맑은 정신을 통하여 어떠한 의심도 일으키지 않는 명석하고 판명한, 참된 지식을 제공한다. '나는 생각한다'라는 말은 도저히 의심할 수 없는 것으로서 명석·판명함을 갖춘 것이다. 이것은 직관으로 얻은 지식으로서 도저히 의심할 수 없기 때문에 '나는 존재한다'라는 결론이 필연적으로 도출되어 공리를 만들어 낸다.

공리는 증명할 필요 없이 직관에 의하여 자명한 진리로 인정되는 것인데 예컨대 삼각형의 변이 세 개, 구의 면이 한 개라는 사실과 같은 것들이다.

데카르트에 의하면 아리스토텔레스의 삼단논법은 논리를 이끌어 내는 전제가 특별한 근거 없이 절대적인 권위가 부여된 것이며 그것은 공리가 아니다. 데카르트는 공리라는 확실한 사실에서 출발하여 진리를 얻어야 한다고 하였다(연역법).

- 연역에 의한 진리의 발견법칙
  ① 어떤 의심도 없이 받아들일 수 있는 것을 참으로 인정한다. → ② 여러 문제를 가능한 한 작은 부분으로 나누어 본다. → ③ 단순하고 쉬운 대상에서 복잡한 대상으로 사유를 진전시킨다. ④ 전체를 아우르는 체계를 구축한다.

8. 인간의 지식은 경험에서 얻어진다 - 존 로크

존 로크는 "인간의 지식은 경험에서 얻어진다. 인간의 정신은 백지와 같은 것이며 우리의 경험을 통해서 하나하나 채워진다"고 하였다. 인간이 태어날 때부터 가지고 있는 생득관념은 없고 모든 관념은 경험에 의해 습득되는 습득관념이라는 것이다.

존 로크에 의하면 경험은 인식의 통로이며 우리는 경험 속에서 감각과 반성을 통하여 어떤 관념을 만들어 낸다. 즉, 경험은 1차적으로 감각을 통하여 사물에 대한 관념을 만들고, 감각을 통해 파악한 관념을 근거로 2차적으로 사유(의심, 추론), 분석함으로써 결론을 낸다. 로크에 의하면 인간의 감각을 떠나 실체를 아는 것은 불가능하다.

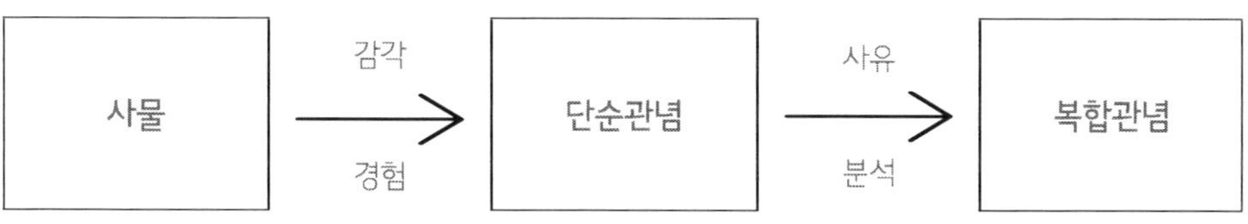

- 로크는 인간의 오성悟性(understanding) 속에 생득관념이 있다는 것을 확신한다면 사람들은 이성과 판단을 사용하지 않게 되며 그것을 잘 생각해 보지도 않게 될 것이라고 하였다.

9. 존재하는 것은 지각되는 것이다 - 버클리

존재한다는 것은 지각된다는 것이다. 우리의 경험 속에서 감각을 통해 지각되는 사물은 분명히 존재하는 것이나 지각을 통해 형성된 관념(지각된 사물)이 없다면 그것은 존재한다고 말할 수 없다.

사물이란 밖에 존재하는 것이 아니라 우리의 생각 속에 존재하는 것이며 실제 존재하는 것은 관념(지각된 사물)이다. 따라서 생각하지 않는 사물들의 절대적 존재를 말하는 것은 아무런 의미가 없고 사물의 본질은 없다.

우리가 알게 되는 것은 사물의 실체가 아니라, 그것을 접하여 경험함으로써 감각이 만들어 내는 관념일 뿐이다(관념 실재론).

- 버클리는 영국 성공회의 주교였다.
  버클리에 의하면 사물의 근원이나 질서는 실체나 물질을 통해 만들어지는 것이 아니라 신에 의해 만들어지는 것이다. 버클리는 유물론자들이 주장하는 물질과 물질적 토대를 부정하고 유물론 철학을 붕괴시키기 위하여 물질에서 찾았던 궁극적 실재는 정신(신)에서 찾아야 한다고 하였으며 이러한 생각에서 "존재하는 것은 지각되는 것이다"라는 주장을 하였다.
- "존재하는 것은 지각되는 것이다"라는 말은 그 본래 의도와 무관하게 가치 있는 존재라고 하여도 사람들의 눈에 띄지 않으면 그 중요성을 인정받지 못한다는 홍보의 정당성 논리로 활용되고 있다.

10. 감각기관을 통한 경험은 지각(인상 + 관념)을 만들어 낸다 - 흄

인간의 사유는 경험의 한계를 벗어나지 못한다. 정신의 내용물은 감각기관을 통한 경험에 의해 주어지는데 그것이 지각preceptions이다. 지각preceptions은 인상impression과 관념ideas으로 구분된다.

인상은 무척 선명하고 구체적인 것이고, 관념은 볼 수 없고 애매한 것이다. 인상은 우리가 보고 느끼는 것이며 관념은 인상들을 다시 생각하고 반성할 때 갖게 되는 것이다. 즉, 관념은 인상의 기억들이 만들어 내는 것으로서 경험에 의해 제공되는 물질들을 섞어 내고, 그들의 위치를 바꾸는 인간 정신의 능력이다. 예컨대 날개 달린 말이나 용은 순전히 인간의 상상으로 만들어 낸 것이 아니다.

날개 달린 말은 새와 말, 용은 뱀, 사슴, 독수리 등 여러 동물의 인상을 조합해서 만들어 낸 관념이다. 이것은 새로 만들어 낸 것이 아니라 경험의 테두리 안에서 인간 정신의 능력으로 만들어 낸 관념이다. 흄은 의심과 회의를 통해 경험론을 완성하였고 경험론 철학을 집대성하였다.

- 흄은 인과법칙은 인간이 반복적인 경험을 통해 얻은 습관적인 신념이라고 하여 인과법칙을 부정하고 나아가 자아의 존재까지 의심하였다. 흄에 의하면 자아는 변하지 않는 자기 정체성이 아니라 자신에 대한 다양한 지각으로서 어떤 실체가 아니라 서로 다른 지각들의 묶음이나 집합이다.

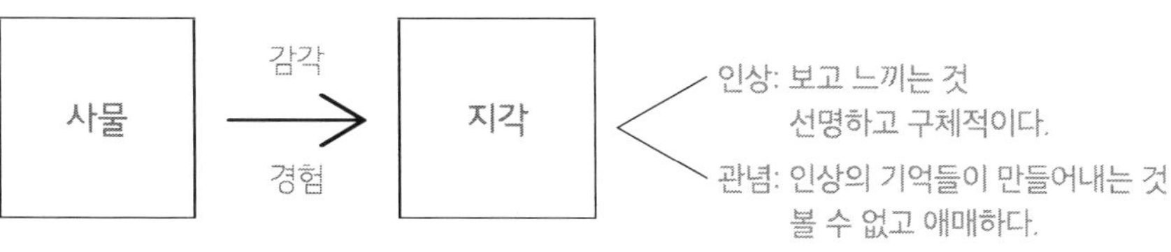

11. 분석판단은 선험적이고 종합판단은 경험적이다. 선험적 종합판단은 합리적이면서도 경험적인 것이며 보편적 지식을 얻기 위한 것이다 - 칸트

사물을 인식하는 것은 경험에서 출발한다. 그러나 경험에 기대지 않고 논리를 동원해 진위를 알 수 있는 경우도 있다. 이렇게 해서 알게 된 것이 선험적인 지식이며 이것은 인간의 이성적 판단을 통해 획득한 것이다. 칸트는 경험을 인식의 근거로 삼지만, 경험과 관계없이(경험 이전에) 인간이 가지고 있는 선험적 판단능력을 중시하였다. 선험적 판단능력은 과학적 추리를 가능케 한다.

판단하기 위해서는 분석과 종합이 필요한데 분석판단은 경험과 무관한 것으로서 선험적이며, 종합판단은 관찰과 경험을 통해서만 가능하므로 경험적이다. 이것이 선험적 종합판단(선험적인 분석판단과 경험적인 종합판단의 능력을 결합한 것)이다. 선험적 종합판단은 합리적이면서도 경험적인 것이며 우리의 인식을 넓혀 주는 보편타당한 지식을 위해 필수적인 것이다.

- **분석판단의 예: 삼각형은 세 개의 각을 갖는다.**
  2 + 3 = 5이다.
  교사는 가르치는 사람이다.

  이러한 판단은 사실을 확인할 뿐 어떠한 지식도 생산하지 않는다.

- **종합판단의 예: 모든 물체는 무게를 갖는다.**

  종합판단은 관찰과 경험에 의한 것이므로 옳은 판단이 아닐 수도 있지만, 그것이 타당한 경우에는 많은 지식을 알려 준다.

- **분석적 종합판단의 예: 두 점의 직선은 두 점의 최단거리이다.**

  직선 = 최단 거리(필연적이고 보편적인 관계를 가진다) - 분석판단

  직선(형태를 나타내는 말)과 최단 거리(양을 나타내는 말)라는 서로 다른 말을 관련지어(종합판단) 두 점의 직선은 두 점의 최단거리라는 새로운 지식을 생산해 낸다.
  - 분석적 종합 판단

- 합리주의자들은 이성을 통하여 사물과 세계를 설명하려고 하고 이성적 추론으로 신, 영혼, 자유 등의 형이상학적 실체를 발견하려고 하였다. 그러나 경험에 의하지 않고 이성만을 통하여 판단을 내리는 것은 착각이며 독단에 빠지게 된다.
  한편 경험주의자 흄은 인간은 인과관계를 경험할 수 없기 때문에 인과관계 또는 필연적 법칙에 대한 어떤 지식도 가질 수 없고 인간은 현재 경험에서 미래의 사건을 추론하거나 예측할 수 없다고 보았다. 경험주의는 결국 회의주의로 나아가게 되었다.
- 칸트는 해가 동쪽에서 뜨는 것과 같은 인과율이나 자연법칙까지 의심할 필요는 없다고 하였다. 칸트는 합리주의의 독단과 거리를 두면서도 과학적 인식의 확실성을 지켜나가려는 노력 끝에 합리론과 경험론을 모두 비판하고 종합하였다. 칸트에 의하면 신, 자아 같은 관념은 실재를 갖지 않는 것이므로 경험할 수도 없고 그에 대한 정확한 지식을 얻을 수도 없다. 이러한 관념들은 순수이성의 산물로서 어떠한 과학적 지식도 낳을 수 없다.
  그러나 칸트는 이러한 관념들이 무의미한 것은 아니며 감각을 초월해 있는 것에 대해 말해 줌으로써 경험을 종합하는 기능을 수행한다고 하였다. 칸트는 이제 철학의 임무는 이성에 대한 비판적 평가라고 하였다.

12. 인식은 대상과 인식주체 사이의 상호작용이며 인식의 중심은 사물이 아니라 정신에 있다 - 칸트

정신은 대상이 갖는 정보를 받아들이기만 하는 것이 아니라 경험을 통해서 판단하고 때로는 경험하지 않은 사실조차 판단하여 그것에 대한 법칙을 수립한다. 정신은 단순히 대상에 반응만 하는 것이 아니라 능동적으로 사물의 인식에 개입하여 사물에 무엇인가를 부여한다는 점에서 인식의 중심은 사물이 아니라 정신에 있다. 즉, 대상에 의해 인식이 규정되는 것이 아니라 이성이 인식을 규정한다. 인식은 대상과 인식주체 사이의 상호작용이며 사물은 정신이라는 여과기에 걸러진 사물로서 정신에 의해 관점과 사고방식이 부과된 것이다.

- 인식의 중심은 사물이 아니라 정신에 있다. 지구가 태양주위를 도는 것처럼 사물이 인간 주위를 도는 것이다. 이러한 인식의 전환은 천동설에서 지동설로 나아간 코페르니쿠스의 혁명과 같다고 해서 코페르니쿠스적 전회라고 한다.

13. 실재에 대한 인식은 경험을 통해 발전하여 나가며 절대정신으로 나아간다 - 헤겔

칸트에 의하면 우리는 이성을 통해서 현상의 세계만을 파악할 수 있고 실재의 세계는 파악할 수 없다. 그러나 헤겔은 실재의 세계는 현상의 세계가 모여서 만들어지는 것이며 실재와 현상은 전체와 부분의 관계에 있다고 한다. 따라서 실재는 알 수 없는 것이 아니라 이성을 통해서 파악할 수 있다는 것이다.

인간의 이성에 의해 경험으로 파악된 현상, 관념은 착각일 수도 있지만, 경험이 누적되고 확장되면서 수정되어 나간다. 실재에 대한 인식은 시간이라는 경험을 통해서 발전하여 나가며 실재에 대한 올바른 인식은 절대정신을 통한다면 가능한 것이다.

- 헤겔에 의하면 실재의 본래 모습은 사유와 이성이며 모든 것은 사유를 통한 관념으로 이루어진 것이므로 존재와 인식은 동일하다. 헤겔의 절대정신은 만물에 깃들어있는 최고의 이성이다. 헤겔은 인간은 이성을 통해 절대정신의 본질에 도달할 수 있다고 한다.
- 모순과 대립은 종합으로 귀결되고 그 과정이 반복됨으로써 질적 도약이 있다는 변증법은 이성이 행하는 정신적 운동의 모습이며 인식의 과정, 사유의 법칙으로서 절대정신의 실현 과정이다.
- 헤겔은 합리적 이성의 능력을 절대 신뢰하여 이성을 통하여 세계의 모든 것을 파악하고자 하였다. 헤겔에 의하면 우리 주변에 있는 모든 자연과 사물은 절대정신의 모습이며 이것은 세계의 근원과 종착역을 정신으로 보는 거대한 형이상학이다.
  헤겔에 의하면 인륜은 가족 → 시민사회 → 국가의 단계로 확대되고 국가는 최고의 인륜으로서 개인의 자유와 권리를 보장해준다.
  헤겔의 국가지상주의는 나치 정권에 의해 악용되었으며 헤겔의 절대정신은 전체주의의 출현과 세계대전을 거치면서 이성의 신화가 되고 말았다.
- 칼 포퍼는 절대적인 진리를 알아냈다고 주장하는 학자들과 전체를 총괄하는 하나의 법칙으로 인간과 사회를 해석할 수 있다고 믿는 전체론자들을 불신하였고 이들이 추구하는 사회에서는 자유와 다원성의 원리가 존중받을 수 없고 이러한 사상은 전체주의의 뿌리가 되었다고 하였다. 세계가 움직이는 방식은 그렇게 단순한 것이 아니다. 자연과 우주는 광대하고 새롭게 개척해야 할 지식의 체계는 무한하다.

14. 경험에 입각하여 실증적으로 검증할 수 없는 이론은 무의미하다 - 콩트

콩트는 인류의 지적 발전 단계를 신학적 단계, 형이상학적 단계, 실증적 단계로 분류하였다. 신학적 단계에서는 초월적이고 공상적인 방법으로 세계를 설명하고 형이상학적 단계에서는 철학적인 사유를 통하여 추상적 관념에 의존하여 세계를 설명한다.

콩트는 이전의 여러 철학은 실증적으로 검증할 수 없기 때문에 무의미한 것이라고 단정 짓고 세계는 추상적 관념에 의존하지 않고 실제로 있는 것들을 경험적 사실에 입각하여 실증적으로 설명하여야 한다고 하였다.

콩트에 의하면 본질, 실체, 속성, 평등, 인권 등의 철학적 개념은 형이상학적 상상일 뿐 경험하거나 증명할 수 없는 비과학적인 것들로서 의미가 없다.

- 칸트는 위와 같은 형이상학적 관념들이 무의미한 것은 아니며 인간의 감각을 초월해 있는 것에 대해 말해 줌으로써 경험을 종합하는 기능을 수행한다고 하였다.
- 인간의 감각은 불완전하며 경험하고 검증하는 데는 한계가 있다. 인생에 있어서는 해결할 수 없고 과학적 차원을 넘어서는 문제들이 끊임없이 제기되며 사랑, 행복, 영혼, 죽음 등과 같은 삶의 문제를 수학 공식과 과학적 실험이 해결해 줄 수는 없다.
  인간은 형이상학적 동물이며 철학적 사유는 인생에 가치와 의미를 부여하고 행복을 느끼게 해 준다. 눈에 보이는 것, 검증할 수 있는 것만을 추구한다면 진정한 삶을 영위하는 것은 어려울 것이며 인생의 아름다움에 눈감고 무미건조한 삶을 살아야 할 것이다.

15. 진리는 주체성이다 - 키에르케고르

키에르케고르는 지나치게 추상적인 관념에만 집착하고 구체적 인간을 고려하지 않는 이성 중심의 철학을 비판하였다. 이성적인 사유는 일반적이고 보편적인 것들만 강조함으로써 어떤 상황에 놓인 구체적인 인간에 대해서는 도움을 주지 못한다는 것이다.

키에르케고르에 의하면 진리는 객관성과는 아무런 연관이 없으며 주체적인 실존만이 진리의 기준이 된다. 따라서 삶에서 가장 중요한 것은 개인적이고 주관적인 면이며 최고의 도덕적 실재는 개인이다.

인간은 자신의 실존에 직면하여 불확실성 속에서 항상 결정해야 하는 상황에 처해 있으며 이러한 실존적 인간에게는 진리, 선 같은 보편적·추상적 사유가 아무런 도움이 되지 않는다. 진리는 어떻게 살아갈 것인가를 끊임없이 고민하는 주체의 삶 속에 있으며 결국 진리는 주체성이다.

- 객관적 사고, 이성적 사유는 우리의 주관적 상황과 실존의 역사를 고려하지 않으며 이성만능주의, 전체주의로 기울어질 우려가 있어 주변에 대한 폭력으로 나타날 수도 있다. 어떤 사실이 의미를 갖기 위해서는 인간의 관점이 투사되어야 하며 인간을 거치지 않고 독자적으로 존재하는 진리는 없다.
- 객관적으로 진리라 하여도 나에게 의미가 없다면 아무 소용이 없는 것이다. 세계는 순수한 모습, 객관적 현실 그대로 우리에게 전해지는 것이 아니며 자연, 문학작품, 음악, 그림의 아름다움이나 음식의 맛, 개인이 느끼는 행복은 사람에 따라 다르고 지극히 주관적이다.
  개인은 자신의 독특한 취향과 삶의 방식이 존중받기를 원하며 인간의 삶은 객관적 진실 이상으로 주관적 진리가 거대한 영향을 미친다. 따라서 삶의 개인적이고 주관적인 면이 가장 중요하며 "최고의 도덕적 실재는 개인이다", "진리는 주체성이다"라는 키에르케고르의 말을 위와 같은 관점에서 이해할 수 있다.
- 니체는 진리는 초월적 외부에 존재하는 것이 아니라 자신이 스스로 의미를 부여함으로써 생겨난다고 하였다. 니체에 의하면 진리는 외부에 있지 않고 내가 만드는 것이며 진리의 주인은 '나'이다.

---

16. 진리탐구는 반동적 힘을 필요로 한다 - 니체

반동적 힘은 다른 힘들을 억제하고 무력화하거나 훼손함으로써만 자신의 모습을 나타내고 영향력을 행사하는 힘이다. 이것은 무언가의 대척점에 섬으로써만 자신의 위치를 정립할 수 있고 긍정보다는 부정, 찬성보다는 반대 논리에 의거하는 힘이다.

니체는 진리추종 행위는 반동적 힘의 대표적인 모습이라고 하였다. 진리는 오류, 환상, 잘못된 견해와 통념에 대한 반박, 부정의 과정에서 얻어진다. 소크라테스가 무지와 어리석음, 잘못된 믿음 등과 싸워나간 것을 그 예로 들 수 있다.

니체에 의하면 반동적 힘은 감각적인 것을 넘어서고 그에 대립할 줄 알아야 하며 감각과 육체에 지나치게 의존하는 본능 또한 거부해야 한다. 진리탐구, 철학, 민주주의 등 진리와 관념의 영역에서는 반동적 힘을 필요로 한다.

- 능동적 힘은 다른 힘들을 억제하거나 훼손하지 않고 자신의 모습을 드러낼 수 있고 영향력을 행사할 수 있는 힘이다. 능동적 힘이 활개 칠 수 있는 공간은 예술의 영역이다. 예술은 감각 세계, 육체적 세계를 중시하며 옳고 그름의 언어로 논쟁하거나, 증명하거나 반박할 필요가 없다. 예술의 영역에서는 대립물들이 공존 가능하고 긴장과 분쟁이 필요 없으며 다양한 주관에 따른 공감의 가능성이 열려 있다.
- 니체는 반동적 힘, 능동적 힘 어느 한 부분을 배척하는 태도를 거부하였고 능동과 반동의 힘을 화합하는 위대한 양식grand style을 추구하였다. 여러 가지 이질적인 힘들이 충돌하거나 분열, 반목함으로써 서로를 갉아먹지 않도록 결속하고 융합하여 조화롭고 생명력이 넘치는 삶이 되어야 한다는 것이다.

17. 결과가 의미를 만든다 - 퍼스Peirce

퍼스는 개념의 의미는 그 결과의 총합이라고 하였다. 예컨대 단단하다는 말의 의미는 어떤 물체를 눌러보고 긁어본 후 단단하다는 결과가 나왔을 때 비로소 단단하다는 말의 의미가 드러난다. 결국, 개념은 결과, 감각 가능한 결과에 대한 관념이다. 이것을 실용주의의 격률pragmatic maxim이라고 한다.

실용주의는 실험을 통한 관념만을 신뢰하고 본질, 실체와 같은 관념론적, 추상적 개념을 거부한다.

다른 실용주의 철학자 윌리엄 제임스는 개념뿐 아니라 인간의 경험에도 실용주의의 격률을 적용하였다. 제임스는 모든 이론은 실제적인 문제를 해결하는 경우에만 의미가 있고 실제 삶의 문제를 다루지 않고 형이상학적 본질이나 실체의 탐구에만 열중한다면 그것은 독단이라고 하였다.

제임스에 의하면 진리는 인간들의 성공에 의해 만들어지는 것일 뿐 절대적인 것이 아니다. 진리는 상대적이고 고정되어 있지 않고 항상 움직인다.

또 다른 실용주의 철학자 존 듀이는 인식은 도구일 뿐 인식을 통해 얻은 지식을 활용하여 유용한 결과를 내는 것이 중요하며 인식이나 사유 자체보다는 그것을 잘 사용하여 어떠한 결과를 얻어내는가가 중요하다고 하였다. 예컨대 불치병 환자에게 진짜 병명을 알려주지 않고 거짓말로 희망을 주는 것은 환자의 건강회복에 도움이 될 수도 있다는 것이다.

- 실용주의는 어떤 일의 본질이나 실체를 확인할 수 없는 것 때문에 고민할 필요성을 줄여준다. 실용주의 철학에 의하면 좋은 결과를 가져온다면 그것이 곧 진리이고 진리는 현금처럼 인간에게 유용한 수단이 되어야 한다. 그러나 어떤 생각이나 행동을 하더라도 그것이 가져오는 결과에 따라 좋고 나쁨이 결정된다면 결과지상주의로 흐르게 되고 목적의 타당성보다는 결과의 효율성에만 집착하게 되어 윤리적 가치를 등한시하게 될 우려가 있다. 결과주의는 인간의 존엄성 경시, 도덕성 상실, 환경 파괴, 인간소외 등의 병리적 부작용을 초래할 위험성이 있다.

18. 대상 속으로 들어가 사물을 관찰하라 - 베르그송

사물을 인식하는 데는 우리가 대상의 주변을 맴돌면서 관찰함으로써 인식하는 방법이 있고 대상 속으로 들어가 관찰하는 방법이 있다. 전자의 방식은 분석이고 후자의 방식은 직관이다.

우리가 물체의 외부에 있지 않고 그 물체의 내부에 있다고 가정한다면 우리는 더는 기호에 의존하지 않아도 될 것이며 대상을 보는 관점조차 사라지게 된다. 대상을 고정된 것으로 생각하고 따로 분리하여 분석하는 방법으로는 실재를 파악할 수 없다. 실재는 완성된 그 무엇이 아니라 변화하는 여러 가지 상태로 이루어진 것이며 지속과 운동에 의해서만 파악이 가능하다. 즉, 대상 속으로 들어가 계속되는 운동 속에서 일어나는 변화를 포착하여 직관에 의해 하나의 연속성을 발견해야 하는 것이다.

베르그송에 의하면 생명의 본질은 순수한 지속이며 양적으로 나타내거나 공간화할 수 없다. 시간 역시 공간적으로 분할하여 계량할 수 없으며 순수 지속으로서의 시간은 오로지 직관에 의해서만 파악된다. 베르그송은 현실의 운동, 생명체의 근원을 이루는 것은 '순수 지속'이며 현대문명은 생명의 본질인 '순수 지속'을 수량화하고 공간화하였다고 비판하였다.

- 베르그송에 의하면 자아는 시간 속에서 지속되는 것이며 연속적인 팽창이다. 따라서 인간의 자아에 대한 연구는 직관의 방법에 의하여야 한다.
- 베르그송의 형이상학을 직관의 형이상학이라고 한다.

19. 우리가 지각하는 것은 완전한 사물이 아닌 사물의 일부분이며 모든 사람은 각자 다른 관점으로 세계를 보고 있다 - 메를로 퐁티

인간의 지적 활동은 우리 몸의 지각에 토대를 두고 있다. 사람의 몸을 떠난 순수한 객관 세계는 없고 몸을 배제한 순수한 의식세계도 없다. 의식의 주체로서의 '나'와 육체로서의 '나'는 몸을 통한 체험 속에서 하나가 된다. '나'는 '몸'이자 행위의 '주체'인 것이다.

지각은 순수한 정신작용이 아니라 몸과 밀접하게 관련되어 작용한다. 지각은 몸이라는 주체를 바탕으로 이루어지고 대상은 몸의 개입을 통해 우리에게 하나의 의미로 나타난다. 지각은 개별적이고 주관적 성격을 띠고 있으며 개인의 역사가 투영되어 있다.

우리는 같은 소리를 듣고 있어도 제각기 다른 음악 현상을 경험하는데 그것은 각각의 지향적 태도가 다르기 때문이다. 우리가 지각하는 것은 완전한 사물이 아닌 사물의 일부분이며 개인의 체험과 지향적 태도에 따라 세계는 다른 의미로, 다른 현상으로 나타난다. 모든 사람은 각자 다른 관점으로 세계를 보고 있는 것이며 각자의 지향성에 따라 제각기 다른 삶을 사는 것이다.

한편 모든 사람은 같은 종種으로서 세계를 같은 방식으로 지각하며 세계에 대해 유사한 경험을 한다. 모든 사람은 사물에 대해 같은 감각을 느끼면서 같은 세계에 사는 것이며 따라서 타인과 공감하는 것이다.

- 몸의 철학자 메를로 퐁티의 '지각의 현상학'은 몸을 폄하하고 인간의 추상적 정신활동 즉, 지성을 궁극적 가치로 내세웠던 서양의 철학적 전통에 대한 도전이다.
  메를로 퐁티에 의하면 지각은 총체적인 몸의 활동이며 인간의 지성이나 두뇌 활동 역시 광범위한 몸의 활동 일부분이다. 세계는 살아 있는 몸을 통해 지각되고 체험되며 지각이 이루어지는 살아 있는 몸은 '현상의 장'이다.
- 불에 대하여 각자 몸의 반응이 달라지는 것은 과거에 체험에 따라 불에 대한 의미가 제각기 다르기 때문이다.
- 빨간색은 뜨겁고 파란색은 차갑다고 느끼는 것은 인류가 오랫동안 축적되어온 몸의 체험과 관련이 있다.

---

20. 대상의 본래적인 모습을 보기 위해서는 모든 전제를 괄호 안에 넣고 판단을 중지해야 한다 - 후설

우리의 일상의식은 눈에 보이는 모든 것들이 이미 주어진 것들이며 그것들을 객관적으로, 있는 그대로 파악할 수 있다고 믿는다. 이렇게 우리 앞에 있는 세계가 우리의 의식과 상관없이 이미 주어진 것으로 받아들이는 태도를 후설은 자연적 태도라고 하였다.

자연적 태도는 우리의 의식의 관행과 관련이 있다. 후설이 보기에 이러한 자연적 태도는 허위의식의 근원이며 버려야 할 태도이다. 태양이 지구를 도는 것을 보고 그것이 자연의 질서라고 생각했던 옛 믿음은 오류로 판명되었다. 사람들은 세계 안에서 느끼고 보고 말하며 행동하는데 외부세계는 선입견, 전해 내려오는 믿음이나 지식, 위대한 대가의 명성에 의하여 이미 의미가 주어져 있다.

후설은 이러한 태도에서 벗어나 주어진 세계의 모든 의미를 지우고(괄호 안에 넣고) 판단을 중지해야 한다고 하였다. 즉, 어떠한 편견이나 고정관념도 갖지 말고 세상을 보아야 한다는 것이다.

- 대상의 본래적인 모습을 보기 위해서는, 즉, 순수한 현상의 모습에 도달하기 위해서는 개념이나 명칭 등에 구애받지 말고 우리가 알고 있는 일상적인 믿음이나 지식 등 모든 전제를 지워버려서(의식의 불순한 태도를 제거하고) 판단을 중지해야 한다. 이런 식으로 순수한 현상을 발견하고자 하는 과정을 후설을 현상학적 환원이라고 하였다.
- 현상학은 상식적인 믿음이나 지식을 그대로 받아들이는 자연적 태도, 편협한 지식의 틀에서 벗어나 새로운 미지의 세계로 탐험하고자 한다.

21. 세계는 우리에게 드러나는 것만큼 존재하며 세계의 의미는 우리의 의식 속에서 형성된다 - 후설

사물에 대한 모든 믿음, 지식 등의 전제를 지우고 의식과 대상이 일치하도록 사물 속에 들어가 남아있는 순수의식 속에 있는 사물을 관찰하면(본질직관), 사물의 이름이 아니라 사물 그 자체가 머릿속에 떠오르게 된다.

세계는 외부에 있으나 현상은 우리 의식의 내부에서 발생할 수밖에 없다. 이때 사물은 나의 의식과 함께 있는 것이며 외부세계는 더는 외부세계가 아니라 우리의 의식과 함께 있는 것이 된다. 무지개를 보았을 때 아름답다고 느끼는 것처럼 우리는 어떤 상황을 만날 때마다 항상 의미를 부여하는데 사물을 인식하는 것은 우리의 의식이 의미를 부여함으로써만 가능한 것이다.

우리가 느끼거나 인지하는 모든 열쇠가 우리의 의식 안에 있다고 보는 현상학에 의하면 본질은 현상 속에 있다. 세계를 우리에게 드러나는 것만큼 존재하며 세계의 의미는 우리의 의식 속에서 형성되는 것이다.

- 후설이 강조하는 의식에 떠오르는 현상은 의식 내에 있지만, 의식이 자의적으로 만들어 낸 관념적인 창조물이 아니라 의식 내에 나타나는 객관적인 현상sache(사상)이다. 현상은 다양한 맥락으로 이해되기 전에 보편적 의미의 차원을 지니며 따라서 현상학을 사물의 보편성을 부정하는 것, 상대주의의 또 다른 포장술로 볼 수는 없다.
- 의식은 항상 '무엇에 대한 의식'이며 이러한 의식의 지향성 때문에 대상은 의미를 띠게 된다. 예컨대 다이아몬드는 돌이지만 사람들의 의식작용 때문에 귀중한 보석이라는 의미를 지닌 대상이 된다. 진리는 의식에 의해서, 더 나아가 상상에 의해서 새롭게 발견되는 것이다.
- 왕수인의(왕양명)의 심즉리心卽理
  주희는 마음 심心과 객관적으로 존재하는 사물의 리理를 구분하였으나 왕수인은 심즉리心卽理(마음이 곧 이치다)라고 하여 내 마음이 만물을 포함하고 있고 내 마음속에 진리가 있다고 하였다.
  왕수인에 의하면 객관적으로 존재하는 사물은 인간의 주관적 의식을 통하여 어떤 가치가 주어지고 세계 속에서의 위치가 정해지며 인간이 의식하지 않으면 사물은 없다.

22. 담론의 장에서는 보이지 않는 권력이 언제나 실행되고 있다
- 미셸 푸코

미셸 푸코에 의하면 권력은 눈에 보이지 않는 곳에서 활동하며 권력의 변화는 눈에 보이지 않는 곳, 주로 담론의 영역에서 발생한다. 담론은 현실적인 권력을 실행하는 동력이지만 현실 정치에서는 언제나 가려져 있다. 담론의 장에서는 보이지 않는 권력이 언제나 실행되고 있으며 담론은 권력과 직접 상관없는 방식으로 나타난다.

권력의 생성을 위해서는 담론이 필요하고 권력의 실행을 위해서도 담론이 필요한데 이러한 담론은 겉으로 드러나지 않고 권력 뒤에 숨어서 정치보다는 진리, 지식의 형태로 나타난다는 것이다. 담론은 무의식적으로 눈에 드러나지 않는 심층구조를 형성하여 권력관계를 형성한다.

- 산업 문명 시대 가족의 담론에서 여성은 생산력 없는 존재, 타자로 배제되어 왔다.
- 성의 담론에서 동성애자는 비정상, 타자로 배제되어 왔다.
- 남성우월주의, 백인우월주의는 생리학, 생물학, 심리학 등의 지식을 기반으로 작동되어 여성, 동양인, 흑인을 열등한 존재로 여겨 왔다.

23. 권력과 지식은 불가분의 관계를 맺는다 - 니체, 미셸 푸코

니체는 진리가 객관적이고 절대적인 지식인 척 행세하는 것은 그 안에 있는 권력이 자신을 절대화하는 것이며 진리나 학문은 권력의 실행을 위한 것이라고 하였다. 진리는 객관적·절대적 지식이 아닌 일종의 은유이며 권력의 산물이라는 것이다.

미셸 푸코는 니체의 이러한 관점을 계승하여 근대적 의미에서 학문의 출현 자체가 권력체계와 관련이 있으며 진리체계로서의 학문과 지식은 권력과 필연적 관련성이 있다고 하였다. 미셸 푸코에 의하면 권력관계의 성립을 위해서는 담론의 생산과 축적·유통이 불가피하고 권력을 행사하기 위해서도 권력관계를 구축하는 진리의 담론이 생산되어야 한다.

- 우리는 권력을 통해 진리가 생산되는 메커니즘에서 빠져나올 수 없다. 반대로 진리의 생산 없이는 어떤 권력도 행사할 수 없다. - 미셸 푸코

미셸 푸코에 의하면 어떤 권력관계가 사회적으로 실행되어 유포되고 순환되기 위해서는 담론의 체계(진리체계, 지식체계)가 필요하고 따라서 권력과 지식은 불가분의 관계를 맺는다.

- 권력은 자신에 유용한 담론의 체계를 선택한다. 인도에서 불교가 쇠퇴하고 힌두교가 보편화된 것은 신분 질서를 정당화하는 논리가 지배계급의 이해관계에 부합하였기 때문이다.
- 근대 이전에는 광기는 반드시 비난의 대상이 아니라 이성의 예외적 현상으로 간주되었으나 근대 이후 광기를 정신병으로 간주하여 치료의 대상으로 삼은 것은 정신병을 다루는 학문의 탄생과 관련이 있다고 한다. 미셸 푸코는 근대 이후 광기는 서구 사회의 질서를 지키기 위한 타자로 출현하였고 이성은 타자를 억압·배제함으로써 자신을 정당화한다고 하였다.

24. 감옥제도는 범죄를 예방하거나 범죄자를 교화하는 데 성공하지 못했다. 이 때문에 사실상 감옥제도는 성공한 것이다

- 미셸 푸코

미셸 푸코는 감옥제도는 범죄를 억제하거나 범죄인을 교화하지 못하고 갱생과 교화 대신 오히려 사회적 악을 양성한다고 하였다. 일탈이 범람해야 훈육의 당위성을 믿게 되고 권력을 행사하는 것이 쉽게 되기 때문에 권력을 가진 자의 입장에서 볼 때 범죄를 예방하거나 범죄자를 교화하지 못하고 사회적 악을 양성하는 감옥제도는 성공했다는 것이다.

미셸 푸코에 의하면 18세기 계몽주의자들에 의한 인간주의적 감옥은 군주의 절대권력에서 훈육에 의한 권력으로의 이행을 보여준다. 범법을 체계화·유형화하고 형벌체계를 구체화함으로써 형벌의 보편성과 필연성을 높이고 처벌 권한을 사회에 더 깊이 침투시킴으로써 권력을 유지·강화한다는 것이다. 결국, 감옥제도 역시 규율의 보편화를 통해 권력과 지식이 밀접하게 연계되어 있음을 보여준다는 것이다.

25. 거대담론은 현실을 은폐하는 이데올로기이다 - 리오타르

거대담론은 세상을 하나의 거대한 원리 또는 이야기로 설명하고자 한다. 세상은 수많은 이질적 요소로 구성되어 있고 다양한 해석의 가능성이 있다. 하나의 특권적 담론이 절대적 권위를 가지게 되면 다른 담론들은 그에 부합하는지 아닌지에 따라 그 정당성이 결정된다.

세상 모든 것은 고유한 가치와 차별성을 가지고 있고 분쟁과 갈등의 가능성을 가지고 있으므로 거대담론으로 세계를 추상화하여 설명하고자 하는 것은 고유의 가치와 차별성을 무시하고 폭력적으로 통합하고자 하는 것이다. 이것은 배타적 논리, 동일성의 논리로서 타자를 자신의 기준에 맞추고 다른 의미화의 가능성을 배제하는 것이다.

리오타르는 거대담론은 거짓의 진리이며 진리는 파편으로만 드러날 수 있다고 하였다. 분쟁의 가능성을 남기지 않는 이상적 담론은 합리주의 전통, 모더니즘의 환상이 만들어 낸 허구적 이데올로기라는 것이다.

- 정치권에서는 사회 대통합, 사회 정의 등 거대담론을 이야기한다. 이러한 거대담론은 추상적이고 구체성·현실성이 없기 때문에 지키지 않아도 표시가 나지 않는다. 이 때문에 정치인들은 구체적인 악을 없애겠다고 하기 보다 거대담론을 자주 들먹인다.

26. 패러다임은 영원하지 않다. 과학은 완성된 것이 아니라 하나의 과정으로서 잠정적·상대적 진리이다 - 토마스 쿤

패러다임은 일정한 시기의 과학자 집단에 의해 공유되는 신념과 가치, 사고의 틀을 의미하는 단어로 쓰인다.

토마스 쿤은 『과학혁명의 구조』에서 과학적 사고의 변화는 발명의 축적과 오류의 수정을 통하여 점진적·누적적으로 이루어지는 것이 아니라 패러다임의 교체에 의해서 사고의 틀이 완전히 변화하는 형식으로 이루어지는데 이 변화를 과학혁명이라고 하였다.

과거의 과학적 성취에 근거하여 현재의 통념, 상식으로 인정받는 지배적 패러다임(정상과학)은 그에 부합되지 않는 변칙적 사례들이 증가하여 현재의 정상과학으로 해결할 수 없는 문제들이 등장하게 되면 새로운 패러다임이 낡은 패러다임을 대체하게 된다는 것이다.

과학은 선입견, 편견 없이 객관적 사실을 탐구하는 것으로 알려져 왔으나 사실은 공통의 약속에 의한 특정 패러다임의 규제를 받으며 패러다임이 보이지 않는 인식의 장막으로 작용하여 연구대상, 연구방법, 연구결과가 가져야 할 특성 등을 제시하여 속박하기도 한다.

- 자연과 우주는 광대하고 새롭게 개척해야 할 지식의 체계는 무한하다. 지금의 과학으로 해결할 수 없는 문제는 패러다임 너머에 계속 존재할 것이며 패러다임의 전환은 계속될 것이다. 따라서 과학은 완성된 것이 아니라 하나의 과정으로서 잠정적·상대적 진리이다.

제17절 무지

1. 너 자신을 알라

델포이 신전의 입구에 새겨져 있었다는 "너 자신을 알라"는 경구는 소크라테스를 통하여 그 의미가 심화되고 보편적 윤리를 표현하게 되었다. 사람은 자신이 모른다는 것을 알 때만 무엇인가를 알 수 있고 올바른 행동은 올바른 지식에서 나오기 때문에 인간은 자신의 무지를 자각하여야 한다는 것이다. 그리스·로마 시대에 자신을 안다는 것(자기 인식)은 자기 배려의 한 부분에 속했다.

소크라테스는 진정한 자기는 신체나 도구를 사용하는 영혼(프시케)이므로 모든 사람은 자녀를 기르듯이 자신의 혼을 보살피고 바르게 키워야 한다고 하였다. 영혼에 대한 배려를 통해서 선악의 판단이 서게 되고 올바른 행동을 할 수 있게 되기 때문이다.

- 자신을 알아야 하는 필요성
  - 자신을 알아야 스스로를 통제할 수 있고 자신의 책임을 다할 수 있다.
  - 자신을 알아야 스스로를 돌보고 배려함으로써 타인에게 피해를 주지 않을 수 있다.
  - 내가 어떤 것을 잘할 수 있는지, 어떤 것을 잘할 수 있는지를 알아야 자기발전과 성취를 이룰 수 있고 사회에 공헌할 수 있다.

2. 내가 아는 유일한 사실은 내가 무지하다는 것을 안다는 것이다 - 소크라테스

무지를 인정한다는 것은 새로운 삶의 시작을 의미한다. 사람은 자신이 모른다는 것을 알 때만 무엇인가를 알 수 있고 올바른 지식에서 올바른 행동이 나오기 때문이다. 소크라테스는 자신이 남들보다 현명하다면 그 이유는 자신이 모른다는 사실을 알기 때문일 것이라고 하였다.

- 무지의 자각이 필요한 이유
  - 선을 행하기 위해서는 앎이 필수적이다.
  - 무지의 자각은 반성적 사고, 비판적 검토를 통해 오류 가능성을 줄여준다.

3. 의도적으로 잘못을 저지른 이는 몰라서 저지른 이보다 더 나은 사람이다 - 소크라테스

소크라테스는 모든 인간이 선을 염두에 두고, 또는 선이라 착각을 하면서 악을 저지른다고 하였다.

소크라테스에 의하면 대부분의 사람은 악이 무엇인지도 모를 만큼 깊은 무지의 상태에 빠져 있기 때문에 악을 인식하는 것만으로도 선을 지향할 수 있는 가능성이 있다. 부정한 행동을 의도적으로 저지른 사람은 무엇이 악인지 알고 있기 때문에 선을 행할 수 있지만, 무지에 빠져 있는 사람은 선을 행할 수 없기 때문에 더 위험하다는 것이다.

선을 모르는 자는 선을 행할 수 없으며 윤리적으로 행동할 수 없다. 무지는 선의 부족, 인간성의 실패를 가져온다.

- 무지는 선의 부족으로 연결되고 악을 초래하여 인간성을 파괴한다. 따라서 무지는 죄악이다.

4. 안다고 착각하는 것은 이중의 무지이다 - 플라톤

모르는 것을 안다고 착각하는 것은 이중의 무지이다. 무지는 텅 빈 상태로서 교육에 의해 올바른 지식을 채울 수 있으나 선입견과 편견으로 가득 차게 되면 새로운 것을 받아들이기 어렵게 된다. 정치인, 종교인들은 자기 생각이 옳다고 착각하는 무지에서 독선에 빠져 자기 생각을 강요하고 폭력을 행사한다.

5. 영혼이 무지에서 벗어나기 위해서는 그림자의 세계와 결별해야 한다 - 플라톤

우리가 감각을 통하여 알 수 있는 현상의 세계 너머에는 변하지 않는 참실재인 이데아의 세계가 있다. 이데아의 세계는 정신적 사유를 통해서 도달할 수 있는 근원적 형태의 세계로서 현실 세계를 있게 하는 존재의 근원이다.

선, 정의 등의 객관적 진리 역시 일상을 초월한 곳에 이데아로서 존재하고 있으며 그중 최고의 이데아는 선의 이데아이다. 이데아는 감각으로는 파악할 수 없고 이성의 활동을 통해서만 파악할 수 있다.

그러나 육체적 욕망은 이데아를 직시하는 것을 방해하기 때문에 영혼이 무지에서 벗어나기 위해서는 이성을 활용하여 욕망을 제어하고 이데아를 추구하면서 올바른 삶을 살아가야 한다.

6. 교육을 통해 무지를 시정하는 것은 인간의 의무이다 - 루소

인간은 동물과 달리 자유 의지를 가지고 있고 자유에는 책임이 따른다. 자유 의지에 따른 선한 행동은 올바른 앎을 전제로 하기 때문에 인간은 자신의 무지에서 벗어나기 위해 애써야 하며 자신의 무지에서 나온 행동에 대해서도 책임을 져야 한다. 루소는 환경에 저항하지 못했다는 것, 외부적 상황에 대처하는 법을 배우지 못한 것 그 자체가 죄라고 하였다. 게으름과 불성실 때문에 무지에서 벗어나지 못하는 것은 그 자체가 잘못이며 인간은 교육을 통해 무지에서 벗어날 의무가 있다.

7. 무지는 두려움을 낳고 두려움은 폭력을 낳는다

인간은 자연의 위협과 적자생존의 냉혹한 현실에서 자신을 지키고자 하는 방어심리를 가지고 있다. 무지 자체가 악은 아닐지라도 모르는 것이 많고 이해할 수 없는 부분이 많을 때는 세상에 두려움을 갖게 되고, 자신을 방어하기 위해 타인을 공격하게 된다. 무지는 두려움을 낳고 두려움은 폭력을 낳아 스스로의 평안을 해친다.

8. 무지로부터의 해방은 인간다운 삶을 위한 필수조건이다

동물은 주어진 본능대로 살아가며 운명을 따른다. 그러나 인간은 이성이라는 재능을 선물 받은 특별한 존재이므로 이 재능을 최대한 발휘하여 인간성을 발전시키고 선을 행할 의무가 있다.

무지 상태에 있을 때 인간은 선善을 모른다. 이 때문에 악惡을 행하기 쉽다. 따라서 인간은 무지에서 벗어나기 위해 최선을 다해야 하며 이성을 발전시켜 책임질 줄 아는 삶을 살아야 한다. 무지로부터의 해방은 자유, 인간다운 삶을 위한 필수조건이 된다.

9. 현대인들의 무지는 안다고 착각하는 것이다

과거에는 교육의 기회가 제한되어 있었고 인쇄술과 미디어가 발달하지 않아 많은 사람이 자신의 무지를 인정하고 있었다. 그러나 오늘날은 대중매체가 수많은 정보를 쏟아낸다.

사람들은 매스미디어가 일방적으로 전달하는 정보를 비판 없이 받아들임으로써 무지에서 벗어났다고 믿지만, 사고와 비판이 없는 수동적인 정보수용은 사람들로 하여금 안다고 착각하는 이중의 무지, 더 위험한 무지(편견과 독선)에 빠지게 할 수도 있다.

10. 세상에 존재하는 모든 악은 대부분 무지에서 나온다

- 알베르 카뮈

세상에서 일어나는 대부분의 악행은 악을 행하고자 하는 의지보다는 잘못된 선을 추구하는 사람들의 무지에 근거하고 있다. 마녀사냥과 같은 극단적인 종교적 광기는 무지에서 발생하였고 히틀러는 인류를 개선하고자 하는 의지에서 유대인들을 학살하였으며 전체주의의 폭력과 억압도 인간 삶의 조건을 개선하기 위해 이루어졌다.

수많은 이데올로기의 신봉자들은 자신들이 믿는 이념을 진리라고 믿고 그것을 남들에게 강요하고 뜻대로 되지 않으면 폭력도 서슴지 않는데 그것은 대부분 악한 의도에서라기보다는 무엇이 선善인지를 모르는 무지에서 나온다.

11. 진보의 과정은 무지를 깨달아가는 것이다

진리는 오류를 통해 발전한다. 오류를 거친 진리가 더 견고해질 수 있으며 문제의 핵심에 다가갈 수 있다. 진보의 과정은 무지를 깨달아가는 것이며 무지를 깨닫고 오류를 시정해 나가면서 역사는 진보하게 된다.

제18절 선입견

1. 모든 개인은 그 시대의 아들이다 - 헤겔

우리는 어릴 때부터 사람들이 전해주는 수많은 믿음을 무의식적으로 받아들이고 수동적인 믿음이나 습관에 따라 움직이고 살아간다.

마르크스가 "삶이 의식을 규정한다"고 하였듯이 일상의 삶은 우리의 의식에 영향을 미친다. 모든 사람은 그가 사는 시대의 영향을 받으며 선입견은 역사, 문화, 종교, 사회 속에서 형성되어 개인의 무의식에 침투한다. 예컨대 이슬람 문화권에서 태어난 사람은 처음부터 기독교인들에 대하여 안 좋은 선입견을 품게 될 가능성이 크다.

한 개인이 언어, 문화, 인간관계 등 모든 것을 포기하지 않는 한 선입견에서 벗어나기는 어려우며 인간은 누구나 자기가 살아온 방식에 따라 사물을 판단한다. 선입견은 인간의 실존적 존재양식이며 선입견 없이 홀로 생각할 수 있다는 것은 불가능하다. 플라톤의 동굴 속에 사는 인간들처럼 선입견은 운명처럼 피할 수 없다.

- 선입견은 개인적 경험, 부모나 학교로부터의 교육, 사회현실, 역사, 문화, 종교적 산물이며 근거나 이유 없이 욕망이나 감정에 따라 그냥 받아들여진 것도 있다.
- 시대정신, 도덕적 양심이라는 것도 교육에 따른 인위적 산물인 경우가 많다. 그러나 인간은 시대정신을 뛰어넘을 수 있는 능력이 있고 새로운 문화와 역사를 창조할 수 있다.

2. 인간의 정신은 낯선 것에 거부반응을 나타내고 친숙한 선입견을 선호한다 - 프로이트

인간은 왜 쉽게 선입견에 빠지게 되는가? 이에 대하여 프로이트는 인간의 정신은 낯선 것을 불편해하고 그에 대해 거부반응을 나타내며 새롭고 독창적인 사고를 불편해하고 친숙한 선입견을 선호한다고 하였다.

선입견은 오류일지라도 친숙하기 때문에 사람들에게 안도감을 준다. 또 인간은 감정적 판단에 더 쉽게 현혹되고 욕망이 이끄는 것을 받아들이는 경향이 있기 때문에 유혹적인 선입견으로부터 벗어나기가 어렵다는 것이다.

3. 선입견은 스스로 자신이 안다고 생각하는 착각이자 무지이며 폭력을 부르기도 한다

과거 역사에서는 인종차별이나 성차별이 진리로 받아들여졌고 전체주의국가에서 세뇌교육을 받은 사람들은 독재자를 위해 희생하는 것이 가치 있는 삶이라고 여겼다. 선입견은 역사·문화적 전통 속에서 형성되어 한 사회의 객관적 진리로 고정되는 경향이 있기 때문에 일단 정착되고 나면 그것이 오류라는 것을 알아차리기 어렵다.

사회 구성원들은 친근한 것을 진리로 오해하고 선입견에 대하여 무비판적이고 감정적인 애착을 나타내기 쉽다. 동시대를 살아가면서 시대정신을 비판하는 것은 어려우며 시대정신을 앞서간 많은 선각자들이 불행했던 것처럼 그런 사람들에게는 비난, 따돌림이 가해진다.

선입견은 사람들의 눈을 가려 보이는 것, 보고 싶은 것만 보게 하는 경향이 있다. 보이지 않는 다수는 편견과 위선, 기회주의적 이중성을 가지고 지배이데올로기와 편견적 담론을 생산해 낸다. 선입견은 스스로 자신이 안다고 생각하는 착각이자 무지이며 다수의 견해가 근거 없는 믿음이나 선입견으로 발전하게 되면 폭력을 부르기도 한다.

- 선입견은 이성적·합리적 사고과정을 거치지 않고 이미 갖고 있는 정보와 지식으로 미리 판단하는 것이기 때문에 위험성이 있다. 선입견에서 벗어나기 위해서는 이미 알고 있다고 생각되는 것, 당연시되는 것을 의문시하는 비판 정신을 가져야 한다.
  선입견에 함몰되지 않기 위해서는 대화에 의해 타자와 사고를 교환하고 열린 마음, 타자의 눈으로 자신을 돌아보고 비판적으로 고찰해야 하며 스스로 생각함으로써 진리에 접근하고자 하는 노력이 필요하다.
- 선입견은 과거와 현재를 알 수 있게 하고 우리의 이해를 가능하게 하는 긍정적 역할을 하기도 한다. 선입견은 사회 속에서 살아가는 인간으로서 누구나 가질 수밖에 없는 사고의 틀로서 우리는 그것을 반면교사로 삼아 더 나은 판단을 할 수 있는 것이다.
- 선입견에는 전통, 교양 등 좋은 선입견도 있다. 그러나 인종 차별적·성 차별적·지역 차별적 담론 등은 폭력으로서 보다 나은 세상, 행복한 사회를 만들기 위해 깨뜨려야 할 부당한 벽이다.

4. 우리는 각자의 취미나 직업적 성격에서 비롯된 편견으로 물든 안경을 쓰고 인생을 살아간다 - 가드너

가드너는 다림질하려고 모자 가게에 들어갔다가 모자 가게 주인으로부터 그의 머리는 보통이라는 말을 듣는다. 이 일을 통해 가드너는 사람들이 제각기 자기만의 창틀로 인생을 들여다보는 버릇이 있음을 알게 된다.

재단사는 의복을, 치과의사는 치아를 보고 상대방을 판단하고, 실업가는 회계실의 열쇠 구멍으로, 금융업자는 개인이 소유한 재산의 규모로, 미술가는 집안의 작품들을 보고 사람을 평가한다.

이처럼 우리는 모두 각자의 취미나 직업적 성격에서 비롯된 편견으로 물든 안경을 쓰고 인생을 사는 것이고, 이웃 사람을 우리 자신의 잣대로 재고 자기방식의 산술에 의해 계산하며 세상을 주관적으로 보기만 할 뿐 객관적으로 보려 하지 않는다는 것이다.

- 인간의 판단은 주관적이어서 한계를 지닐 수밖에 없고 객관적인 잣대로 사물과 세상을 평가하는 것은 어렵다. 어떤 사건이나 진실은 여러 측면을 동시에 지니고 있기 때문에 자신의 주관만을 관철하려고 하는 경우에는 편견과 독단으로 진실을 제대로 파악할 수 없게 되고 타인에게 불쾌감이나 상처를 주어 소통을 방해하게 된다. 자신의 경험과 지식이 상대적일 수 있음을 인정하고 유연하고 열린 관점으로 세상을 바라보아 서로의 입장과 생각을 존중하는 태도가 필요하다.

5. 인간이 고정관념을 갖는 이유는 무리 짓기를 통하여 집단을 뭉뚱그려 분류하는 습관이 있기 때문이다 - 데이비드 베레비

데이비드 베레비는 인간이 고정관념을 갖는 이유 중의 하나로 '집단을 뭉뚱그려 분류하는 습관'을 지적하였다. 인간에게는 본성적으로 부족적 감각이 있고 그것이 우리의 정체성을 설명하고 타인과의 관계를 설정하여 미래의 행동양식을 제시한다는 것이다.

이것은 일종의 무리 짓기라고 할 수 있다. 예컨대 '여성은 부드럽고 섬세하며 남성은 투박하고 거칠다'라는 식의 분류법은 본질에 대한 구체적 접근의 측면에서 방해요소로 작용한다.

6. 각자 자기의 편견에 따라 그것을 시비의 표준으로 삼는다면 누군들 표준이 없겠는가? - 장자

도의 관점에서 보면 모든 존재는 귀천이 없으나 개별적 존재의 관점에서 보면 자기는 귀하고 남은 천하다. 독버섯은 인간에게는 쓸모없지만, 자연의 입장에서는 유기체를 분해하여 지구를 깨끗이 하는 중요한 역할을 한다. 모든 존재는 개별적 고유성을 가지고 있으며 세상 만물을 고정된 잣대로 재단하고 인위적 평가로 차별하는 것은 어리석다.

- 장자는 인간을 잣대로 만물을 평가하려 들지 말고 인간중심주의, 도구주의의 한계를 넘어서라고 한다.
- 인간의 감각에 의해 얻은 지식은 상대적이므로 장자는 사물을 양쪽으로 볼 수 있는 양행兩行의 길을 터득해야 한다고 한다.

7. 우물 안 개구리에게 바다를, 여름 벌레에게 얼음을 이야기해도 통하지 않는 것은 자신이 사는 장소와 때에 얽매여 있기 때문이다

- 장자

바다는 수만의 강물이 흘러들어와도 넘치지 않고 바닷물이 새어나가도 텅 비는 일이 없다. 사람들에게 도에 대하여 이야기해도 통하지 않는 것은 그가 겪은 경험과 그가 받은 교육에 얽매여 있기 때문이다.

인간은 제한된 환경에서 개별적 경험을 겪을 수밖에 없으므로 편견을 가지는 것이 숙명적일 수도 있다. 그러나 내가 알고 있는 지식이 편견일 수도 있다는 것을 인정하고 자만하지 말고 겸손해야 한다. 도가 있으면 만물을 포용할 수 있다.

- 장자의 제물齊物은 만물을 같게 한다는 뜻으로 모든 사물을 대할 때 차별 없이 대하는 자세를 말한다. 이러한 제물의 경지에 이르게 되면 자연과 내가 하나가 되는 경지에 이를 수 있고 이것이 곧 물아일체物我一體이다.

제19절 타인의 시선

1. 타인의 시선은 지옥이다 - 샤르트르

타인의 시선은 나를 사물의 위치에 놓고 관찰·분석한다.

타인의 시선은 나를 감시하고 비판·평가한다. 나의 본질이 간파되면 나는 타인의 시선과 의견에 좌우되는 물체가 된다.

서로를 감시하며 타인의 시선을 두려워해야 하는 처지에 놓인 사람들은 서로가 희생자인 동시에 가해자가 된다. 존재하기 위해서는 타인이 필요하지만 진정한 관계를 맺기에는 타인은 불편하고 위협적이다. 따라서 타인의 시선은 지옥이다.

2. 타인의 시선은 나를 즉자적 사물로 변형시킨다 - 샤르트르

조약돌 같은 사물은 의식을 가지고 있지 않으며 단지 그 자체로 있을 뿐이므로 즉자존재卽者存在이다. 그러나 인간은 타자에 대한 의식이 있으며 의식과 함께 있는 존재로서 자기 자신까지 대상화하여 바라볼 수 있는 대자존재對者存在이다.

인간의 의식은 타인을 바라보고 자신을 바라본다. 이때 타인의 시선은 나를 사물의 위치에 놓고 관찰·분석한다. 따라서 타인의 시선은 나를 즉자적 사물(의식을 가지지 않은 채 그 자체로 있는 것)로 변형시킨다.

- 타인의 시선의 대상이 되는 인간은 타인의 애정과 인정을 받기 위해 몸부림친다. 타인의 시선은 나에게 지옥이며 대자존재인 인간은 고독하다.

3. 타인의 시선은 수치심을 야기하고 나를 단죄한다 - 샤르트르

인간의 수치심은 반드시 수치스러운 행위로부터 나오지 않으며 타자의 시선에서도 나온다. 타자의 시선은 나를 대상으로 만들고 그 순간 나는 주체성을 상실한 채 물질적 존재로 전락하게 된다는 것이다.

- 자살하는 사람은 죄책감보다 수치심으로 자살을 선택하는 경우가 많다.
- 수치심이 행동의 기준이 되고 윤리형성의 원리가 된다는 것은 인간으로 하여금 본연의 모습을 감추고 기만과 위선의 삶을 살아가게 한다.

4. 조롱, 쑥덕공론, 비난은 인간 사회를 통제하는 강력한 도구가 된다 - 피터 버거

서로를 잘 알고 있고 개인적 유대감으로 결속된 집단에서는 조롱, 쑥덕거림, 비난 등이 매우 강력한 통제 메커니즘이 되어 사람들에게 집단의 의견에 따르도록 일치의 압력을 행사한다. 이러한 집단역학은 집단에 소속하고 싶어 하는 인간의 욕망에서 나오는 것으로 이러한 힘은 인간 사회를 통제하는 강력한 도구가 된다.

5. 타인의 시선에 비친 사람은 대부분 위선자가 된다

사람들은 타인의 인정과 신뢰를 받기 위해 본능을 억제하고 집단의 규칙에 맞추어 자신을 위장한다.

타인의 시선에 비치는 사람들은 대부분 본래의 모습shadow(섀도우)을 숨기고 겉으로 잘 포장된 사회적 자아persona(페르소나)로 살아간다. 타인의 시선에 둘러싸여 많은 사람이 지켜보는 중인환시衆人環視의 감옥에 사는 사람들은 위선적 태도로 살아간다는 것이다.

- 인간은 자신이 타인에게 어떻게 보일까 하는 원초적 불안에서 자유로울 수 없다. 타인의 시선은 외부의 시선이 아니라 내부의 시선이다. 인간의 내부에는 근본적으로 다른 사람의 시선이 자리 잡고 있으며 타인의 시선으로 자신을 감시한다.

6. 악한 체 하는 자아는 가장된 몸짓으로 자신을 납득시키고자 한다

위악僞惡(악한 체 하는 것)은 조롱, 비난, 쑥덕공론 등을 의도적으로 일으켜 집단의 규칙을 비웃고 거부하는 것처럼 보인다. 그러나 이러한 위악의 이면에는 대중의 분노를 일으켜 자신을 부각시킴으로써 노이즈 마케팅의 효과를 얻거나 자신에 대한 비난을 극복하고자 하는 의지가 숨어 있다.

힐튼 호텔의 상속녀, 파티걸, 할리우드의 말썽꾸러기로 알려진 패리스 힐튼의 위악적 행동의 배경에는 패션 트렌드를 이끄는 심볼로서 대중의 관심을 끌어 자신의 개인사업의 인지도를 높이고자 하는 뛰어난 사업수완과 계산이 숨어 있을 수도 있다.

- 패리스 힐튼의 언행
  - 같은 옷을 두 번 입는 것은 수치다.
  - 다른 사람의 백화점 출입을 금지시키고 혼자 쇼핑한다.
  - 비행기 타고 학교에 간다.
  - 밍크로 된 부드러운 체육복을 입는다.
  - 만취가 되어 음주단속에 걸리면 칵테일 한 잔만 했다고 한다.
- 위선과 위악은 그 표현방식이 다를 뿐 가장된 몸짓으로 자신을 납득시키거나 돋보이려고 하는 의도적 행위라는 점에서 공통점을 가진다.

7. 타인의 시선은 나를 응고시킨다 - 샤르트르

타자는 나에게 시선을 향하고 있는 자이다. 타자는 나에게 시선을 줌으로써 나를 관찰하고 내 비밀을 캐려고 하여 나를 긴장하게 만든다.

타자의 시선에 노출되면 자기도 모르게 몸이 굳어지는 것을 느끼는데 샤르트르의 표현에 의하면 타자는 "나를 송두리째 응고시키는 적"이다.

- 세네카는 양심의 가책이 없다면 타인의 시선 속에서도 행복하고 양심의 가책을 느낄 때는 혼자 있어도 불안해서 견딜 수 없다고 하였다. 세네카에게 있어 진정한 행복은 만족과 쾌락이 아니라 자연에 걸맞은 삶이었다.

  스토아 철학에서는 인간은 자연의 질서 안에서 살아가고 있으며 인간에게 부여된 자연의 질서는 이성이다. 따라서 인간은 육체적 욕망과 본능, 안락함, 물질적 풍요 등 세속적 본능에서 벗어나 이금욕적 생활을 하고 의무를 충실히 이행하여 선을 이루어 냄으로써 진정한 행복에 도달할 수 있다.

8. 시선의 권력은 인간을 통제하고 길들인다 - 미셸 푸코

세상은 여러 사람이 나를 바라보는 중인환시衆人環視의 감옥과 같다.

감옥에서 죄수는 감시·관찰·기록의 대상이 되어 순종하는 신체로 길들여진다.

근대의 권력은 고문·공개 처형을 폐지하였고 이제는 무기를 사용하지 않고 공포감을 주지 않으면서 인간의 몸을 통제하고 길들인다. 이것은 권력의 효율성이 작동한 것이며 권력은 좀 더 은밀하고 안정된 쪽으로 효과적인 통제를 가하고자 하기 때문이다. 이러한 권력은 감옥을 넘어 사회 전체로 확대되었다.

회사, 군대, 병원, 학교는 규율과 훈련체계, 일정표 등을 통해 사소한 영역까지 인간을 세밀하게 길들이고 각종 시험과 검사를 통해 인간을 분류하고 평가와 기록을 남긴다. 사회에서 시선의 권력은 탁월한 통제력을 발휘하여 교사, 교도관, 동료의 시선은 나에게 제재를 가한다. 근대의 권력은 시선의 비대칭성에 있으며 이러한 시선의 비대칭성은 감시자 없이도 스스로를 통제하고 감시하게 만든다.

감시당하는 자는 볼 수 없기 때문에 권력이 언제나 자기를 보고 있다고 생각하고 시선을 내면화하여 스스로를 감시하므로 감시장치는 자율적으로 작동되고 개인은 자동기계가 된다. 결국, 타인의 시선은 보이지 않는 규율이 되고 세상은 자율적으로 운영되는 감옥이 된다는 것이다.

- 오늘날은 권력이 일방적으로 개인을 볼 수 있을 뿐 아니라 디지털 기기의 발달로 대중이 권력을 감시하는 것(역감시)이 쉬워졌다. 상호감시가 가능하게 된 것이다.
- 오늘날은 남들의 시선을 많이 받고 미디어에 노출되는 빈도가 높은 사람이나 물건이 인기를 얻고 힘을 얻게 되기 때문에 보는 시선뿐 아니라 보여지는 시선도 권력이 되었다.

제20절 타자, 타자 이해

1. 타자는 내가 알 수 없는 무한성이다 - 레비나스

타자는 나와 다른 이질적 존재이자 낯선 존재로서 그 진심과 의도를 알 수 없다. 우리가 경험해 보지 않은 수많은 타자는 제각기 역사를 가진 존재이고 변하는 존재이며 본능, 충동에 이끌리는 존재이다.

사람들은 어떤 감각을 동원하더라도 무의식의 세계를 파악할 수 없으며 타자는 내가 알 수 없는 무한성이다.

2. 타자는 나를 유혹하고 내게 잠재된 악을 불러일으킨다 - 프로이트

이질적이고 미지의 낯선 존재에 대한 불안감, 타인의 진심과 의도를 알 수 없다는 사실은 사람에게 경계심을 불러일으키고 타자에 대한 공포는 방어심과 적대감을 불러일으킨다. 이 때문에 인간의 역사에는 항상 충돌과 전쟁의 위험성이 있다.

3. 타자화는 다른 사람의 인격이 나에 의해 대상화되고 물화物化 된다는 것을 말한다

타자화는 어떤 요소를 대상화함으로써 자신의 안전을 보호하고자 하는 심리적 속성에서 나오는 것이며 인간은 각자의 이익을 위해 언제 어디서나 누군가를 타자화시킬 수 있는 개연성을 가지고 있다. 이때 힘없는 소수자가 피해자가 되는 것이 보통이다.

자본주의 사회는 경쟁과 적자생존의 원칙이 지배하고 낙오자를 철저히 배제한다. 사람들은 타자화를 피하고 소수자로 남는 고통을 피하기 위해 남들 앞에서 있는 척, 승리자인 척 자신을 포장하는 경우가 많다.

4. 언어와 외양으로는 타자를 이해할 수 없다

사람들은 타인의 시선을 의식하여 연극을 하고 생존경쟁에서 살아남기 위해 가식과 위선을 사용한다.

언어와 외양은 어느 정도 내면을 반영하지만, 언어는 생각을 위장하는 도구로도 사용되므로 진실한 소통을 보증할 수는 없고 인간의 숨겨진 모습을 보여주지는 못한다. 밖으로 드러나는 언어나 이미지는 있는 그대로를 나타내지 않기 때문에 언어와 외양으로는 타자를 이해할 수 없다.

5. 인간은 다른 존재의 심리상태를 추론할 수 없다 - 폴 처칠랜드

특정한 행동에서 특정한 심리상태를 추론하는 것은 경험에 의해 검증할 수 없으므로 다른 존재의 심리상태를 일반화하여 추론하는 것은 정당화될 수 없다. 인간의 행동은 원인(심리) - 결과(행동)의 자연 과학적 일반화가 어렵다.

- 웃음, 눈물, 미소 등으로 인간의 감정을 추론할 수 있으나 인간은 의식적으로 기쁨을 가장하거나 슬픔을 억제할 수 있고 너무 기뻐서 울거나 크게 절망하여 웃는 경우도 있으므로 보편추론을 통한 이해에는 한계가 있다.

6. 장자는 물고기의 마음을 알 수 있다

장자는 호수의 물고기들이 즐겁게 놀고 있다고 하였는데 장자는 물고기가 되어 본 적이 없고 물고기의 마음속으로 들어가 본 적이 없는데도 물고기가 즐거운지 안다고 하였다.

물고기들이 물속을 한가로이 노니는 것은 자신의 성性을 극진히 다한 것이고 만물이 자기의 성性을 다하면 즐겁다는 것이다. 장자가 대상을 보는 경지는 이아관물以我觀物(내가 있어서 대상을 보는 것)이 아니라 이물관물以物觀物(대상의 입장에서 그 대상을 보는 것)이므로 물고기의 즐거움을 있는 그대로 알 수 있었다는 것이다.

- 장자는 '나'라는 마음을 비우고 사물을 대하고 그 사물의 입장에서 사물을 보아야 한다고 하였다.

7. 인간은 박쥐의 마음을 알 수 없다 - 토마스 네이글

박쥐는 초음파를 보내서 대상으로부터 반사되어 오는 것을 탐지함으로써(음파 반향 탐지를 통해서) 외부세계를 지각한다.

음파 반향 탐지는 지각의 한 형태이기는 하지만 우리가 가진 어떤 감각과도 비슷하게 작동되지 않는다. 그것은 인간이 경험하거나 상상할 수 있는 그 어떤 것과도 다른 느낌일 것이다. 상상의 기본적 재료는 자신의 경험인데 경험해 보지 않은 사람들이 상상을 한들 박쥐의 느낌을 이해할 수는 없다.

8. 서양의 전통철학은 모든 것을 '자기' 또는 '자아'의 영역으로 환원하는 전체성의 철학 또는 전쟁의 철학이었다 - 레비나스

서양의 전통철학은 모든 것을 '자기' 또는 '자아'의 영역으로 환원하는 철학이었고 타자는 기껏해야 나에게 필요한 사람이거나 아니면 나와 함께하는 사람에 지나지 않았다. 그것은 전체성의 철학 또는 전쟁의 철학이다. 서양 철학은 자기를 중심으로 사유하고 타자를 사물화하여 정복함으로써 타자에 대한 두려움을 극복하려는 경향을 보여왔다.

9. 인간은 타인과의 윤리적 관계를 통해 주체성을 드러낸다
- 레비나스

레비나스에 의하면 타인은 결코 '나'로 환원될 수 없는 사람이며 인간은 타인과의 윤리적 관계를 통해 주체로서의 자신의 모습을 드러낸다.

인간관계는 타자의 차이를 인정하고 있는 그대로를 받아들이는 것이어야 하고 타인을 손님으로 환대하는 윤리적 관계가 되어야 한다. 이러한 관계를 통해 인간은 '타인을 위한 존재', '타인에 대하여 책임을 지는 존재'가 된다.

- 인간관계는 타자와의 차이를 인정하고 있는 그대로의 타자를 받아들이는 과정이다.

10. 타자의 얼굴에는 신이 내재해 있으며 우리에게 윤리적 명령을 내린다 - 레비나스

타인은 우리에게 얼굴로 나타난다. 얼굴은 표정을 지니고 있고 그것은 우리가 구체적인 삶의 현장에서 마주하는 낯선 자의 얼굴이다. 타자의 얼굴에는 신이 내재해 있으며 그것은 우리에게 윤리적 명령을 내린다. '있음'은 항상 '사이에 있음'을 뜻하는데 이러한 상태에서 자신의 있음을 고집하면 갈등이 불가피하다.

타인에 대한 윤리는 타인을 나의 위에 놓고 섬기고 존중할 때만 가능하다. 고통받는 타인의 얼굴을 마주한 순간 나의 마음은 묶이고 나의 자유가 제압당하여 엄격한 윤리성이 도출되고 인간은 책임을 지닌 평화의 주체로 다시 태어날 수 있다.

- 레비나스는 평등 속에서는 엄격한 윤리성이나 평화가 없다고 한다. 레비나스는 자신의 이해를 고집하는 방식을 뛰어넘어 타자를 환대하고 섬기는 윤리, 타자의 부름에 응답하는 책임과 사랑의 윤리를 강조한다.
- 레비나스에 의하면 즐김은 개인적 즐김이 아니라 열린 존재로서 타자를 향해 열려있는 즐김이며 인간은 스스로의 욕구를 충족시키며 '삶에 대한 사랑'을 실천할 때 자연스럽게 즐거움을 얻고 행복을 발견할 수 있다.

11. '나 - 너'의 관계는 온 존재를 기울여야만 세워지는 관계이다
- 마르틴 부버

마르틴 부버는 참된 삶은 만남이며 직접적인 만남을 통해 전 존재를 기울여 삶 전체에 대한 직접적·전면적 소통이 이루어질 때 우리는 비로소 사랑한다고 말할 수 있다고 하였다.

마르틴 부버에 의하면 정신적 실재와의 만남은 '너'의 옷깃을 만지며 숨결을 느낄 수 있는 것이어야 하며 직접적이고 전 존재를 기울임으로써 '나'는 버젓한 내가 되고 관계 맺음이 완성된다.

- 마르틴 부버가 말하는 '나 - 너', '나 - 그것'이라는 관계는 세계에 대한 관점이자 세계와 호흡하는 방식을 나타낸다. '나 - 너'의 관계는 주체와 주체의 인격적 만남 상호존중의 관계, 온 존재를 기울여야 세워지는 관계이고 '나 - 그것'의 관계는 주체와 객체의 만남, 객체적 경험, 지식적인 만남을 의미한다. '나 - 너'는 '나'와 '너'가 합쳐진 개념이 아니라 그보다 진일보한 개념이다.
- 마르틴 부버는 정보를 통해 소통하거나 배려가 전제되는 관계 맺기, 사생활 보호의 명분으로 관여하지 않는 것은 타자와의 소외적 공간을 만들기 때문에 삶 전체에 대한 전면적 소통, 매개를 통하지 않는 직접적인 만남을 통해 관계를 맺어야 하고 그러한 만남이 가능할 때 비로소 사랑한다고 말할 수 있다고 하였다.

12. 인간은 타자와의 관계를 통해서만 의미를 찾을 수 있다

헤겔은 인간의 정체성은 타인에게 인정받음으로써 완성된다고 하였다. 인간은 홀로 있을 때는 아직 자기가 아니며 타자와의 관계에서 자기를 찾을 수 있고 인생의 의미를 찾을 수 있다는 것이다.

- 행복한 사회는 구성원들 간의 관계를 통해 이루어지는 것이며 타자를 이해하고 올바른 관계를 조성하여 조화로운 삶을 이루는 방법을 모색해야 한다.

13. 관계를 맺는다는 것은 정서적 유대관계를 맺는다는 것이다

관계를 맺는다는 것은 서로 길들여지고 친밀해져서 상대방과 감정을 교류하고 애착을 느끼게 되는 것, 정서적 유대관계를 맺는다는 것을 의미한다.

- 흄은 타자와 감정을 교류할 수 있는 능력 특히 타자의 고통에 공감할 수 있는 능력sympathy(동정심)을 인간이 가진 도덕적 능력의 근거라고 하였다.
- 맹자는 타자와 감정을 교류할 수 있는 능력, 특히 타자와 고통에 공감할 수 있는 능력을 측은지심이라고 하였고 이것은 도덕성의 기본바탕인 인仁의 싹이며, 측은지심이 없다면 사람이 아니라고 하였다.
- 주희의 '혈구의 도絜矩之道'는 내 마음을 '자'로 삼아 남의 처지를 헤아리는 방법이다. 이것은 내 처지를 생각하여 다른 사람이 나에게 해 주었으면 하는 대로 남을 대하거나 다른 사람이 내게 하지 말았으면 하는 것을 남에게 하지 않겠다는 태도로서 타인에 대한 이해와 배려를 의미한다.

14. 산다는 것은 그늘 좋고 풍경 좋은 데 의자 몇 개 놓는 것이다
- 이정록

이정록 시인의 시 '의자'에 의하면 세상 모든 것이 다 다른 것에 의지가 되는 의자이다. 꽃도 열매도 다 의자에 앉아있는 것이고 아버지는 아들에게 좋은 의자이다. 참외와 호박도 식구이므로 지푸라기를 깔고 똬리를 받쳐 의자를 내주어야 한다.

산다는 것은 그늘 좋고 풍경 좋은데 의자 몇 개 놓는 것이며 공생과 배려의 삶 속에 행복이 있다는 것이다.

제 2 장

논술 핵심용어

제1절 무지無知의 자각自覺

선善을 모르는 자는 윤리적으로 무엇이 잘못인지 모르기 때문에 악을 저지르게 된다. 선을 행하기 위해서는 앎이 필수적이다. 무지는 선善의 부족, 인간성의 실패를 초래하므로 무지의 자각이 필요하다. 무지의 자각으로 새로운 삶이 시작되는 것이다.

과거에 진리라고 믿고 있었던 이론들이 나중에 거짓으로 밝혀진 경우가 종종 있었던 것을 생각한다면 무지를 자각한다는 것은 시대를 초월하여 매우 중요한 일이다. 자신의 의견만을 고집할 것이 아니라 비판적으로 점검하고 다른 의견이 옳을 수도 있다는 가능성 하에 진리를 탐구하는 자세는 오늘날에도 매우 바람직한 태도이다.

스스로에 대하여 인식한다는 것은 반성적 사고를 할 수 있다는 것을 뜻하므로 스스로의 무지를 인식함으로써 지식의 오류 가능성을 줄일 수 있다. 인간은 무지를 극복하면서 발전해나간다.

무지는 죄악인가?

소크라테스는 의도적으로 죄를 지은 사람이 몰라서 죄를 지은 사람보다 더 나은 사람이라고 하였다. 소크라테스에 의하면 대부분 사람은 악이 무엇인지도 모를 만큼 무지에 빠져 있기 때문에 악을 인식하는 것만으로도 선을 행할 가능성이 있다. 선善을 모르는 자는 선善을 행할 수 없으며, 무지한 자는 주위환경이나 외부적 조건이 쉽게 현혹되고 무비판적으로 현실을 수용하므로 악惡을 선善이라고 착각하기 때문에 더 많은 악을 저지르게 된다. 또 정신분석학에 의하면, 무지는 세상에 대하여 두려움을 느끼게 하여 스스로의 평화를 깨뜨리고 타자에게도 악을 행하게 된다고 한다.

세상에 존재하는 대부분의 악은 무지에서 유래한다. 지적이고 온화한 사람으로 평가받던 폴포트Pol Pot는 자신이 꿈꾸는 공산주의 사회를 실현하기 위하여 캄보디아 인구의 4분의 1을 학살하였고 중세 기독교는 잘못된 믿음으로 멀쩡한 사람을 마녀로 몰아 처형하였으며 히틀러는 인류를 개선하고자 하는 의지에서 유대인들을 학살하였다.

무지는 곧 선善의 부족으로 연결되고 악을 초래하여 인간성을 파괴한다. 따라서 무지는 죄악이다.

인간은 무지에서 벗어날 의무가 있는가?

인간은 기계적 본능에 의해 운명적으로 살아가는 것이 아니라 자유 의지에 의해 행동과 삶의 방식을 스스로 결정하며 살아간다.

인간은 자유로운 만큼 그 행위에 대한 책임을 질 줄 아는 존재이므로 자신의 무지에 대해서도 책임을 져야 하며 무지로부터의 해방은 자유의 필수조건이다.

또 인간은 올바른 삶이 전제되어야 선善을 행할 수 있기 때문에 무지에서 벗어나야 한다. 인간은 이성적·윤리적 존재로서 선善을 행하여야 할 의무가 있으며 자기성찰, 수양, 교육 등을 통하여 무지에서 벗어나야 한다.

제2절 이데아idea

이데아idea는 감각을 통하여 알 수 있는 현상의 세계를 초월하여 있는 변하지 않는 존재(참실재)이며 모든 현상은 가장 완전한 자신의 원형(이데아)을 가진다.

우리가 사는 세계(현상의 세계, 감각적 사물의 세계)는 이데아의 세계의 그림자이며, 현실 세계의 모든 사물은 이데아를 나누어 가진 것으로서 이데아(원형)의 근사치로만 부여되어 있다.

이데아는 감각으로는 파악할 수 없고 그것은 이성의 활동에 의해서만 파악할 수 있다. 이데아의 세계는 정신적 사유를 통해서 도달할 수 있는 근원적 형태의 세계로서 현실 세계를 있게 하는 존재의 근원이다.

선善, 정의正義 등의 객관적 진리 역시 일상을 초월한 곳에 이데아로서 존재하고 있으며 그중 최고의 이데아는 선善의 이데아이다.

불완전한 현상계에 있는 인간의 영혼은 완전하고 영원한 참실재인 이데아를 끊임없이 추구한다.

그러나 육체적 욕망은 이데아를 직시하는 것을 방해한다. 영혼이 무지에서 벗어나기 위해서는 그림자의 세계와 결별해야 하고 교육의 목적은 현상의 세계에서 벗어나 선의 이데아가 지배하는 참실재의 세계로 나아가는 데 있다. 동굴 안의 죄수들이 시력을 지니고 있듯이 인간에게는 사유능력과 이성이 있기 때문에 욕망을 제어하고 이데아를 추구하면서 올바른 삶을 살아가야 한다.

- 에로스eros는 변화하는 불완전한 현상계에 있는 인간의 영혼이 불변의 영원하고 완전한 것(참실재인 이데아)을 끊임없이 추구해 나가는 사랑의 한 형태이다.

이데아론에 대한 비판(아도르노)

서양 철학은 그리스 시대 이후부터 자기 동일적인 존재를 강조해 왔다. 자기 동일성은 누구에게도 의존하지 않고 스스로 존재하는 성질인데 서양에서는 이데아, 선, 이성, 진리 등이 자기 동일적인 존재로서 강조되어 왔다. 참실재인 이데아나 신은 누구에게도 의존하지 않고 그 자체로서 존재하며 모든 것의 원형이 된다.

감각이 인식할 수 있는 사물은 원형의 복제로서 얼마나 원형에 가까운가에 의해 그 우열이 매겨진다. 이러한 사고방식은 이데아나 신과 비슷하면 좋은 것, 차이가 큰 것은 열등한 것, 나쁜 것으로 간주된다. 이러한 사고방식(자기 동일성의 논리)은 배제의 논리이며 이성의 폭력이다.

인종주의racism, 성차별sexism, 노인차별agism, 집단따돌림 등은 차이와 다양성을 인정하지 않고 본래 있지도 않은 실체를 절대시하는 왜곡된 사고방식으로서 폭력으로 전환될 위험성이 있다. 위와 같은 차별의식은 이데아적 발상에서 유래한다.

제3절 이타적 사랑agape(아가페)

예수는 엄격하고 형식적인 유대교의 율법을 부인하고 사랑의 율법을 선언하였다.

예수가 가르친 사랑은 아가페agape로서 신이 베푸는 무한한 사랑, 절대적인 사랑을 의미한다. 신의 사랑은 온 세상을 가득 채우고 있고 그것은 자연의 법칙이므로 인간은 이러한 신의 사랑에 응답해야 할 의무가 있다. 그 의무는 바로 사랑을 실천하는 것으로 우리 주변의 이웃을 사랑하는 것이다.

사랑의 율법 아래서는 모든 사람이 평등한 존재이다.

예수의 사후 사도 바울은 십자가에 죽은 예수의 희생은 예수의 사랑이 드러난 것이고 예수의 부활은 사랑을 통해 구원을 얻고 악을 극복한 것이며 인간 역시 사랑을 통해 구원을 얻을 수 있다고 가르침으로서 예수의 가르침은 진리가 되었고 모세의 엄격한 율법을 사랑의 율법으로 대체하게 되었다.

사랑은 오래 참고 온유하며
질투와 시기를 하지 아니하며
자랑하거나 교만하지 아니하며
무례히 행하지 아니하며
자기의 유익을 구하지 아니하며
진리와 함께 기뻐하고
모든 것을 참으며
모든 것을 믿으며 견디느니라.
- 고린도전서(사도바울) -

- 에리히 프롬에 의하면 아가페는 소유하지 않는 사랑, 향유하는 사랑, 존재양식으로서의 사랑이다. 아가페는 상대의 있는 그대로를 향유하고 위하려는 이타적인 마음(이타적 사랑, 신적 사랑)이다.
- 플라톤에 의하면 에로스(신체의 아름다움에 대한 사랑, 감각적으로 파악되는 사랑)는 분별력과 성숙함을 갖춤으로써 플라토닉 러브(정신적 사랑)의 단계에 이르게 되고 이로써 순수하고 완전무결한 아름다움의 참실재(이데아)를 인식하게 되어 영혼의 자유를 얻게 된다.
  사랑은 육체적 사랑을 통해서 보다 고차원적인 정신적인 사랑으로 나아가며, 궁극적으로 보편적 사랑으로 나아가야 한다는 것이다.
- 칸트는 사랑은 이기주의를 극복하고 보편적인 의무를 다함으로써 인류 전체의 이익에 동참하는 것이며, 이런 사랑은 저절로 되는 것이 아니므로 의무로 간주되어야 한다고 하였다.

제4절 자유 의지自由意志, free will

인간이 동물과 구별되는 가장 중요한 기준은 이성을 가진 존재라는 것이다. 이밖에도 지능, 감성, 언어로 인간을 동물과 구분하기도 한다. 그러나 루소는 인간과 동물을 구별해주는 가장 중요한 기준은 자유(개선가능성, 발전가능성)에 있다고 보았다. 동물은 자유가 없기 때문에 자연이 구축해놓은 프로그램에 구속되며 스스로 발전할 능력이 없다. 예컨대 사자는 고기만 섭취하는 프로그램에 갇혀 있어서 과일과 곡식더미 위에서 굶어 죽을 수도 있다. 그러나 인간은 자연의 프로그램에서 벗어나 정해지지 않은 길을 갈 줄 안다. 자유는 본능보다 강한 것이다. 샤르트르는 이것을 달리 표현하여 실존은 본질에 앞선다고 하였다.

자연은 선악을 계획하지 않는다. 자연법칙은 냉혹한 약육강식이며 환경에 적합하지 않은 것을 도태시킨다. 그러나 인간은 자유 의지를 가지고 있기 때문에 자연법칙을 거스를 수 있다. 인간은 약자와 소수자를 보호하고 민주적 문화를 꽃피우기도 하고 고문, 노예사냥, 학살 등을 행하기도 한다. 인간의 자유 의지는 선으로 흐를 수도 있고 악으로 흐를 수도 있다.

- 자유 의지를 가진 인간은 선을 행할 수도 있고 악을 행할 수도 있으므로 자신의 행위에 대한 책임을 질 줄 알아야 한다. 선을 행하고 책임을 질 줄 안다는 점에서 인간은 존엄한 존재가 된다.
- 고양이는 먹잇감을 갈기갈기 찢고, 새의 날개를 부러뜨리고 눈알을 파내고 갖고 논다. 그러나 동물의 이러한 행동은 본능에 의한 것이고 노력이나 의식적 계획에 따른 것이 아니므로 비난받지 않는다. 그러나 인간은 손톱을 뽑고, 쇠꼬챙이로 항문을 꿰고, 아들의 고기로 구운 파이를 먹게 하는 등 의식적으로 악을 행하며 악을 계획하고 즐기기도 한다. 인간의 행동은 자유의지에 의한 것이기 때문에 책임이 따르고 그에 대한 윤리적 평가를 받게 된다. 자유가 있기 때문에 인간은 윤리적 존재이며 존엄한 존재가 될 수 있는 것이다.
- 타고난 자질, 재능에 의해서가 아니라 자유의지에 따른 행동으로 평가받는다면 인간은 평등하게 된다.
- 자유는 인간을 인간이게 하는 최상의 가치이며 인간의 윤리성, 존엄성, 평등, 민주주의 사상의 토대가 된다.

제5절 정언명령定言命令, categorical imperative

칸트는 인과율과 자연법칙을 인정함으로써 합리주의의 독단과 경험주의의 회의론에서 벗어나게 되었다. 그러나 인과율과 자연법칙을 인정할 경우에는 인간의 자유 의지가 상실되는 문제점이 생긴다.

이 때문에 칸트는 인간의 자율적인 정신, 자유 의지를 발견하기 위해 인과율에 따르지 않는 행위를 찾게 되었는데 이것이 정언명령定言命令에 따른 행위이다. 예컨대 강에 빠지는 아이를 구하려고 하는 것은 자연법칙 또는 이해관계와 무관하며 누가 시킨 것도 아니다. 그것은 순전히 자신의 의지로 결정한 것이며 이것은 인과율(조건)에 따른 명령이 아니라는 것이다.

칸트에 의하면 인간은 자신의 이해관계, 욕망에 좌우되지 않고 도덕적인 명령(정언명령)에 따를 때 비로소 자유를 획득할 수 있다. 이 정언명령은 인과율이 지배하는 현상의 세계에서 온 것이 아니라 현상을 초월한 세계에서 던져오는 양심의 목소리이다.

인간은 무조건적인 명령(정언명령)에 귀를 기울일 때 비로소 자유로울 수 있으며 도덕은 밖에서 주어지는 것이 아니라 우리 내부의 명령(양심과 이성의 명령)을 통해서 드러나는 것이다.

즉, 인간은 스스로 떳떳하기 위하여 도덕을 준수하는 것이고 이러한 자유 의지(자율성)를 가진다는 점에서 인간은 존엄한 존재가 된다.

제6절 도덕감정moral sentiment

흄Hume은 도덕적 판단은 철저히 사실과 관찰에 그 근거를 두어야 한다고 하면서 도덕에 있어서 이성의 역할은 불충분하며 선악의 관념이란 이성에게만 나오는 것이 아니라 감정에서 나오는 것이라고 주장하였다. 즉, 도덕적 인정이나 비난의 문제는 감정의 영역으로 쾌감(인정)이나 불쾌감(비난)이라는 도덕 감정moral sentiment에 의해 지배받는다는 것이다.

자신의 안전과 행복을 지키기 위한 행동이 공감을 얻을 때는 정의가 되고 그 반대는 불의가 된다. 결국, 이기주의는 정의의 기본적인 동기가 되는 것이고 그 정의가 도덕적 승인을 얻을 수 있는 근거가 된다.

흄의 견해와 같이 선악의 구분이 도덕적 감정에 의해 결정된다면 선악은 객관적인 것이 아닌 주관적인 기준으로 결정되는 것이 되어 도덕적 판단이라는 것이 지극히 개인적인 선택과 취향의 문제가 되어 이기적 행동으로 나타날 수도 있다. 그러나 흄은 이기주의에 공감이 합쳐져서 선악과 정의가 결정된다고 하여 이 문제를 해결하고자 하였다.

- 윤리가 이성적 원칙에 따라 결정되는 것이 아니라 감정적 요소를 통해 결정된다는 흄의 사상은 경험주의, 합리주의와는 또 다른 방향을 제시하였다.

제7절 마키아벨리즘machiavellism

마키아벨리에 의하면 인간은 배은망덕하고 변덕스러우며 사기꾼에다 위선자이고, 위험을 피하려 하며 이익에 혈안이 되어 있다. 따라서 정치에서는 윤리적인 것보다 힘과 유용성이 중요하며 현실을 도외시하고 이상만을 따르는 정치는 실패할 수밖에 없다.

○ 정치 지도자는 도덕과 고결함으로 평가받는 것이 아니라 그 신념과 역량으로 평가받아야 하며, 정치적 행동은 그것이 효율적일 때 비로소 정당성을 갖게 된다.

○ 정치 지도자에게 있어 권모술수machiavellian tactics는 권력을 지키기 위한 전략적 사고다. 술책은 진실을 이긴다. 정치는 일종의 연극이며 연기를 잘한다고 비난하는 사람은 없다.

○ 정치 지도자가 국가를 유지하기를 원한다면 그는 종종 악행을 저지를 수 있어야 하고 신의도 저버릴 줄 알아야 하며, 자비심을 버리고 무력을 사용할 필요가 있다.

○ 정치 지도자는 짐승처럼 행동하는 법을 알아야 한다. 힘에만 의존하는 사자는 함정에 빠지기 쉽고, 여우는 늑대를 물리칠 수 없기 때문에 군주에게는 사자의 용기와 여우의 지혜가 필요하다.

마키아벨리즘에 대한 평가

마키아벨리즘은 목적을 위해 수단과 방법을 가리지 않는 잔인무도한 태도나 비정한 정치술수를 가리킨다. 마키아벨리가 살고 있던 그 당시의 이탈리아는 통일국가를 이루지 못하고 외세의 침입과 가톨릭 교회, 권력의 부패로 정치적 사회적 혼란 속에 있었다. 마키아벨리에게 철학이 있다면 그것은 국가의 생존이었다.

마키아벨리는 조국이 통일된 민족국가, 강력한 절대주의 국가로 거듭나기를 원하였기 때문에 정치를 도덕적 관점에서 파악하지 않고 정치 현실에 따른 실용주의에 치우친 사상을 펼쳤던 것이다.

마키아벨리즘은 냉혹한 정치 현실을 직시하게 하여 시민사회의 자아의식을 고취하였고 근대국가로 나아가는 단계에 있어서 정치의 본 모습을 보여준 새로운 이론이었다.

세상에서 미덕이라고 칭하는 것이 정치에서는 많은 사람을 괴롭히는 악덕이 될 수도 있다. 현실적 목표를 달성하는 데 있어 종교·윤리를 별개로 보았다는 점에서 마키아벨리의 사상은 현세의 삶을 중시한 르네상스 정신과 통하며, 그것은 신 중심의 패러다임에서 인간 중심적 패러다임으로의 전환이었다.

이상 없는 정치와 현실을 직시하지 못하는 정치, 어느 쪽이 더 나쁜가?

정치는 현실의 문제를 해결해 나가는 것이다. 정치 현실에서는 이론이나 사변보다는 정치현안의 실체적 진실에 관심을 기울이는 것이 낫다.

이상적인 정치이론은 현실 속에 존재하지 않거나 목격된 적이 없는 국가를 상상하여 만들어진 것이기에 실제 생활에 쓸모있는 도움을 주지 못한다. 인간이 실제로 어떻게 사는가와 어떻게 살아야 하는가는 다른 문제이기 때문에 정치는 현실에서 직면한 문제를 해결하는데 우선순위를 두어야 한다.

역사상 뛰어난 지도자들은 대부분 현실주의자였으며 자신의 이상을 현실로 옮길 수 있는 능력을 갖춘 사람들이었다. 파시즘, 나치즘, 공산주의는 정의라는 거대한 목표를 내세우며 미래를 위해 현실의 삶을 희생시킴으로써 오히려 정의로부터 더욱 멀어지는 결과를 초래하였다.

당장 해야 하는 일, 할 수 있는 일을 뒤로하고 이상을 앞세우는 정치는 국민을 고통으로 몰아넣는다. 개인적으로 아무리 좋은 의도를 가지고 있고 좋은 목표와 이상을 제시하더라도 현실을 직시하지 못하는 정치는 가장 국민을 괴롭히는 끔찍한 악이 될 수 있다.

제8절 기독교의 윤리혁명 - 자유, 평등, 노동

고대 그리스의 코스모스적 우주관에 의하면 만물에는 타고난 위계가 있으며 인간의 미덕은 타고난 자질, 재능과 관련이 있다. 이렇게 볼 경우 성性, 인종 등과 같은 결정인자로 삶이 결정되고 귀족주의, 불평등 주의로 흐르게 되는 문제점이 있다.

기독교 사상에 의하면 인간은 신의 피조물로서 동등한 위치에 있으며 인류는 형제다. 이렇게 본다면 태생적 위계에 따른 차별은 있을 수 없고 타고난 자질, 재능, 그 자체는 도덕적인 것이 아니다. 기독교에서는 인간이 도덕적인가 비도덕적인가 하는 것은 자유 의지로 결정되며 자유에 의해 미덕과 악덕이 결정된다.

인간의 미덕은 천성이 아니라 자유(개인의 노력과 투쟁)에 의해 결정된다는 것이다. 자연이 아닌 자유가 윤리의 기초로 등장하였다는 점, 인간이 평등하다는 것은 윤리적 차원에서 혁명적인 것이었다.

1789년 인권선언, 프랑스대혁명의 정신은 기독교적 유산이며 자유, 평등, 인간의 존엄성 등은 오늘날 민주주의 윤리의 토대가 되었다.

또 기독교는 노동윤리를 바로 세웠다. 고대 그리스의 귀족주의적 세계에서 노동은 결함이 있거나 노예들이 하는 비참한 행위였다. 그러나 기독교에서는 노동을 인간의 고유한 속성으로 본다. 일하지 않으면 빈곤하고 지상에서 자신의 소명을 다 할 수 없고 신을 기쁘게 할 수도 없다. 노동은 신성한 의무이며 자아실현, 자기완성, 자비와 사랑을 실천하는 수단이 된다.

- 기독교는 문자보다는 정신과 양심에 호소한다. 윤리는 내면의 문제로서 형식적 규범, 관습, 법규보다 양심에 호소하는 것이 바람직하다는 것이다.

제9절 강자의 도덕

니체에 의하면 강자는 스스로의 힘을 긍정하는 인간, 힘에 대한 의지를 가지고 살아가는 인간이다. 강자는 잘난 사람, 능력 있는 사람이 아니라 자신의 고유한 능력과 힘을 믿고 따른다. 강자는 자신의 운명을 긍정하고 자신에게 충실하며 타인과의 비교 자체를 거부한다.

니체는 다른 사람에 맞추지 않고 스스로 주인이 되는 절대적 강자를 초인이라고 하였다. 반면 약자는 외부의 도덕이나 규율에 굴복하여 힘에의 의지를 배신하고 스스로를 거세한다. 약자는 도덕 규범이나 가치에 자신의 삶을 복속시키는 비겁한 사람이다. 니체는 우리가 지금까지 믿고 있는 도덕은 위선이며 그것은 나약하고 비겁한 사람들이 두려움 때문에 만들어 낸 위선으로서 인류애 등의 표면적 명분과는 달리 그 배후에는 원한이 도사리고 있다고 하였다.

니체에 의하면 도덕은 승리할 수 없는 자들이 만든 위선적 규범이자 야합의 산물이다. 진리, 선, 도덕 등 초월적 가치, 보편적 가치는 한 인간의 특수한 욕망이나 의지를 억압한다. 니체가 말한 강자의 도덕은 외부가 아닌 스스로가 부여하는 것이며 보편적 잣대에 맞추지 않고 스스로 주인이 되고자 하는 것이다, 진리는 자신이 스스로 의미를 부여함으로써 생겨나는 것이고 진리는 내가 만드는 것이며 진리의 주인은 '나'라는 것이다.

- 니체는 세계에서 의미를 걷어내고 신, 진리, 선, 도덕, 등 초월적 이상을 폐기처분하였다. 이러한 해체작업은 우상을 파괴하는데 기여하였으나 역사 자체가 인간의 통제력에서 벗어나 제멋대로 흘러가는 것도 문제이다. 세상이 익명성에 맡겨져 무질서한 흐름으로 이어지고 인간의 주도권, 통제력이 상실되는 상황, 권력의 존재보다 권력의 부재가 더 문제시되는 상황을 초래할 수도 있는 것이다.
- 니체는 비도덕주의자를 자처하였고 자선, 동정, 이타주의를 공격하였으며 이상을 혐오하였다. 또 병약한 것, 나약한 것은 사멸할 필요가 있다고 하였으며 니스에 지진이 발생하거나 자바 섬의 재난으로 많은 사람이 사망했다는 소식을 듣고 기뻐하는 등 광기를 보이기도 하였다. 히틀러는 니체의 사상에 심취되어 있었다.

제10절 아모르 파티amor fati (운명을 사랑하라)

니체는 있는 그대로서 현실(운명)을 사랑하라고 하였다.

참된 삶은 과거(미련, 후회)나 미래(기대, 희망)에 기대지 않고 주어진 매 순간을 살아나가는 것이며 현재와 영원이 다르지 않다는 느낌으로 경쾌하게 살아가야 한다는 것이다.

또 구원은 삶의 한복판에서 찾아야 하고 지금 사는 이곳에서 평정과 영원을 구해야 한다는 것이다.

니체에 의하면 삶의 바깥에서 우월함을 찾거나 초월적 이상에 매달리라고 하는 것은 지상의 삶에 한눈팔게 하고 삶의 의지를 꺾어버리는 헛소리다.

조금 덜 후회하고, 조금 덜 기대(희망)하며, 조금 더 사랑하라!
현실을 긍정하고 이 세상에 충실하라!
구원은 지상에서 찾아라!

이것이 니체 구원론의 핵심이다.

- 있는 그대로의 현실을 사랑하라는 니체의 구원론은 아우슈비츠 수용소나 북한 세습독재 정권의 수용소에서는 적용될 수 없다. 그것은 새로운 허무주의이거나 또 하나의 이상에 불과하다.
- 초월적 가치와 이상을 폐기처분하는 것은 종교와 형이상학의 허구를 걷어내고 우상을 파괴하는 데 기여하였으나 니체의 사상은 파괴와 비판에 능숙할 뿐 방향설정이 부족하다. 무조건 현실에 충실하고 목표나 방향 없는 삶이 행복할 수 있을지는 의문이다.

제11절 소유적 개인주의

所有的 個人主義, possessive individualism

재산권을 정당화시키는 것은 인간의 노동이다. 자연에 노동이 가해지면 그것은 사적 권리가 된다. 즉, 노동은 자연의 속에서 끄집어내어 개인의 것으로 만든다.

나의 말이 뜯어 먹을 풀, 나의 하인이 잔디밭에서 뜯어 온 뗏장, 내가 캐낸 광석은 누구의 양도나 동의가 없어도 나의 소유물이 된다. 샘의 물은 뭇사람들의 것이지만 물 주전자 속으로 들어간 물은 그것을 떠 온 사람의 것이다.

- 다만 로크는 토지에 대한 사유재산권을 얻을 때는 다른 사람들이 쓸 충분하고도 양질의 땅이 남아 있어야 한다는 단서를 붙였다.

로크의 소유적 개인주의는 자본주의 사상의 기초가 되었다. 그러나 자연은 스스로의 것이며 지구 상의 모든 생명체가 살아가는 공간으로서 인간의 소유물이 될 수 없다. 이러한 사고방식은 자연을 주인 없는 공유물로 여겨 마구 약탈하고 파괴해도 된다는 생각으로 이어지고, 자본주의 사회에서 경쟁에서 패배하여 개인적 소유가 결핍된 사람들에 대한 배려에 소홀하게 된다.

로크의 소유적 개인주의 이론에 따르면 국가생활에 있어 소유의 공적 부분이 약화될 우려가 있어 개인의 인간다운 삶의 보장하는 것이 어렵게 되고, 특히 국가 기간산업이 소수에 독점되면 국민경제에 심각한 위협을 초래하고 경제 자립도와 경제 주권을 약화시키는 문제점이 발생할 수 있다.

제12절 일반의지—般意志, the general will

루소의 사회계약론에서 중심이 되는 개념은 일반의지the general will이다. 루소에 의하면 사회 구성원들이 사회계약을 할 때 자기가 가진 권리를 공동체 전체에 전면적으로 양도하게 되면 그 후 각자의 조건은 평등하게 되고 이해관계가 일치되어 상호 간에 동질성이 형성되는데 이러한 동질적인 사회 구성원이 다 같이 바라는 공동의 이익을 위한 의지(공익을 추구하는 만인의 의지)가 곧 일반의지이다.

- 일반의지는 주권자인 국민의 공통 이익과 공동선을 목적으로 하고 평등을 추구하기 때문에 사적 이익을 추구하고 차별로 기울기 쉬운 특수의지particular will 또는 개인 의지의 총체인 전체의지the will of all와는 구별된다.

  인간이 공동체에 편입된다는 것은 '일반의지'의 지배를 받아들이는 것을 의미하며 이는 사회의 각 구성원이 자신의 권리를 공동체에 양도하여 자신의 생명과 재산을 지키기 위한 것이다.

  결국, 사회계약에 의해 각 구성원이 자신의 권리를 포기하고 만인이 대등한 입장에서 일반의지의 지배를 받아들이는 것이다. 주권은 인민으로부터 나온 것이므로 일반의지를 행사하는 주권은 언제나 인민의 공동이익(공동선)을 위하여 정당하게 행사되어야 한다.

일반의지를 실현하는 주권의 행사는 공동이익의 확보과정이므로 항상 정당하고 그것은 곧 자유의 실현 과정이며, 법의 제정은 일반의지를 행사하는 과정이고, 법은 일반의지를 유지하는 힘이다(루소는 인민 주권론과 법의 지배라는 민주주의의 원리를 주창하였다).

루소의 사회계약론에 따르면 인민들은 계약 이후에도 전과 다름없이 자유로울 수밖에 없으며 자기가 양도한 것과 같은 권리를 모두가 얻게 된다. 따라서 국가 권력이 개인을 일반적인 의지를 따르도록 강제하는 것은 전체적인 진정한 자유를 확보하기 위한 자유의 제한이다.

- 루소의 사회계약은 공동의 힘으로 신체의 안전과 재산을 지키기 위해 모든 사람과 결합되면서도 자기 자신에게만 복종할 수 있는, 전과 다름없는 자유를 확보하기 위한 결합형식을 찾아내는 것이므로 그것은 복종계약이 아니라 연합계약이다. 이것은 루소 이전의 사회계약론과의 차이점이다.

루소의 사회계약론에 대한 평가

○ 루소는 공익을 추구하는 만인의 의지가 일반의지라고 하였으나 사회 구성원들이 자유롭고 대등하다면 몰라도 현실은 그렇지 않기 때문에 사회 전체의 공동이익의 존재라는 것은 현실적으로 불가능하거나 매우 희박하다.

○ 개인이 자신의 모든 권리를 공동체 전체에 양도해야 한다는 루소의 평등주의적 견해는 전체주의의 도래에 영향을 미쳤다.

○ 다수의 표를 획득하였고, 법으로 제정되었다면 일반의지가 구현된 것으로 볼 수 있는데 다수결이나 법이 무조건 옳다고는 단정할 수 없다.

○ 일반의지가 만들어질 수 있는 조건(충분한 정보, 시민의 평등, 파당이 없을 것 등)이 갖추어지기 어려운 현실에서 일반의지는 전체의지와 구분이 어려우며 이는 이상주의적 관념과 허구, 현실비판을 위한 이론으로서 잘못하면 전체주의 또는 다수의 횡포가 용인되는 부당한 사회를 합리화하는 데 이용될 수도 있다.

○ 사회계약론은 개인이 자유를 위해 그것을 포기하고 공동체에 양도하였다고 하나 그러한 사회계약은 어떤 박물관이나 도서관에서도 찾을 수 없고, 누가 서명했는지도 알 수 없다. 이렇게 본다면 사회계약이라든가 일반의지라고 하는 것은 하나의 환상이라 허구에 불과한 것이 된다.

인간의 위대한 상상력

사회계약설은 국민의 의지가 민주주의라는 도구를 통해 실현된다는 점을 보여주었고 시민들을 각성하게 하여 시민혁명으로 절대왕정을 무너뜨리고 민주주의를 가져오는데 기여하였다.

우리는 사회계약설이 가지는 허구성과 위험성을 취할 것이 아니라 그 사상에 내재한 자유, 평등, 인권 및 인민주권의 정신에 관심을 기울여야 한다. 사회계약설과 일반의지가 이상적 관념과 허구라 할지라도 그것은 세상을 바꾼 대단히 유용한 관념이자 허구였던 것이다. 진실을 때로는 허구적 상상에서 나온다. 인간의 상상력은 이처럼 위대한 것이다.

제13절 자유, 개별성, 다양성

인간은 모형에 따라 제작되어 그것에 부과된 작업을 정확하게 해내도록 설정된 기계와 같은 존재가 아니다.

인간의 목표는 인간의 능력을 최고로 또 가장 조화롭게 발달시켜 완전하고 일관된 전체를 형성하는 것이다. 그러므로 모든 인간은 끊임없이 노력을 기울여야 하고, 개별성을 발전시켜야 한다.

J.S.밀은 『자유론』에서 자유와 개별성이라는 전제조건이 충족되어야 개인의 활력, 독창성, 풍부한 다양성이 살아나고 개인의 복지(행복)도 가져올 수 있다고 하였다.

J.S.밀은 자유를 개인의 본질적인 이익 중의 하나이자 복지의 요소로 보았고 정의의 규칙은 자유에 대한 부당한 간섭을 규제하는 것이어야 한다고 하였다.

J.S.밀은 다른 사람들의 이익과 자유를 침해하지 않는 한 개인의 자유는 어떠한 이유로도 제한되어서는 안 된다고 하였다.

나아가 밀은 자유와 함께 개별성을 중시하였고 대중사회로 변모함에 따라 진정한 개성을 죽이고 획일화된 가짜 개성을 만들어 내는 '대량 생산된 개성'을 우려하였다. 문명이 진보함에 따라 개성은 상실되고 군중 속에서 무력해진다는 것이다.

J.S.밀에 의하면 자유, 개별성, 다양성은 인간의 재능과 인격을 발달시키고 복지에 도움이 되며 사회에도 이득이 되는 것이다. 따라서 인간은 다른 사람의 통제로부터 해방되어야 하며 자유를 보장하여 자아를 개발하고 자율적인 삶을 살아가도록 해야 한다. 그것이 인간의 존엄성을 유지하고 행복으로 나아가는 길이다.

제14절 계몽啓蒙, enlightenment

이성의 힘으로 자연이 주는 공포에서 인간을 해방시키고 사회를 개조하여 인간을 세계의 진정한 주인으로 만들고자 했던 계몽은 미신과 종교 대신 합리적인 지식을 수립함으로써 세계의 많은 부분을 바꾸어 놓았다.

그러나 인간은 계몽의 이름으로 자연을 지배하고 다른 인간들을 학살하기에 이르렀으며 아메리카 인디언 학살, 식민지 민중에 대한 억압이나 나치에 대한 유대인 학살로 이어졌다. 인간을 구원할 것으로 여겨졌던 계몽은 그 배후에서 새로운 야만성을 드러내어 인간에 대한 지배와 학살, 자연 파괴라는 새로운 야만의 길을 열었다.

과학기술이 가져온 물질적 풍요는 인간을 추위와 배고픔에서 해방시켰지만 모든 인간을 상품적 가치로 판단함으로써 물질의 가치가 영혼의 자리를 빼앗게 되었다. 계몽은 물질에 생명을 주었고, 물질은 우리를 편 가르고, 줄 세우고, 사람에 대한 생사여탈권을 가지게 되었다. 그 결과 가치는 전도되었고 물질에 목숨을 바친 우리는 물질의 노예가 되었다.

호르크하이머와 아도르노는 『계몽의 변증법』(1944)에서 우리는 도구적 이성에서 벗어나 성찰적(비판적) 이성을 회복함으로써 진정한 인간해방으로 나아가야 하며 이렇게 함으로써 계몽은 완성될 수 있다고 하였다.

제15절 주인과 노예의 변증법

헤겔은 저서 『정신현상학』에서 사회가 형성되는 원리를 주인과 노예의 변증법으로 설명하였다. 헤겔에 의하면 인간은 누구나 욕망을 품고 있으며 인간은 타인을 배려하지 않고 우선적으로 자신의 욕망만을 주장한다. 헤겔에 따르면 '자신이 자신임'을 주장하는 자기의식은 타인으로부터 승인을 받고자 하며 타인으로부터 인정을 받기 위해 목숨을 걸고 투쟁한다. '승인을 둘러싼 목숨 건 투쟁'은 승자와 패자를 만든다. 이 투쟁에서 이긴 자는 주인이 되고, 진 자는 노예가 된다.

투쟁에서 패배한 노예는 목숨에 대한 대가로 주인을 위해 노동해야 하므로 노예는 게으름을 피울 수 없다. 노예는 살기 위해 노동하고, 노동은 노예를 생존하게 하는 수단이 된다. 그러나 주인의 끊임없는 죽음의 위협과 고통 속에서 노예는 자연을 정복하는 법을 배우게 된다. 반대로 노예의 노동에 의존하던 주인은 점점 노예 없이는 아무 일도 할 수 없게 된다.

이렇게 되면 주인과 노예의 위치가 뒤바뀌게 된다. 결국, 노예는 노동을 통해 자유를 쟁취하게 되는 것이다. 노동활동은 객체를 주체로 만든다. 노동자는 노동이 가져온 변화로 스스로를 자각한다. 노예는 물질을 변화시킨 의식을 지닌 존재로 자신을 정의하며 자유를 확보하게 된다. 결국, 노동에 의해, 노동 덕분에 진정한 인간이 있게 된다는 것이다.

- 주인과 노예의 변증법은 인간(주인)과 도구·기술(노예)에도 적용할 수 있다. 인간은 도구와 기술을 지배하지만 도구와 기술에 지나치게 의존하게 되면 인간의 능력과 자율성이 저하되어 도구와 기술에 종속되고, 도구와 기술이 오히려 인간을 지배하고 삶의 목표를 설정하게 된다.

제16절 유물론唯物論, materialism

유물론은 물질을 우주의 근본적인 실재로 생각하고 마음(정신)을 부차적, 파생적 존재로 보는 견해를 말한다. 유물론자들은 모든 현상을 물질로 환원시켜 고찰하고자 하며 정신의 독자성, 궁극성을 인정하지 않는다.

유물론에서는 물질적, 생물학적 삶을 뛰어넘는 초월적 가치들을 환상으로 보고 그것을 부정한다.

유물론에 의하면 인간의 존재양식이 삶을 결정하며 인간은 자연과 역사를 통해 결정되는 존재이다. 또 유일한 삶은 현재에 있고 세상을 있는 그대로 사랑하라고 한다.

유물론의 주장과는 달리 인간은 자연이 결정해 놓은 속성에 머물지 않고 전혀 다른 세계로 진입할 수 있다. 인간은 자유 의지에 의해 스스로를 개선할 수 있고 역사에서 일탈할 가능성이 있는 것이다.

유물론자들은 초월성을 부정하나 인간에게는 스스로를 초월할 수 있는 자유가 주어져 있고 우리 밖에도 사랑, 우정, 아름다움 등 여러 초월적 가치들이 존재한다. 이러한 것들은 내가 만들어 낸 것이 아니고 내가 결정하는 것도 아니다. 정신적, 윤리적 존재인 인간에게 초월성은 내 의식에 저절로 부여되는 것이며 피할 수 없는 것이다.

- 유물론의 모순
  - 유물론자들은 인간은 자연과 역사를 통해 결정되는 존재라고 하면서 역사에서 해방되고 혁명을 일으키라고 한다.
  - 유물론자들은 세상은 있는 그대로 사랑하라고 하면서 더 나은 세상을 위해 현실을 바꾸려고 하며 유토피아를 건설하자고 한다.
  - 유물론자들은 초월적 가치, 신성한 가치를 부정하면서도 조국과 혁명(이상)을 위해 죽으라고 한다. 희생은 신성한 가치에 직결된 것임에도 신성한 가치를 부정하는 유물론자들이 희생을 중요하게 생각하는 것은 모순이다.

제17절 구성의 오류
a fallacy of composition

구성의 오류는 부분적으로 성립하는 원리를 전체에 적용되는 것으로 확대 추론함에 따라 발생하는 오류이다. 개별적으로 타당한 이야기가 전체적으로 보면 틀리는 현상을 말한다. 경제학에서는 절약의 역설이 이에 해당한다. 모두가 저축을 많이 하면 소비가 되지 않아 재고가 쌓이고 경기가 악화되어 국민소득이 줄어들게 된다. 그러면 전체 저축이 오히려 줄어들 수도 있다.

유가가 하락하면 에너지 비용의 감소로 개인은 자동차 운행비용을 줄일 수 있으나 조선업과 석유화학 제품 및 산유국 수출의 비중이 높은 우리나라는 오히려 수출이 감소하여 국민경제가 어려워질 수 있다. 이처럼 연역법을 모든 분야에 적용하면 전체적으로 볼 때는 오류가 발생한다. 철학적인 명제에 따르면 구성의 오류란 '나 한 사람에게 가능한 것이 모두에게 가능한 것은 아니다'라는 뜻을 가진다.

칼 마르크스Karl Heinrich Marx는 자본주의의 모순을 구성의 오류로 설명하였다. 개별 자본가들은 임금을 적게 주기 위해서 최저 생계비에 가까운 수준으로 임금을 떨어뜨린다. 이러한 전략은 모든 개별 자본가에게 합리적인 전략이다. 그러나 모든 자본가가 그와 같은 전략을 따른다면 노동자들의 소비 여력이 없어지게 되어 상품 소비가 급격하게 줄어들어 이윤율이 계속해서 하락할 것이다. 이렇게 되면 자본가는 이윤율 하락을 만회하기 위해 인건비를 더욱 줄이게 될 것이고 경제는 파국에 이르게 된다.

마르크스는 자본주의 체제가 처음부터 '구성의 오류'를 안고 있다고 보았으며 이와 같은 논리적 모순이 자본주의의 붕괴를 가속화 할 것이라고 예견하였으나 그의 주장은 빗나갔다. 케인즈 경제학의 수요확대 정책과 노동자 보호를 위한 최저임금제 및 각종 복지정책이 자본주의의 모순을 어느 정도 시정하는 결과를 가져왔기 때문이다.

제18절 중층적 결정론重層的 決定論

마르크스는 사회변동에서 경제적 요소를 지나치게 강조하였다(경제결정론). 그러나 사회는 다양한 요소의 구조로 구성되어 있고 하나의 사건은 단일한 모순(원인)에서 생기는 것이 아니라 복수의 이질적인 모순(원인)에서 발생한다. 또 상부구조는 하부구조의 단순한 반영이 아니라 상대적으로 독립된 구조이다(알튀세르의 중층적 결정론).

경제가 역사의 흐름을 결정하는 것은 사실이나 정치나 문화 등 다른 상부구조에도 자율적인 시스템이 있어서 그 자체 에너지에 의해 역사를 밀어 움직이는 측면이 있다.

알튀세르에 의하면 단일한 역사의 주체나 목적은 존재하지 않으며 역사를 움직이는 것은 계급투쟁이나 사회혁명 등이 아니라 사회의 깊은 내면에 감추어져 있는 구조이다.

사회는 인간이라는 주체의 총체에 의해 움직인다고 생각하기 쉬우나 실제로는 개인의 의사를 초월한 구조가 지닌 힘의 존재를 무시할 수 없다.

사회에는 주체의 힘이 미치지 않는 구조가 엄연히 존재하며 개개인이 전쟁을 원하지 않더라도 전쟁이 일어나는 것처럼 사회에는 조직 전체에 개인의 힘으로 어찌할 수 없는 보이지 않는 힘이 작용하기 때문에 조직 전체가 개인이 생각하는 바와 다른 방향으로 나아가는 경우도 많다.

- 알튀세르는 어설픈 영웅주의에 빠져 혁명을 도모할 것이 아니라 구조 자체를 바꾸려고 노력하는 것(구조개혁)이 필요하다고 하였다.

제19절 정적 도덕靜的道德, static morality, 동적 도덕動的道德, dynamic morality

앙리 베르그송Henri Bergson에 의하면 모든 생물은 동적이고 예측 불가능한 내적인 힘을 가지는 데 그 힘은 삶의 약동(활력)이다. 생명체의 삶은 연속적이고 운동하는 것이고 어떻게 변화할지 예측할 수 없다. 생명체는 연속성 속에서 삶의 약동을 통하여 창조적으로 진화해 나간다. 진화는 삶이 더 완전한 형태로 도약하는 것이다. 베르그송은 위와 같은 사고의 연장성에서 도덕을 정적 도덕과 동적 도덕으로 분류하였다.

○ 정적 도덕은 책임과 의무의 도덕으로 닫힌 사회에서 나오는 것이고 과거의 가치들을 보존하는데 그 의미가 있다. 그것은 금기와 관습 등에서 나오는 규율로서 진화보다는 집단의 안정을 유지하기 위한 것으로 개인에게 제한과 구속을 가한다.

○ 동적 도덕은 동경의 도덕으로 삶의 가치를 초월한 이상을 바라보는 것이다. 이러한 도덕은 아직 이루어지지 않은 것이다. 이것은 혁명가의 도덕으로서 창조적 활력을 통해 불규칙적으로 나타나지만 강력한 힘을 가지고 나타나 사회적 충돌을 가져온다.

○ 정적 도덕과 동적 도덕은 진화 속에서 서로 경쟁하듯 조화를 이룬다.

제20절 휴머니즘humanism(인본주의)

고대의 질서는 코스모스였다. 코스모스는 정당하고 아름다운 질서이며 신적이고 합리적이다. 코스모스의 조화로운 질서 속에서 인간은 각자에게 타고난 자리가 있으며 윤리는 우주적 질서 속에서 정당한 자기 자리를 찾는 것이다.

코스모스적 우주관을 바탕으로 한 스토아 철학에서는 '자연에 순응하라', '너 자신을 알라', '상황에 복종하라', '무엇이든 지나치지 말라'는 것이 윤리의 기본이었다.

중세의 질서는 '신의 뜻'이었다. 인간은 신의 피조물로서 신 앞에 평등하며 신의 계명에 복종해야 한다.

그러나 근대 과학의 발달로 변하지 않는 코스모스라든가 신의 의지 같은 것을 믿지 않게 되었다. 세상의 중심은 코스모스 → 신 → 인간으로 바뀌었다. 방향감각을 잃은 인간은 인간의 힘으로 스스로 질서를 만들어야 하는 상황이 되었다. 인간의 의지밖에 믿을 것이 없다는 생각은 근대적 휴머니즘의 기틀이 되었다. 루소는 인간 중심적 윤리관을 구축하고자 하였다. 루소에 의하면 인간은 자유의지가 있기 때문에 개선능력, 발전 가능성이 있다.

자연이 만든 프로그램에 구속되지 않고 자유롭다는 것은 선을 행할 수도 있고 악을 행할 수도 있는 것을 의미하므로 인간은 자신의 행동에 대한 책임이 있다. 따라서 인간은 윤리적 존재이며 이 점에서 동물과 확연히 구분되고 존엄한 존재가 된다. 칸트는 인간이 수단이 아닌 목적으로 대접받고 더 높은 목적을 갖지 않은 만큼 절대적으로 존엄한 존재가 되어야 한다고 하였다.

근대의 휴머니즘은 각 개인의 고유한 가치를 인정하고 인간을 수단으로 여기지 않는다. 인간은 존엄하고 평등한 존재이며 인간의 미덕은 자유에 있다. 휴머니즘을 토대로 한 근대적 윤리의식은 공덕 위주의 윤리관이다. 그것은 인간이 중심이 되는 윤리이며 이타성과 보편성을 특징으로 한다. 즉, 나, 내 가족, 내 종족이라는 좁은 틀, 자연적 이기주의에서 벗어나 공동선을 추구하고 보편적 이익을 실현하는 것이 인간의 미덕이다.

- 근대적 윤리관에서는 개인의 선한 의지가 중요하며 미덕은 타고난 자질이나 천성, 신앙심에 있지 않고 개인의 선의지, 노력에 달려있다. 개인은 자유롭고 고유한 가치가 있으며 전체를 위한 수단이 아니다. 따라서 개인은 능력을 기준으로 하나하나가 재평가된다. 휴머니즘에서는 인간이 윤리적 가치의 근거가 되고 모든 관점의 중심이 된다.

현대적 휴머니즘

근대 이후 과학적 사고가 세계를 지배함으로써 과학은 자신감으로 충만하였고 대량살상무기 개발, 환경 오염, 유전자 변형 등의 폐해를 낳았다.

현대적 휴머니즘은 형이상학과 종교의 환상을 걷어낸 휴머니즘이며 과학의 폐해에 대한 진지한 성찰과 함께 자기비판, 자기성찰에 중점을 두고 있다.

현대적 휴머니즘의 핵심은 자기성찰과 확장된 사고에 있다.

나 자신의 좁은 영역에서 벗어나 타인을 이해하고 경험과 소유의 영역을 확장함으로써 삶의 지평을 넓히고자 한다. 이렇게 함으로써 개별성을 극복하고 더 폭넓고도 풍부한 가능성을 확보할 수 있다는 것이다.

제21절 민주주의의 패러독스

paradoxes of democracy

사람들은 직접민주주의를 체제의 결함에 대한 즉효요법으로 간주하고 민주주의의 장점을 극구 칭찬하지만, 민주주의는 어려운 것이며 직접민주주의는 더욱 어렵다. 노베르트 보비오는 이러한 주장을 설명하기 위해 현대의 모든 정치체제가 당면하고 있는 몇 가지 문제를 현대 민주주의의 진정한 패러독스로 열거하고 있다.

첫 번째 패러독스 - 조직의 거대화

국가조직을 비롯한 여러 조직은 점점 커지고 커다란 조직 내에서는 민주주의 게임의 규칙을 존중하도록 하는 것이 점점 더 어려워지고 있다. 아고라agora의 민주주의는 모든 시민이 광장에 모일 수 있을 정도의 인구를 가진 소국가에 적합한 것이었다.

그러나 1960년대, 1970년대의 학생운동이 부활시킨 아테네식 직접민주주의는 카리스마적 권위를 가진 집행부의 결정이 박수에 의해 비준되고 그 권력이 막강하여 최악의 의회보다 더욱 나쁜 집회로 구성되었으며 그러한 직접민주주의는 결국 기만적인 것이었다.

두 번째 패러독스 - 관료제bureaucracy

현대국가는 규모가 커지고 기능이 증대되었다. 기능의 증대는 민주적이지 않은 위계적 구조를 가진, 위로부터 아래로 향하는 권력장치(관료적 장치)의 증대로 귀결된다. 대중의 요구는 언제나 국가에 새로운 과제와 부담을 떠안기기 때문에 국가는 활동영역과 장치를 증대시키게 되고 결국 민주주의가 확대될수록 관료주의도 확대된다.

세 번째 패러독스 - 테크노크라시technocracy

공업사회의 특유한 기술적 발전의 결과, 사회에는 기술적 해결을 요하는 문제들이 점점 증대하여 전적으로 전문가에 의해 통치하려는 유혹 (테크노크라시를 창출하려는 유혹)이 계속 생겨난다.

공업사회의 주역은 과학자, 전문가, 숙련자이며 거대국가의 경제문제에 정통하고 정확한 문제해결책을 제시할 수 있는 사람은 극히 드물다. 따라서 결정이 점점 기술적으로 되고 비정치적으로 됨으로써 시민적 권능의 영역과 주권도 축소될 우려가 있다.

네 번째 패러독스 - 대중사회mass society

대중문화는 순응주의를 일반화하여 개인의 책임감을 억누르고 압박하는 경향이 있고 잘 조작된 선전은 개인의 합리적인 선택의 여지를 줄이고 순간적인 감성적 반응이나 타인의 행동에 대한 수동적인 모방으로 이끈다. 문화산업과 정치산업은 시민의 정치적 의사결정에 영향을 미치고 동의를 조작하는 기술을 사용한다.

현대사회에서 대중은 정치적 사안에 대하여 점점 더 무관심한 태도를 보이고 있다. 이로써 민주주의적 과정과 대중사회는 대립적이게 된다. 민주주의의 확대가 이상적인 방안이기는 하나 그것만으로는 부족하므로 보비오는 관용적 태도, 비폭력, 자유로운 토의, 사회의 점진적 개선에 대한 이상, 형제애의 이상이 그 실천적 덕목으로 뒷받침되는 것이 필요하다고 한다.

민주주의가 아무리 높은 수준으로 광범위하게 제도화되어 있다고 하더라고 정치공동체의 구성원들이 어느 정도의 판단력과 적극성, 민주적 소양을 갖고 있어야 한다. 역사의 주체는 바로 그 사회를 이루는 사람들 자신이기 때문이다.

- 보비오는 민주주의가 미봉책과 안이한 일반화, 간교한 혁신을 거부하는 극히 복잡한 실천이고, 조그만 충격에도 쉽게 무너질 수 있는 대단히 섬세한 메커니즘임을 강조하고 있다.

제22절 소수 지배의 법칙minority rule, 과두제의 철칙iron law of oligarchy

소수 지배의 법칙은 어떤 집단이든 소수가 다수를 지배하게 된다는 법칙이다. 이런 현상은 국가뿐만 아니라 정당·기업·노동조합·교회·학교·클럽 등 적어도 조직이라고 이름 붙여진 모든 집단에 보편적으로 나타난다. 1인이나 다수 또는 전체가 아닌 소수가 지배하는 정치체제를 과두제oligarchy라고 한다.

독일의 사회학자 R.미헬스는 1912년 발표한 그의 저서 『정당사회학』에서 독일과 이탈리아의 사회민주당을 분석한 결과 국가뿐 아니라 정당, 기업, 노조, 대학, 종교단체 등의 사회집단에서 소수자의 지배가 현저하게 나타나고 있음을 밝혀내고 이를 '과두제의 철칙iron law of oligarchy'이라고 표현하였다.

미헬스는 사회집단이 집단으로서 행동하려면 소수 지배는 필연적 법칙이 된다고 하였다. 미헬스는 "이것은 역사의 냉혹한 운명이며 철칙이다"라고 하였다. 소수 지배가 가능한 이유로는 다음과 같은 점을 들 수 있다.

○ 단체가 존립하고 질서를 유지하는 데는 권력이 필요하고, 그 권력은 소수자의 손에 집중·독점된다.
○ 다수라 하더라도 물리적 강제력을 지니는 소수자에 대항할 수 없다.
○ 통치를 위한 특수한 능력과 조건을 갖춘 자들은 소수이고 이들에게 권력이 집중된다.
○ 집단은 군대적·관료적 조직을 가지지 않을 수 없다.
○ 구성원의 정치에 대한 무관심이나 자기 소외 현상은 강력한 지도자를 원한다.
○ 말 없는 다수보다 목소리가 큰 소수가 사회 여론을 주도해 나간다.

오늘날은 과학기술을 비롯한 여러 기술의 발달과 함께, 막강한 권력을 지닌 소수자가 방대한 다수자를 지배할 수 있게 되었다. 이와 같은 소수자 지배는 사회의 자기 파멸을 초래할 가능성이 있다.

- 과거 운동권 출신 정치인들은 자신들의 권력이 선출된 권력임을 내세우며 사회 구성원을 선과 악의 구도로 양분하여 다른 집단을 악으로 매도하고 공격함으로써 분열과 혼란으로 몰고 갔다. 이러한 경험에 비추어보면 직접민주주의라는 명분 하에 이루어지는 정치 행위 역시 실제 대다수의 의사와는 거리가 먼 정당, 노조, 시민단체 등 사회집단의 소수자에 의한 지배로 이어질 가능성이 있다.

제23절 제도적 관성institutional enertia, 경로 의존성path dependency

관성enertia은 물체가 자신의 운동상태를 그대로 유지하려는 성질을 말한다. 정지한 물체는 계속 정지해 있으려 하고 운동하는 물체는 원래의 속력과 방향을 그대로 유지하려고 한다. 그러므로 정지한 물체를 옮기거나 날아오는 물체를 멈추거나 방향을 바꾸고자 할 때 우리는 물체에 힘을 가해야 한다. 힘을 가하면 관성이 깨지고 속력이나 운동방향이 변하기 때문이다. 질량이 크면 관성도 크다.

물리학의 관성의 개념을 사회제도에 적용하면 모든 제도는 자신의 구조를 지속하려는 성질을 가지고 있고 역사적·문화적 유대관계가 클수록, 사회적 제도화의 범위가 넓을수록, 즉, 합리화된 조직일수록 관성도 크다.

경로 의존성path dependency은 한 번 경로가 정해지고 나면 그 관성 때문에 제도를 바꾸기 어렵게 되거나 불가능해지는 현상을 말한다. 변화와 개혁의 필요성을 절감하고 그러한 사회적 분위기가 조성되었다고 해도 사회제도는 쉽게 변하지 않으며 이미 결정되어 있는 경로를 따르는 경우가 많다. 즉, 잘못을 알고도 수정하지 못하는 딜레마가 생기게 되는 것이다.

- 이미 고착화된 제도는 그에서 발생한 기득권과 함께 그 상태를 유지하려고 하고, 일정한 방향으로 변화를 유도하기 위해서는 상당한 힘과 강제력이 필요하다. 따라서 혁신과 쇄신을 위한 법 개정이나 폐지를 시도하고자 할 때는 강제력이나 혁명 등의 방법으로 기존의 제도적 틀에 상당한 힘을 가해야 한다.
- 제도적 탄성institutional elasticity은 변화를 가하는 힘이 사라진 경우에 원래의 상태로 되돌아가려는 성질을 말한다. 프랑스 혁명 이후 구체제로의 복귀 등 모든 시대마다 나타나는 복고주의 경향을 그 예로 들 수 있다. 혁명세력이 집권 후 강력한 강제력을 동원하거나 반대파를 숙청하고 제거하는 것은 제도적 탄성을 우려한 것으로 볼 수 있다. 이것은 구부러진 쇠를 곧게 펴면 원래 상태로 돌아가려는 탄성이 있기 때문에 반대방향으로 구부리는 '쇠 구부리기 효과'를 노린 것이다.

제24절 기술세계技術世界, technology world

과학의 발전으로 자연은 신비스럽다거나 신성한 대상이 아니라 물질적 사물의 총체, 자원으로서 이용대상이 되었고 인간이 자연의 주인이 되었다. 니체 이후 철학은 우상의 파괴, 이상의 해체로 나가게 되었고 이성은 목적을 등한시하고, 도구적 수단이 되었으며 세계는 기술적 차원으로 전락하여 의미와 방향을 상실하게 되었다.

현대 세계의 특징은 기술의 지배를 받고 있다는 것이다. 하이데거는 현대 세계를 '기술세계'라고 하였다. 기술은 목적이 아닌 수단이다. 그러나 현대 세계는 진보와 발전 그 자체가 하나의 목표가 되고 진보하지 않으면 소멸한다는 명제 아래 죽어라고 경쟁해야 하는 가운데 목표를 상실하게 되었다.

과학은 기술과학이 되어 경제적, 상업적으로 구체성을 띤 파생물에 더 관심을 갖게 되었고 발전과 생산력 확대를 위한 경쟁심이 판을 치는 세상에서 의미를 찾고 참된 삶, 지혜에 대한 사랑, 구원을 얘기하는 것은 옛날 일이 되었다. 세상의 흐름은 맹목적 경쟁을 통해 기계적으로 만들어질 뿐 인간의 자유 의지로 유도되는 것이 아니다.

기술세계는 자유와 행복을 위해서가 아니라 통제를 위한 통제, 정복을 위한 정복, 발전을 위한 발전만이 존재하는 세상이다. 기술세계는 수단의 논리에 압도되어 목표와 지향점을 상실하게 되었다. 진화와 변화의 흐름이 우리를 더 나은 세상으로 인도하리라는 근거도 없고 인간이 지구를 송두리째 파괴할 수 있는 수단을 장악하게 됨으로써 불안감은 증대되고 있다. 세계는 인간이 배제된 지속적 메커니즘이 되어 맹목적인, 제어 불가능한 방향으로 가고 있는 것이다.

- 하이데거는 자유주의적 경쟁사회, 선거 승리를 위하여 선동이 횡행하는 민주주의 사회는 기술세계에 부합하며 현재의 도전과제를 해결할 역량이 부족하다고 보았다. 이 때문에 하이데거는 일시적으로 나치스에 동조한 적이 있고 그것은 일생의 큰 오점이 되었다.
- 세계화된 경쟁사회에서는 역사의 궁극적 목표에 대한 고민을 상실하고 수단의 논리에 압도되어 역사 자체가 익명성에 맡겨져 인간의 의지에 무관하게 흘러간다. 역사가 인간의 통제력에서 벗어나 제멋대로 흘러가고 인간이 주도권을 상실하게 되는 것은 큰 문제이다.

제25절 모노컬쳐 경제

monoculture economy

단일 작물에 의해 유지되는 경제를 말한다. 한 바구니에 계란을 담으면 위험하듯이 단일 작물을 재배하면 식물에 전염병이 돌 경우 모든 농작물이 죽게 된다. 1840년대 아일랜드에서는 감자에 역병이 돌아 대기근으로 백만 명 가량이 굶어 죽은 사건이 있었다. 단일 작물을 재배하게 되면 병충해나 자연재해에 취약하게 되어 생존의 위협을 받게 된다.

브라질의 커피, 말레이시아의 고무·주석, 가나의 카카오 등은 모노컬쳐 경제를 보여주고 있다. 이들 나라의 산업은 전염병과 선진국 수요에 큰 영향을 받고 있어 불안정하다. 생물학적 다양성이 확보될수록 사회는 생존 가능성이 커지고 안정성을 확보하게 되며, 문화 역시 다양성을 갖추어야 인생에 풍요와 활력을 줄 수 있다.

- 포드 자동차는 생산모델을 단일화하여 부품과 공정을 표준화함으로써 효율적으로 대량생산을 하였으나 하나의 공정이 정지되면 전체 시스템이 붕괴되는 취약점이 있었다. 또 단순반복 노동을 하게 되는 노동자는 사기가 저하되고 노동의 질도 악화된다. 포드 시스템은 다양한 모델을 찾는 시장의 수요변화에 대처하지 못하여 포드 몰락의 원인이 되었다. 다양성을 확보하는 것은 생존 가능성과 안정성을 높이고 자연과 인간에게 활력을 준다.

제26절 무소유nonpossession

법정스님은 『무소유』에서 "소유관념은 우리들의 눈을 멀게 하고 분수를 모르고 들뜨게 만들며, 소유가 늘어가면 사물에 얽매이게 되고 부자유도 그에 비례하여 늘어나게 되므로 대상에 대한 집착은 괴로움을 낳는다. 아무것도 갖지 않을 때 온 세상을 갖게 되는 것이며 이것이 바로 무소유의 역리"라고 하였다.

역사기록에 의하면 프란시스코회 수도사들은 가난을 숭배하였고 가난 가운데서 안전, 사랑, 자유를 발견하였다고 한다. 게오르크 짐멜의 『돈의 철학』에 의하면 가난은 영혼의 구원이라는 신성한 재화의 획득을 매개하는 것으로서 그 자체가 독자적 가치와 권위를 가지는 내적 요구의 대상이었으며 가난은 적극적인 소유물이자 숭배대상으로서 오늘날 돈이 가지는 것과 똑같은 역할을 수행했다고 한다. 그들은 돈을 소유하는 것은 영혼의 구원을 방해하는 것으로 생각하였기 때문에 돈을 혐오하고 가난 속에서 가장 순수하고 귀중한 것을 소유하게 되었으며 그들은 '아무것도 가지지 않으나 모든 것을 소유한 사람'이라고 불렸다는 것이다.

- 여러 종교에서는 사후에 가지고 갈 수 있는 대상은 아무것도 없고 선행, 덕德만이 남는다고 가르치고 있는바 무소유를 추구하는 사람들은 진정한 재산이 무엇인지를 알고 더 적극적으로 부富를 추구했던 사람들이었다고 할 수 있다.

무소유를 추구하는 생활태도는 현실을 모르는 문학가, 몽상가의 이상 또는 현실도피로 평가절하될 수도 있다. 그러나 무소유를 추구하는 사람들의 외적인 사물에 대한 비의존성은 행복한 삶을 위한 엄청난 자산이다. 세상에서 가장 강한 자는 돈에 길들여지지 않은 사람이며, 욕심을 가장 적게 가진 자는 신에 가장 가까운 사람이다.

제27절 물화된 사회, 사물의 시대

자본주의 사회에서 상품의 가치는 화폐에 의해 매겨진다. 화폐라는 보편적 등가물에 의해 상품의 가치가 측정되는 것이다. 화폐는 상품뿐 아니라 모든 가치의 척도가 된다. 마르크스는 모든 가치가 화폐가치로 일반화된 사회를 물화物化된 사회라고 하였다. 물화物化된 사회에서는 사람이 아니라 사물, 숫자가 주체가 되고 교환과 거래, 인간의 활동 등 모든 것이 사물 또는 숫자의 움직임에 불과하게 된다.

사물은 인간에 의해 만들어진 것이지만 인간을 포위하고 공격하고 있으며 인간의 생활은 교환가치의 법칙에 의해 지배되고 있다. 모든 물품에는 가격표가 붙어있고 기호가 따라다닌다. 인간은 사물 자체에 가치를 부여하고 지식, 문화, 사상, 여가 등 다른 모든 것에도 사물로서의 가치를 부여한다. 이 물신 숭배적 논리가 바로 소비사회의 이데올로기이다.

모든 것이 상품화되고 돈으로 환산할 수 있게 된다면 무엇이 남게 되는가? 그것은 인간이 없는 사회, 불행한 사회가 될 것이다.

제28절 기호의 질서, 사물의 교양화

소비자는 자유롭게 자기가 원하는 대로 물건을 선택한다고 생각하지만, 소비자의 행동은 차이화의 강제 또는 어느 한 코드에 따르는 것이다.

타인과 구별 짓는 것은 차이의 질서를 만드는 것이며 소비자는 계층질서에서 자신이 속한 특정 계급의 문화적 코드와 생활양식을 받아들인다.

모든 상품에는 가격표가 붙어있고 기호가 따라 다닌다. 기호는 상징, 위세, 권위를 이미지로 나타낸다. 사람들은 계급서열에서 자신이 속한 위치에 맞게, 타인에게 비치고 싶은 이미지에 맞게 기호를 소비한다.

장 보드리야르에 의하면 소비사회에서 소비는 인간의 욕망에 따라 주체적으로 이루어지지 않고 대량의 기호화된 사물 속에서 사회적 지위 등을 의미하는 기호의 질서 속으로 흡수되어 버린다. 소비의 주체는 기호의 질서이다.

- 소비는 집단, 특정 계층, 특정사회의 생활양식을 받아들이는 것이며 소비는 코드화된 가치들의 세계, 의사소통의 세계, 의미작용의 질서로 들어가는 것이다. 소비는 기호의 질서에 따르고 집단의 통합을 보증한다.

비싸다는 것이 지니고 있던 권력, 위세, 특별대우는 감소하였고 오늘날은 전문가, 기술자, 지식인 등 문화 자본을 가진 사람들이 권력을 행사한다. 돈이 많다고 하여 그것만으로 차이를 드러낼 수 없으며 이제는 품위, 교양, 세련됨을 갖추어야 인정받고 졸부는 인간적 대접을 받기 어렵다. 이러한 변화에 따라 사물(상품)도 교양화되고 있다.

제29절 기호 소비, 이미지 소비

오늘날 소비는 과거와 같이 생존이나 취향을 위해서 물품을 조달하는 활동이 아니라 정신적, 문화적 행위로서 인간이 자신을 표현하는 형식이자 기호이다. 소비자들은 상품을 구매함과 동시에 그 상품이 가지고 있는 상징을 함께 갖게 되는데 이때 인간에 소비하는 것은 상품이 아니라 이미지라는 기호(위세, 권위)이다.

소비자들은 자기의 이미지에 맞게 또는 자기가 타인에게 비치고 싶은 이미지에 맞게 기호sign를 소비한다. 소비를 함에 있어서 기능, 실용성 대신에 개성, 차별화 등의 표현이 사용되는 것은 소비자들이 기호를 소비하고 있음을 나타낸다.

- 욕망을 부추기는 대중매체를 접할 수 없는 사람들, 생물학적 필요도 충족시킬 수 없는 사람들은 기호 소비와 무관하다.
- 기호는 인간의 욕망을 가상적으로 채워주는 마취제일 뿐 아니라 실재를 가리는 이데올로기일 수도 있다.

소비사회에서 소비의 중요한 포인트는 나를 어떤 이미지로 포장하여 남들에게 보여줄 것인가이다. 현대인들은 남에게 비추어지는 이미지를 위해 살아간다.

장 보드리야르에 의하면 현대 소비사회는 쇼윈도우화된 사회이다.

쇼윈도에는 여러 제품이 화려하게 연출되고 신성한 물품인 것처럼 진열되어 끊임없이 욕구불만을 일으킨다. 쇼윈도는 소비자의 가치관 형성에 영향을 미치고 사회 변화에 적응하라고 요구한다.

구경거리의 사회에서 인간은 자신의 욕구를 직시하거나 자신의 모습을 대면하지 못하고 대량의 기호화된 사물을 응시할 뿐이다. 삶이 특별한 가치가 아니라 남에게 비추어지는 이미지, 허상을 위한 강요된 삶이 된다면 개인의 자율적 가치는 기호 속에 흡수되어 버린다. 타인지향형 인간은 어느 것에든 빨리 반응할 수 있어야 할 뿐 그가 안주할 곳은 그 어디에도 없다.

제30절 프로슈머Prosumer

앨빈 토플러Alvin Toffler는 그의 저서 『제3의 물결』에서 생산자를 뜻하는 프로듀서producer와 소비자를 지칭하는 컨슈머consumer를 합쳐서 프로슈머prosumer라는 말을 사용하였다. 이것은 개성과 능동성을 발휘하여 제품이나 서비스의 내용과 구성에 참여하는 적극적인 소비자를 말한다. 지금까지 소비자는 생산자가 생산하는 물건을 소비하는 수동적인 위치에 놓여 있었으나 오늘날 소비자는 다양한 형태로 의견을 제시하고 있고 생산자는 이러한 요구를 제품에 적극적으로 반영하고 있다. 예컨대 DIY(Do It Yourself)가구는 소비자가 직접 생산자가 되어 자신의 필요에 따라 직접 디자인하여 만든다. DIY가구뿐만 아니라 대중매체나 영화, 연극, 대중가요 등 대중문화 방면에서도 이 프로슈머의 개념이 적용되고 있다. 신문이나 TV에서는 시청자, 독자 참여란을 두고 대중의 의견을 반영하여 프로그램을 제작하거나 기획 특집 기사를 싣고 있다. 이것은 과거에 비해 대중의 역할이 커지고 있다는 것을 나타낸다.

제31절 뉴노멀 소비

new normal consumption

2007~2008년도의 세계 금융위기 이후 세계 경제는 저성장, 저금리, 저물가, 고실업률, 정부부채 증가, 고위험 등 뉴노멀 시대에 돌입하게 되었다. 금융위기 이전 꾸준하게 3% 이상 고도성장을 해 왔던 선진국의 경제 질서 및 과시적 소비는 올드노멀old normal(과거의 표준)이고 비정상적이었다.

고도성장에 힘입어 과시적 소비, 사치 소비를 일삼던 풍요의 시대는 끝나고 저성장, 질적 성장의 단계로 진입함에 따라 소비 트렌드는 변하였다. 뉴노멀 시대의 소비 트렌드는 실속형 가치소비다. 소비자들은 자신이 지향하는 가치를 포기하지 않는 대신 가격, 만족도 등을 세밀히 따져서 합리적으로 소비한다. 이들은 브랜드 가치에 비중을 두지 않으며 가성비(가격대비 성능비율), 가격대비 만족도가 높은 제품을 선호한다.

- 일본에서는 동일본 대지진 후 재난으로 생필품이 부족해진 상황에서 명품 브랜드나 고급제품이 아무런 소용이 없다는 것을 깨달았다. 이후 일본 젊은이들은 소유가치보다 사용가치에 중점을 두고 자신을 위한 소비보다는 가족, 지역, 사회와의 유대를 확인할 수 있는 물건을 구매하고자 하는 경향을 띠게 되었다.
- 뉴노멀 소비는 자원이 무한하다는 전제 하에서 계속적인 성장을 전제로 한 생산과 소비는 더는 유지될 수 없다는 인식이 반영된 소비형태이며 새로운 표준의 소비, 새로운 정상적 소비이다.

제32절 풍요 속의 빈곤

poverty in the midst of plenty

자본주의 사회에서는 인간이 신을 숭배하듯이 사물을 숭배한다.

이 때문에 사람들은 소비하기 위해 살아간다. 인간이 상품을 소비하는 것이 아니라 상품이 인간을 소비하는 사회, 물신주의가 팽배한 사회에서는 상품이라는 타자他者가 주인이 되고 현실의 나는 소외된다. 이로써 현대인들은 물질적 풍요 속에서 끊임없는 결핍으로 전락하였고 사買야 살生 수 있는 사회 속에서 진정한 풍요를 상실하였다. 장 보드리야르는 "우리에게는 희소성과 강요된 소비만 있을 뿐 진정한 풍요는 없다"고 하였다.

현대인이 풍요롭지 못한 이유

- 산업발전과 기술진보로 공해, 인구과밀, 자원 고갈이 초래되고 우리가 당연히 누리던 맑은 공기, 물, 녹지, 조용함 등이 희소재가 되었다.
- 물신주의, 상업주의로 문화적 공해가 커지고 삶의 질이 후퇴하였다.
- 문명화, 산업화된 사회는 지식과 권력에 의한 새로운 차별과 특권을 낳았다.
- 무한한 욕구와 경쟁의 압박으로 현대인들은 불안이라는 보편적 강박관념을 가지고 있다.

- 장 보드리야르에 의하면 교통사고는 소비사회의 거대한 해프닝이다. 소비사회가 존재하려면 사물의 파괴가 필요한테 교통사고를 통하여 우리는 물질과 생명의 의례적 파괴 속에서 과도한 풍요의 증거를 볼 수 있다는 것이다.

제33절 낭비extravagance

수렵, 채집 생활을 하던 미개인들은 소유하려고 하지 않았고 자신들이 갖고 있는 것에 집착하지 않았으며 손에 넣은 모든 것을 나눠서 가지고 버리면서 더 좋은 곳으로 이동하였다. 그들은 경제적 계산도 축적도 하지 않고 모든 것을 단번에 소비했다. 그들의 낭비는 완전했다.

마샬 살린스에 의하면 '장래를 생각하지 않음'과 '낭비성'은 진정한 풍요의 표시이다. 미개인들은 생산물을 독점하거나 교환을 저지하거나 희소성을 만들어 내지 않는다. 부富는 재화 속에서 생기는 것이 아니라 사람들 간의 교환에서 생기는 것이며 교환의 순간마다 사물의 가치가 부가되므로 부富는 무한하게 존재하는 것이다.

- 미개사회에서는 축적이 존재하지 않는다. 증여와 상징적 교환이 이루어지는 경제에서는 적은 양의, 한정된 재화만으로 보편적인 부를 만들어 낼 수 있다.
- 낭비는 합리적 효용성과는 다른 가치, 의미를 만들어 낸다. 낭비는 증여, 기부, 선심 쓰기 등의 방법으로 자신들의 지위와 가치를 유지하기 위하여 행해진다는 점에서 특별한 사회적 기능을 가진다. 낭비는 풍요의 표시다.
- '시간은 돈이다'라는 금언은 현대인의 일상생활뿐 아니라 여가와 자유시간마저 지배하고 있다. 현대인은 시간은 생산력이라는 신화에 묶여 있으며 시간을 낭비할 수 없는 시대에 살고 있다. 우리에게는 헛되이 보낼 수 있는 시간이 없다. 바캉스라는 자유시간은 하나의 재화가 되었고 우리는 그것을 얻기 위해 죽어라고 일해야 한다. 장 보드리야르의 표현에 의하면 우리에게는 낭비가 아니라 소비가 있다. 우리는 풍요의 기호 속에 살고 있을 뿐 실상은 풍요롭지 못한 시대에 살고 있는 것이다.

제34절 오래된 미래ancient future

헬레나 노르베리 호지의 『오래된 미래』에 의하면 라다크 사람들은 땅 위의 모든 생명체에 대하여 고마움을 느끼며 자연을 주의 깊게 이용하고 보존하면서 자연을 결코 오용하는 일이 없다. 그들은 땅과 긴밀하게 어울려 살아가면서 검소한 생활을 통해 적은 것에서 많은 것을 얻어낸다.

라다크 사람들은 여름 4개월 동안 기본적인 의식주의 필요를 충족시키고, 나머지 8개월 동안은 잔치와 축제, 이야기, 음악으로 여가 생활을 즐긴다. 노동을 할 때는 서로 돕고 함께 노래 부르고 쉬면서 잡담을 한다. 그들에게 있어 노동은 유희이자 운동이다. 라다크에서는 한 사람의 이익이 다른 사람에게 손해가 되지 않으며 남을 돕는 것이 자기에게 이익이 된다고 믿는다. 이러한 연결 때문에 속임수나 범죄는 없고 소외도 없다. 라다크에서 가장 심한 욕은 숀찬(화를 잘내는 사람)이다. 그들은 화를 내지 않고 살아가는 방법을 익혀 왔으며 남을 이해하려는 존중과 배려, 따뜻함을 가지고 있다. 그들은 많이 웃고, 웃음 속에 평화와 만족감이 깃들어 있다.

- 라다크는 상호의존성에 기초한 세계관, 친환경적인 생활, 자연과의 공존, 검소함, 노동과 유희가 구분되지 않는 생활, 경쟁보다 협력이 토대를 이루는 공동체 문화에 의해 사회가 조화롭게 유지되고 풍요를 누리고 있다.
- 풍요로움은 더 많이 축적하고 새로운 것을 더 많이 만들어 더 많이 소비하는 데 있는 것이 아니라 내적 만족과 마음의 평화에 있는 것일지도 모른다. 헬레나 노르베리 호지에 의하면 라다크의 생활은 석기시대의 삶처럼 오래된 것이지만 그것은 풍요로운 삶으로서 미래의 삶의 기준이 될 수 있다. 새로운 패러다임은 새로 창조하거나 찾아야 하는 것이 아니라 인류가 오래전부터 간직해왔던 공동체의 미덕에서 찾을 수 있다는 것이다. 인류는 오래된 미래를 향해 가고 있다.

제35절 그림자 노동shadow labor, 감정 노동emotional labor

'그림자 노동'이란 비생산적·비상품적이라는 이유로 대가가 지불되지 않는 노동을 의미한다. 이 노동은 생산노동에 가려져 그 유용성이 눈에 보이지 않는다. 심지어는 그것이 강제되기도 한다. '그림자 노동'의 대표적인 예는 가사 노동이다. 가사 노동은 아무리 해도 표시가 나지 않고 생산물이 없다는 이유로 대가가 지불되지도 않는다.

그러나 오늘날은 가사 노동을 임금으로 환산하여 재산분할 등의 기준이 되고 있으므로 감정 노동이 그림자 노동의 대표적인 예로 부각되고 있다. 감정 노동은 실제 자신이 느끼는 감정과 무관하게 감정적으로 직무를 행해야 하는 노동인데 간호사, 승무원, 유치원 교사, 전화 상담원 등을 대표적인 감정 노동 종사자로 볼 수 있다.

오늘날은 서비스 분야의 직업이 증가하였고 고객 만족이 기업의 경쟁력으로 부각되면서 감정 노동의 중요성이 더해지고 있다. 감정 노동 종사자들은 마치 배우가 연기하듯이 속내를 감추고 억지 미소를 지으며 감정을 만들어 내고 표정을 관리해야 한다.

이들은 고객이 요구하는 서비스를 제공하여 그들이 편안함을 느끼도록 해야 하는데 이 과정에서 자아개념과 모순되는 행위를 함으로써 진정한 자기감정으로부터 유리되어 고통과 스트레스를 받게 된다. 감정 노동자들은 인성마저 상품 판매를 위한 도구가 되어 고용주의 요구에 따라 감정마저 통제·조작당하며 살아가고 있다. 우리는 감정 노동 종사자들의 서비스를 연기나 상품으로만 대할 것이 아니라 인격적 미덕으로 받아들이고 그들의 친절, 봉사, 희생에 대하여 감사하는 태도를 가져야 한다.

제36절 맥도날드화McDonaldization

미국의 사회학자 조지 리처George Ritzer는 『맥도날드 그리고 맥도날드화』에서 현대인의 삶을 관통하고 있는 합리성의 원리와 그것의 비인간성을 비판적으로 분석했다.

맥도날드화는 패스트푸드점의 운영 원리가 세계의 많은 부분을 지배하게 된 현상을 말한다. 맥도날드화로 인해 이전보다 상품과 서비스를 이용하는데 시간이나 지리적 제한을 덜 받게 되었으며 그 질 또한 균일화되었다.

사람들은 인종이나 성별, 사회 계층과 관계없이 비슷한 대우를 받게 되었고, 표준화된 시스템으로 인해 기술의 혁신 또한 빠르고 쉽게 확산되었다.

반면 이러한 시스템은 현대사회의 비인간화를 가져왔다.

맥도날드화의 4가지 특징인 효율성, 계산 가능성, 예측 가능성, 자동화를 통한 통제는 효율화, 합리화를 가져왔지만, 동시에 문화의 다양성과 자연 및 인간성을 파괴했다.

햄버거와 함께 먹는 프렌치프라이 재료인 규격화된 감자를 생산하기 위해 막대한 양의 화학 비료를 사용하고, 포장지를 생산하기 위해 숲을 파괴한다. 햄버거를 사기 위해 줄을 서거나 차 안에서 순서를 기다리는 고객, 음식을 준비하는 종업원은 스스로가 마치 조립 라인의 일부가 된 것처럼 느끼게 된다. 한편 손님은 빨리 주문해서, 계산부터 먼저하고, 딱딱한 의자에 앉아서 빨리 먹고, 쓰레기는 스스로 치우고 나가야 한다.

맥도날드는 편의성과 효율성에 치중하여 모든 것을 획일화하고 문화의 다양성과 인간성을 파괴한다.

제37절 돈으로 셀 수 없는 것

priceless thing

인간은 사용가치와 유용성으로만 사는 것이 아니라 정서적 유대관계 속에 살고 있으며 인간다움으로 살아간다. 인간은 사랑, 우정, 추억, 형제애, 정의감 등 정서적이고 돈으로 셀 수 없는 것에 가치를 부여하며 이러한 가치를 생명보다 더 소중히 여기기도 한다.

에리히 프롬은 『건전한 사회』에서 음악을 감상하는 즐거움, 여행하는 것, 강의를 듣는다든가 파티에 참석하는 것 등은 돈으로 측정할 수 없고, 화폐단위로 환산할 수 있는 것은 우리 삶의 과정 중에서 일부분에 지나지 않는데 다른 모든 것을 그런 식으로 계산·측정하려는 것은 같은 단위로 잴 수 없는 것을 하나의 방정식에 끌어넣는 것과 같다고 하였다.

시계는 살 수 있지만, 시간은 살 수 없다.
침대는 살 수 있지만 잠은 살 수 없다.
약은 살 수 있지만, 건강은 살 수 없다.
섹스는 살 수 있지만 사랑은 살 수 없다.

- 품앗이exchange of labor는 서로 일을 도와주고 갚는 인간적 유대관계다. 그것은 돈이 아니라 사람의 힘을 나누는 것이다. 내가 할 수 있는 일을 남에게 해 주고 내가 할 수 없는 일은 이웃이 해 준다. 품앗이로 나누는 일의 종류에는 제한이 없고 사람들은 주고받기를 반복하면서 타인의 배려에 감사하고 어떻게 보답할 것인가를 고민한다. 이렇게 함으로써 인간의 정을 나누고 기분이 좋아지고 행복해진다. 품앗이처럼 돈으로 환산할 수 없는 활동이 성행하는 사회는 돈으로 주고받는 사회보다 행복하다. - 모타니 고스케『숲에서 자본주의를 껴안다』
- 출산율 저하는 모든 것이 돈으로 평가되는 사회에 대한 불안감과 불신을 반영한다. 풍요로운 삶을 위해서는 돈으로 셀 수 없는 것에 가치를 부여하는 시스템이 필요하다. - 모타니 고스케『숲에서 자본주의를 껴안다』

제38절 신자유주의neo-liberalism

과도한 국가개입과 복지정책으로 기업투자가 위축되고 근로의욕이 저하되어 1970년대 경제가 침체되고 사회 활력이 저하되게 되자 이를 해소하기 위해 국가개입을 최소화하고 시장경제를 강화해야 한다는 주장과 이를 반영한 경제정책을 총칭하여 신자유주의라고 한다.

신자유주의자들의 주장

- 시장에 대한 간섭을 줄이고 규제를 완화하여 경쟁을 촉진함으로써 경쟁력을 높이고 생산성을 향상시켜 부富를 증가시킬 수 있다.
- 재정지출을 최소화하고 국가의 권한을 축소하여 작은 정부를 구현한다.
- 공기업 민영화, 노동시장의 유연화, 자유 무역을 통한 합리적 행동으로 효율성, 생산성이 높아져 분배도 더 평등해질 수 있다.
- 국가 간섭을 축소함으로써 민주주의를 촉진시킬 수 있고 세계화, 개방화로 전 세계가 민주화, 평등, 경제성장을 함께 이룰 수 있다.

신자유주의의 빗나간 환상

- 세금 감면, 해고를 자유롭게 하는 노동 유연성의 보장 등 기업환경 개선으로 자본가와 부자 등은 더욱 풍요로워졌고 부의 격차가 더 심해졌다.
- 기업독점현상이 증가되고 경쟁력이 약한 기업은 도산하게 되었다.
- 사회적 약자들은 실업, 고용불안의 위협에 시달리게 되었고 사회보장의 축소로 삶의 질이 더 악화되었다.
- 부유층, 강자들의 경제적 자유는 강대국과 기득권자들의 권리를 강화하였고 경제논리를 바탕으로 세계화를 지향함으로써 개별국가의 주권을 약화시키

고 고유성, 다양성을 파괴하였다.

• 신자유주의는 철저한 친자본, 반노동 정책으로서 효율성만 강조한 나머지 사회적 약자 보호에 소홀하고 왜곡된 분배, 착취, 불평등, 환경 오염, 자원 고갈, 생태계 파괴 등 수많은 문제를 야기함으로써 공동체 정신과 인권, 환경 등의 가치를 훼손하였다.

제39절 투기자본投機資本, speculation funds

초국적 금융자본은 개발도상국 제도의 허점을 이용하여 세계화의 과실을 가져간다. 초국적 금융자본은 주식과 채권 등 금융자산을 투자함에 있어 개별국가의 법망을 피해갈 수 있는 탁월한 노하우를 갖추고 있다. 예컨대 이들은 법인을 설립할 때 세금이 적은 남태평양 국가를 선택한다. 이들은 투기자본으로 기업사냥 등을 통해 국제 경제의 변동에 커다란 영향을 미친다.

- 시장의 자유를 극대화하는 신자유주의 사조로 금융 자유화, 인수·합병이 활성화되고 금융기관에 권력이 집중되면 투기자본이 실물경제를 뒤흔들고 경제 질서를 교란시킨다. 투기자본의 자유로운 이동, 금융기관의 권력화는 양극화를 심화시키고 경제를 머니 게임으로 몰고 가 혼란과 불안을 심화시킨다.
- 1999년 미국계 타이거 펀드는 SK텔레콤 지분 7%를 확보한 뒤 회사에 적대적 M&A 위협을 가한 후 주가가 상승하자 6,300억 원의 시세차익을 남기고 빠져나갔다.

국제투기자본은 자본이 부족한 나라에 도움을 주는 흑기사인 양 등장하여 보호망을 해체한 후 모든 혜택을 받고 나서 수익목표를 달성하면 자본을 빼서 달아난다. 외국자본은 생산투자보다는 투기나 인수합병에 쓰이는 경우가 많다.

제40절 자본주의에 내재된 전체주의 논리

시장(돈)이 유일한 가치가 되고, 시장에서 팔리는 것(돈이 되는 것)만이 가치와 의미가 있고 효용성이 있는 것으로 인정되는 사회, 시장에 적응하고 순응하는 자만이 무한 경쟁시대에 살아남을 수 있다고 강조하는 사회는 전체주의 사회처럼 시장 이데올로기의 반복을 통해 구성원의 의식을 장악한다.

이러한 사회에서는 시장원리를 시민의 의무와 미덕으로 받아들이고, 구성원으로 하여금 시장원리에 잘 적응하는 것이 유일한 생존의 길임을 설득하고 납득시킴으로써 구성원을 시장체제와 시장원리에 복속시키고자 한다. 이러한 자본주의의 논리에는 전체주의적 성격이 내재되어 있다.

- 디지털 통신기술은 개인과 공동체의 살아있는 경험, 문화생활을 구성하는 수많은 요소들을 상품화시켰다. 문화도 상품화되어 네트워크망을 통해 상업의 영역으로 빨려들어가고 있으며 이는 접속의 형태로 판매되고 있다. 한번도 시장에 흡수된 적이 없었던 문화영역까지도 시장과 자본의 논리에 휘둘리게 된 것이다. - 제레미 리프킨『접속의 시대』
- 사랑은 오늘날 하나의 소비재로서 상품화되어 판매되고 있다. 화장품, 옷, 액세서리, 패션용품, 초콜릿, 발기부전 치료제, 성형 등 사랑을 소재로 한 상품은 인기리에 소비되고 있으며 결혼정보업체는 재산, 연봉 등을 기준으로 점수를 환산하여 매칭을 시킨다. 사랑에도 시장과 자본의 논리가 침투해 있는 것이다.

제41절 부의 양극화

polarization of wealth

자유, 경쟁, 개방을 핵심가치로 내세우는 신자유주의와 세계화의 사조는 선진국, 경쟁력있는 대기업, 자본가에게 유리하게 작용하고 저개발국, 중소기업, 자영업자, 노동자, 농민에게는 불리하게 작용하여 승자독식현상을 심화시켰다. 세계화로 인한 국경 없는 무한 경쟁의 결과 약소국가들은 보호막 없이 외부충격에 노출되어 대외의존도가 심화되고 선진국에 종속되거나 하청공장의 역할로 전락하기도 한다.

선진국은 저개발국에 투자하고 저임금 노동력을 고용한다. 선진국에서 이전되는 산업은 제품과 시장개발이 이루어지고 성숙단계에 접어들거나 환경규제 등으로 인해 높은 수익을 기대하기 어려운 산업이며 위험성이 높고 환경 오염을 유발하는, 노동집약적 산업인 경우가 많다.

후진국에서는 많은 일자리가 창출되고 기술을 이전받아 단기적으로 빠른 성장을 이룰 수 있으나 전문인력과 인프라의 부족으로 선진국을 따라잡는 것은 거의 불가능하다. 또 고부가가치를 창출할 수 있는 사업은 언제나 선진국에 유리하게 적용하여 선진국에 자본과 힘이 편중되어 결국 저임금 노동력의 고용 및 저개발국에 대한 투자로 자본가와 부자 등 선진국의 소수계층만 이익을 얻을 뿐 경쟁력 없는 국가는 더 빈곤해지고 부의 격차가 더 커지게 된다.

- 양극화 현상이 심화된 원인
  - 자유, 경쟁, 개방을 핵심가치로 내세우는 신자유주의와 세계화의 사조.
  - 과학기술의 발전으로 기술자와 임금노동자의 소득격차가 확대되었다.
  - 미디어의 확산, 소비 테크닉의 발달로 슈퍼스타 1명이 더 많은 소비자에게 동시에 서비스를 제공하는 것이 가능해졌다(슈퍼스타 효과).
  - 여성의 사회참여 증대로 고소득 남성과 골드미스의 결혼 증가.
  - 급여외 업무 성과에 따른 인센티브 증가.

제42절 테러리즘terrorism

테러리즘은 정치적 목적을 위하여 조직적·집단적으로 행하는 폭력행위 또는 그것을 이용하여 정치적 목적을 이루려는 사상(주의)을 말한다. 최근에는 불특정 다수를 대상으로 하고 그 주체도 모호한 무차별적 테러가 발생하고 있는데 그 피해가 상상을 초월한다. 이러한 테러리즘은 뉴테러리즘, 슈퍼 테러리즘, 포스트 테러리즘으로 부르기도 한다. 테러리스트들은 특별한 요구조건을 내세우지 않기도 하고 대량살상이 가능한 첨단 무기, 생화학 무기를 사용하기도 하며 사이버 테러를 감행하기도 한다.

장 보드리야르는 이러한 테러리즘을 세계화와 관련하여 설명하였다. 장 보드리야르에 의하면 세계화는 다양성과 개성을 용납하지 않으며 모든 것을 동질화하고 용해시킨다. 세계화는 등가 원칙을 내세워 수많은 문화를 굴복시키고 세계의 질서에 따르지 않으면 도태될 것이라고 위협을 가한다. 이러한 상황에서 세계화의 물결에서 낙오된 사람들, 자신의 가치를 잊어버린 문화는 다른 문화에 대하여 특히 서구에 대하여 증오심을 가질 수밖에 없다.

장 보드리야르는 테러리즘은 박탈이나 착취에 대한 증오심이라기보다 굴욕감, 모욕감에 대한 증오심의 표현이며 세계화의 혜택을 누리는 사람들에 대한 보이지 않는 절망감의 표현이라고 주장하였다.

- 세계화로 인한 이슬람 전통과 정체성에 대한 압박이 종교적 근본주의와 테러리즘을 초래하였다는 평가도 있다.

제43절 글로벌 금융위기

global financial crisis

서브프라임 모기지론subprime mortgage loan(비우량 담보대출)은 신용등급이 낮은 저소득층을 대상으로 주택자금을 빌려주는 미국의 주택담보대출 상품이다. 대출이용자들은 신용도가 낮기 때문에 높은 금리가 적용되어 부동산 가격 상승기에는 높은 수익률이 보장된다.

그러나 2008년도 부동산 버블의 붕괴로 주택가격이 폭락하여 금융회사, 증권회사들이 부실화되면서 글로벌 금융위기를 초래하였다. 미국 정부는 특수기금을 조성하여 구제금융bailout loan을 통하여 기업들을 구제하고자 하였는데 이것은 기업들이 저지른 잘못을 국민의 혈세로 충당한 사건으로서 가진 자들이 죄를 짓고 가난한 사람들이 벌을 받는 꼴이 되었다.

- 자유로운 시장이 국가 경제의 성장을 보장한다는 신자유주의의 경제철학은 부실한 감독과 시장의 실패를 초래하였고 선진국의 세계화 전략, 승자독식주의라는 비난을 받았다.
- 최근에는 미국 중산층의 실질소득이 오히려 감소되고 있다는 통계가 발표되고 있다. 투자와 투기, 금융 중심의 자본주의는 자본주의의 위기를 초래하였다.

제44절 월가의 시위

protest on wall street

세계적인 선진금융기관을 자처하는 회사들이 서브프라임 모기지론과 같은 파생금융상품을 남발하여 경제 대란을 초래하고도 이러한 사태를 초래한 장본인들은 형벌 대신 고액 연봉과 보너스를 받고 호사를 누렸다.

월가의 시위는 2011년 9월 빈부 격차 심화와 금융기관의 투기와 탐욕, 부도덕성에 반발하면서 'Occupy wall street!(월가를 점령하라!)'라는 구호로 뉴욕 맨해튼에서 시작되어 유럽, 아시아 등 82개국, 900여 도시에서 유사한 형태의 시위가 동시다발적으로 발생하였다. 이는 1% 대 99%의 빈부 격차, 신자유주의와 세계화의 문제점, 금융기관의 부도덕성에 대한 공감과 분노가 전 세계적 현상임을 반영한 사건이다.

- 소득 격차, 양극화 문제의 해결 없이는 건강한 경제시스템을 유지하기 어려우며 시장의 역할과 정부의 역할, 성장과 분배정책 사이에는 균형이 필요하다.

제45절 세방화世方化, glocalization

지역화는 각 지역 고유의 특성을 강조하고 고유한 문화를 보존하는 것을 말한다. 보령의 머드 축제, 독일 뮌헨의 옥토버페스트Oktoberfest는 지역 고유의 문화를 살려 관광자원으로 이용한 좋은 예가 된다.

세방화glocalization는 세계통합주의globalism와 지역중심주의localism가 결합된 용어로 지나치게 획일화된 세계통합주의와 고유성, 개별성만을 강조한 지역중심주의의 한계를 극복하고 새로운 질서를 세우기 위한 대안으로 등장한 개념이다. 세계화는 각자의 개성을 포기하지 않고 다양한 문화의 차이를 인정할 수 있는 방향으로 나아가야 한다. 기업은 치열한 생존경쟁에서 살아남기 위해 세계화를 추진하되 현지의 문화와 풍토를 존중하는 경영전략을 이용하고 있다.

- 세계화의 근본정신은 획일화와 무관하다. 세계화는 지역적 특수성을 기반으로 하되, 특정 지역의 것이 그 지역에 국한되지 않고 세계적 수준으로 발전하여 인류 전체와 공유할 그 무엇이 되는 것이어야 한다.